本书为上海市曙光计划
"美国城市史学研究"的最终成果

城市史研究指南

陈恒 主编

美国城市史研究入门

李文硕 著

商务印书馆
The Commercial Press

图书在版编目（CIP）数据

美国城市史研究入门 / 李文硕著. —北京：商务印书馆，2024. —（城市史研究指南）. — ISBN 978 - 7 - 100 - 24297 - 4

Ⅰ. K971.25

中国国家版本馆 CIP 数据核字第 202454AC32 号

权利保留，侵权必究。

美国城市史研究入门

李文硕 著

商 务 印 书 馆 出 版
（北京王府井大街36号 邮政编码100710）
商 务 印 书 馆 发 行
山东韵杰文化科技有限公司印刷
ISBN 978 - 7 - 100 - 24297 - 4

2024年12月第1版　　开本 670×970　1/16
2024年12月第1次印刷　印张 18¾
定价：78.00元

·总序·

在漫长的人类历史长河中，城市是人类缔造的最伟大的成就之一。城市不仅是人类重塑自然能力的见证，而且是人类政治、精神文明、物质进步的主要场所。对"城市"的定义多种多样，有从制度或共同体的层面来定义城市的，有以某地区可为其他定居点提供服务功能的多少来定义城市的，有从人口临界点来定义城市的，等等。无论城市概念如何，不可否认的是，世界上各主要文明的形成往往都伴随着城市的产生，正是人群的大规模集聚对管理提出了更高要求，从而催生了早期国家、官僚体系和贸易活动。从美索不达米亚的沃野到尼罗河畔的绿洲，从南亚的热带丛林到黄河下游的冲积平原，星罗棋布的城市共同拉起了人类文明的大幕。正如法国历史学家费尔南德·布罗代尔所说："城市永远是城市，不论它位于何处、产生于何时、空间形式如何。"

城市的崛起不仅是文明诞生的标志之一，而且城市本身也孕育了与"农业文明"峻异的"城市文明"。在古代，作为一种聚落，"城市"显然日益不同于周边的乡村——在这里，大量人群完全依赖他人的劳动而生存、社会分化使其复杂度达到前所未有的高度、城市居民眼界更为宽阔也更具创新思维。大量人群集聚在城市，为艺术、宗教和科技的发展奠定了基础，形成了作为空间载体的教堂、宫殿、学校以及公共空间。城市成为人间的某种"奇迹",难怪西班牙殖民者迪亚斯在晚年回忆其首次见到特诺奇蒂特兰的心情时,惊叹之情丝毫不亚于当年:"面对眼前如此美轮美奂的景象,我们不知道要做什么,甚至不知道要说什么。"如果没有城市,那些文字、艺术以及多种多样的社会活动能否传承下来,同样值得怀疑。

2008年,人类城市人口首次超过农业人口,城市已成为世界大部分人口的家园。不过,城市文明也给人类提出了新的挑战。扩大的城乡差异、严重的人口拥挤、拥堵的城市交通、漠然的邻里关系、瓦解的传统社会结构和消散的传统文化,等等,加上人口集聚、奴役、新技术应用以及分工过细等老问题,共同组成了刘易斯·芒福德所谓的"消极的共生关系"。从历史上看,这些"消极关系"伴随城市变迁的始终并一直延续到今天,甚至变得更加野蛮残酷。快速的城市化进程吞噬了接续千载而艰难留存下来的历史遗迹,原子化家庭更是摧毁了温情脉脉的邻里关系。

城市是如何产生的?城市在人类历史上发挥了怎样的作用?城市是帕特里克·格迪斯所说的"坟场"吗?还是实现人类大同的乌托邦?建设一种满足人类需求、可持续的新型城市,是否可能?在几千年的人类文明史上,这些问题持续不断地吸引那些最为睿智敏锐的头脑反复思考。这些问题并不是"一蹴而就"的,而是在人类城市的历史过程中逐渐形成的,因此要了解这些问题并且找到解决办法,我们就必须回到城市的历史中去,而这应该就是在当前进行城市史研究的现实意义。

同时,"城市是人类文明的结晶"并不是一句空话,城市史研究本身的历程已经一再告诉我们,对历史时期城市的研究长期以来就是我们了解过往人类社会的重要工具,重要的城市史的研究成果极少只是聚焦于"城市",几乎都是希望从城市入手来探询人类历史的重要问题。就像希罗多德所言,"不管人间的城邦是大是小,我是要同样地加以叙述的。因为先前强大的城邦,现在它们有许多都已变得默默无闻了;而在我的时代雄强的城邦,在往昔却又是弱小的"。这大概就是城市史研究的学术意义。

我国的城市史研究已取得一定成就。尤其是过去数十年中，出版了不少重要的著作；不少极具影响的论文也相继在《中国社会科学》《历史研究》《世界历史》《史学理论研究》《人民日报》《光明日报》等报刊上发表；也创办了《都市文化研究》《城市史研究》等辑刊。不过需要注意的是，"城市"是众多学科的研究对象，历史学、建筑学、考古学、地理学、社会学、艺术学、文学以及经济学等学科都有专门以"城市"为对象的研究者。不仅如此，即使在我们通常认为"城市史"应当归属于的历史学科中，其也是众多子学科的研究对象，各个断代史的研究或多或少都有着与城市有关的研究成果，同时各个专门史也都会涉及城市，如文化史会研究历史时期的城市文化，社会史也关注城市社会的演变，而城市历史地理的研究在历史地理学中长期属于显学。

由于上述情况的存在，从事"城市史研究"的各个学科，甚至二级学科之间往往缺乏对彼此研究成果、关注的热点问题以及最新进展的了解，对于刚开始从事"城市史"研究的初学者而言，这一问题则更为严重。因此，在"城市史研究"日益得到重视的今天，编纂一套"城市史研究指南"的必要性也日益凸显，这就是本丛书编纂的初衷。鉴于此，本丛书希望达成以下三个目的：

第一，为城市史研究的初学者提供具体的入门途径，包括但不限于对学术史的简要介绍；对学术热点问题尤其是目前的城市史研究所关注的主要问题的剖析；分析在城市史研究中的重要理论、方法、视角、观点以及重要学者，并对他们的研究成果进行简要介绍；提供城市史研究最为基本的研究资源，其中包括重要的工具书、文献资料汇编和具有影响力的研究机构、网站，以及推荐阅读的书目与论文等。

第二，在归纳以往研究成果以及介绍当前学术热点的基础上，对城市史研究的发展方向提出一些参考性的建议，由此便于城市史研究的初学者选择有价值、有研究前途的研究方向和主题。

第三，为来自不同学科的研究者提供一个基本工具，帮助他们了解其他学科研究城市的视角、方法以及提出的观点和认识，并希望能促成今后城市史研究中多学科的交流和合作。

基于上述三个目的，本丛书主要通过概要性文本针对初学者以及为跨学科的交流提供基本指南。因此需要强调的是，本丛书主要提供与"城市史研究"有关的一些基础知识和信息，而不是面面俱到或进行深入分析的研究手册、辞典或工具书。

我国以往城市史的研究大都关注于中国，从事世界其他国家和地区城市史的研究者数量不多且集中于主要大国，入门者要找到相关的参考指南颇为不易，同时中国城市史的研究者要借鉴国外学者的研究成果时也往往无从下手，更不用说与其他国家和地区城市史进行横向比较，甚至进行全球城市史的研究了。因此本丛书除了"中国城市史"之外，更多地聚焦于世界其他主要地区的城市史研究。作为入门指南，作为对今后的研究产生积极推进作用的希望之作，本丛书选题的基本原则是"成熟的选题、合适的作者、优秀的编辑"，以期保证质量，使之行之久远。

目前，本丛书主要有以下几个品种：上海师范大学张忠祥教授的《非洲城市史研究》，山西师范大学车效梅教授的《中东城市史研究》，云南大学成一农研究员的《中国城市史研究》，上海师范大学洪庆明教授的《法国城市史研究》，上海师范大学陆伟芳教授的《英国城市史研究》，上海师范大学李文硕教授的《美国城市史研究入门》。当然，我们期待更多的研究者加入这一行列。

编者于上海师范大学光启国际学者中心

2019年8月1日

目录

序　言 —————————————————————————— 1

第一讲　美国城市史学的演进 ————————————— 4
一、地方（城市）历史书写　5
二、美国城市史学的变迁　8
三、美国的城市史研究新趋势　18
四、中国的美国城市史研究　29

第二讲　殖民时期的北美城市 ————————————— 34
一、北美原住民的"城市"　34
二、殖民者的到来　41
三、英属北美殖民地　51
四、城市与美国革命　60

第三讲　城市美国的形成 —————————————— 63
一、工业革命与市场革命　63
二、疆域扩张与西部城市　70

三、人口增长与交通改进　　80
四、城市化进程　　85

第四讲　19、20世纪之交的城市改革 —— 91
一、镀金时代与进步运动的兴起　　91
二、形形色色的社会改革　　96
三、城市政治改革　　108

第五讲　北大西洋城市世界的知识图景 —— 117
一、北大西洋城市世界的形成　　117
二、城市社会科学　　122
三、美国城市社会科学的开端　　127
四、反城市主义　　139

第六讲　浮华岁月里的城市新风 —— 144
一、经济繁荣与城市膨胀　　145
二、政治保守与城市躁动　　154
三、文化转型与城市新风　　161

第七讲　大萧条与战争中的美国城市 —— 168
一、大萧条袭来　　168
二、罗斯福新政　　172
三、住房改革　　177
四、联邦与城市关系的变化　　184

第八讲　丰裕社会中的城市世界 —— 191

一、丰裕社会来临　192
二、阳光带的崛起　197
三、战后郊区化和郊区史　202
四、丰裕社会里的城市贫困　210

第九讲　城市再开发的尝试 —— 216

一、城市更新　216
二、民权运动在城市　235
三、城市再开发的新理念与新实践　240

第十讲　亦幻亦真的城市复兴 —— 249

一、新国家议程的形成　250
二、城市治理机制的转变　253
三、城市经济复兴　258
四、绅士化与城市空间碎片化　262
五、城市中的无家可归者　270

结语：美国城市的经济-空间结构转型 —— 277

序 言

历史学自形成以来,在危机与变革中一路走到今天。她通过不断借鉴包括社会学、经济学、人类学在内的多学科、新视角和新方法,持续地更生进步。城市史研究更直接鲜明地体现了历史学的这一灵活机变的优势。在建筑学、规划学等学科那里,城市研究关注建筑形态和空间布局;在经济学、社会学等学科那里,城市研究关注人口、生产和交换、社会组织或阶级结构;在文学和哲学等学科那里,城市研究则关注生命、生活以及心理文化。我们可以充分利用各学科研究带来的启发,将城市视为由"硬件"——如城市空间和技术等,以及"软件"——如城市社会生活等构成的综合体,运用历史学所擅长的叙事与分析功能,纵向追踪城市动态演变的轨迹,横向描绘城市静态的生活画面,通过拉长时间的脉络、拓宽观察的视野,将其中的得失成败生动自然地呈现出来,将人类往昔生活的多重面貌尽可能全面真实地展现在现代人的眼前。

国外学术界的城市史研究起步较早,相关探讨也很多,在城市发展的现实与史学思潮的变动中,城市史也不断地转换角度、改变方向。从研究视角看,当下的城市史正面临边缘模糊的困惑,城市中的历史是否都是城市史目前尚在争论中;从研究方法看,社会科学的高度介入消解了城市史的史学特色；从研究范围看，城市史研究已然高度零碎化。与其他国家相比，美国史学界对城市史的研究走在前列，这不仅体现在对美国城市的研究，同样也表现在对其他国家城市史的研究上。就通史类著作而言，近年来，霍华德·丘达科夫、朱迪丝·史密斯和彼得·鲍德温主编的《美国城市社会的演变》多次修订重印，丽莎·鲍姆等著《美国城市史》也翻译为中文出版。国内学术界的美国城市史研究起步并不算晚，王旭的《美国城市史》《美国城市发展模式：从城市化到大都市区化》系统梳理了美国的城市化进程。同时，也有许多专著和论文探讨其中的某些具体问题。此外，还有许多百科全书类的工具书帮助我们从不同角度理解城市的历史。

本书以十讲的篇幅介绍美国城市史，其主线是美国城市的经济-空间结构转型。经济是基础，决定了城市化的进程、城市的"硬件"，也塑造或是挑战着城市的空间结构。19世纪的美国既经历了工业化的时代，也经历了城市化的时代，工业造就了城市，既创造了财富，也引发了矛盾；20世纪是去工业化的时代，工业逃离和后工业经济的发展改变了美国城市。在经济-空间结构转型的基础上，城市社会也呈现出纷繁复杂的面貌。人是历史和历史研究当然的主体，城市更是如此。它不仅仅是一座物理的"城"，更是人居的场所。因此研究城市社会不仅具有学术意义，也具有强烈的现实意义。经济、空间与社会构成了本书内容的三个基本支点，笔者努力以此为轴心，展示美国城市的历史风貌。具体而言，本书力图将宏观与微观恰当结合，既有整体性的城市进程描述，又有个案研究；既关注美国历史的宏观进程，又引入跨国史视角；既重视区域间的共性，又梳理区域间的差异；既总结规律性认识，又分析产生差异的原因。希望通过这样的研究，综合整体地呈现城市的发展史，充分发扬城市史研究两个基本功能：现实借鉴与人文关怀。

当前，我国正在经历着人类历史上最大规模的城市化。城市化是社会经济发展的重大机遇，也塑造了新的生活方式，挑战着千百年来农耕社会形成的传统文化。但城市化水平迅速提升的同时也导致城市问题丛生，既需要从整体上认识域外城市发展的历史经验，也要理解中外城市的共性与个性，而外国城市史研究无疑能够很好地服务于上述目标。如彼得·克拉克所言，研究当下的城市"需要懂得城市、城市网络、城市社会从何而来"。

笔者2009年进入厦门大学历史系学习，师从王旭教授。王旭教授是我国美国城市史的开拓者，1994年出版的《美国西海岸大城市研究》[1]是该领域开山之作，2000年的《美国城市史》[2]则是该领域首部通史性专著。到本书出版，30年来王老师静水流深、路漫修远，30年来研究者跬步江山、愿为海月，30年来城市史研究道一生三、万千气象。笔者特意请他惠赐素描用在封面，希望这部狗尾续貂的小书，能表达对他的感激和谢意，礼敬王老师以自强不息带领我（们）努力地止于至善。

---

[1] 王旭:《美国西海岸大城市研究》，长春：东北师范大学出版社1994年。
[2] 王旭:《美国城市史》，北京：中国社会科学出版社2000年。

第一讲　美国城市史学的演进

如同英国城市史名家迪奥斯（H. J. Dyos）所言："如果一个历史学家对社会变迁、地方政治或各种建成环境形态感兴趣，几乎不可避免，并且很自然地被城市生活及其机制的研究所吸引。"[1] 要回答"什么是城市史"，几乎与回答"什么是历史"一样难。如果说历史是发生在特定时间与空间中的人间的故事[2]，那么，城市史虽然空间是特定的，但"城市"本身也具有历史，而随着我们居住的地球越来越成为一个城市星球，几乎所有重大历史事件都是在城市中上演和变化的。马克思和恩格斯在《德意志意识形态》中说："城市已经表明了人口、生产工具、资本、享乐和需求的集中这个事实；而在乡村则是完全相反的情况：隔绝和分散。"[3] 列宁也说："城市是经济、政治和人民精神生活的中心，是前进的主要动力。"[4] 所以，城市史往往涵盖了两个面

---

[1] Bruce M. Steve, "A Conversation with H. J. Dyos: Urban History in Great Britain," *Journal of Urban History*, Vol. 5, No. 4 (Aug., 1979), p. 472.

[2] 近年来兴起的史学新领域"动物史"，其关注点是人与动物的关系，并非没有人的、纯粹的动物的历史，见陈怀宇：《动物史的起源与目标》，《史学月刊》2019年第3期，第115—121页。

[3] 中共中央马克思恩格斯列宁斯大林著作编译局编译：《马克思恩格斯选集》（第一卷），北京：人民出版社1995年，第104页。

[4] 中共中央马克思恩格斯列宁斯大林著作编译局编译：《列宁全集》（第23卷），北京：人民出版社1984年，第358页。

相：其一是城市化的历史，即城市如何从无到有、从小到大，城乡关系如何从对立走向统一；其二是城市中的历史，即在城市中发生演进的政治、经济、社会、文化等方方面面的事件。这两个面相并非全无关系，我们很难离开城市化进程去理解城市中的历史，而城市中的历史也能够影响城市化的进程。

在美国史学界，城市史是一门相对新兴的领域。尽管历史学家们从来没有忽视城市中的历史，但一般认为，作为一个史学分支领域的美国城市史（American Urban History）兴起于20世纪中期，美国史学家老阿瑟·施莱辛格（Arthur M. Schlesinger）发表于1940年的论文《论城市在美国历史中的作用》[1]被公认为美国城市史的开端。美国城市史的演进与美国城市的发展密不可分。美国学术界对城市史的研究，既受到城市自身状况的影响，同时也致力于更好地推动城市发展，具有鲜明的现实感。此时，半数以上的美国人口居住在城市，经济文化发展的成果集中在城市，城市决定着美国政治、社会、经济与文化的发展方向。

一、地方（城市）历史书写

历史研究大多始自对本乡本土往事的书写，因此在历史作品中，往往有不少内容与历史学家本人生活过的，或是停留过的城市有关。可以说，书写一座城镇的历史并不是什么新现象。在古代，罗马史学的一大特色是注重对历史的道德评判，而这样的评判，许多都立足于罗马城，关注的是罗马城的

---

[1] Arthur M. Schlesinger, "The City in American History," *The Mississippi Valley Historical Review*, Vol. 27, No. 1 (Jun., 1940), pp. 43–66.

达官显贵和贩夫走卒的生活。从撒路斯提乌斯（Gaius Sallustius Crispus）到李维（Titus Livius）再到塔西佗（Publius Cornelius Tacitus），他们为罗马城撰写的历史，都意在通过对当时罗马人道德沦丧及其整体性腐化堕落的揭露而抨击共和国后期罗马的衰退与颓废。在他们看来，道德的兴衰贯穿并且决定着罗马城沉浮荣辱历史的始终，因而罗马历史演化实际上是一部道德兴衰史。在中世纪，基督教虽然给史学编纂打上了深刻的印记，不过任何一种宗教终究还是尘世之人的宗教，而且要体现上帝的意志，历史学家必须用基督教的精神价值和世界观判断自己生活在其中的时代。因此，在以基督教神学为终极精神旨归的中世纪西欧，以世俗政治、军事活动为叙事主体的史学依旧占据重要地位。其中，修道院年代记就是中世纪世俗史学的重要形态。年代记是记录每一年重大事件的注释集成，尽管大多言简意赅、内容空洞无物，但其内容主要是修道院及其周边地区的事情。在文艺复兴时期，历史学家往往带着对古典时代的眷恋和对本乡本土的热爱来书写地方历史，将政治思想融入城市的通史撰述之中。

地方历史书写在18世纪逐渐发展成为一种独特的史学题材，本地区历史上的知名人士、重大事件、社会快速变迁，以及英雄事迹与传奇成为地方历史书写的主要对象。此时的英国正值工业革命时期，城市化进程快速推进，因此关于城市史的书写也最多。那些在工业化浪潮中社会经济快速发展的城镇，急于确立地位、赢得声誉，出版城市史就成了一种常规行为；即使是那些较小、较年轻的城镇，为了吸引游客和投资者，在关于本地风物的指南和广告手册上也免不了来一番历史介绍，力图把当地的历史推向久远的过去。尤其是利物浦、伯明翰这些在工业革命中迅速崛起的城市，更加急于书写自己的历史，从而证明自己的成功。这些被统称为城市史的作品，实际上包括了多种文体类型——有针对少数精英读者的、佶屈聱牙的古物研究，有艰涩难懂、类似中世纪年代记的城市编年史，有聚焦于当下但生硬联系过去、明显具有美化与宣传目的的城市传记,还有以广泛读者群为目标、力求提高城镇声名的准文学作品。这一时期的城市历史书写大致形成了四种路径。

第一种是延续年代记的传统,形成风格单一、内容简略的编年史。早期的编年史有许多是记载城市公职人员和简介的长名单,其中间或有对当年发生的重要事件的提要和注释。18世纪以后,特别是随着欧洲国家逐步建立起完备的档案管理系统,这类材料更加丰富,也更加常态化,与各类城市文献一起,构成了记载城市方方面面的文献集成。编年史并不纯粹是因为好奇心才出现的,其背后体现的是权力因素,其存在本身就说明,城市具备了持续和永久性的权威——市政当局要肯定和强化自身的权力和地位,要从历史中寻找信息,比如对城市自治权的规定等。

第二种是凸显城市光荣的过去,这类历史书写往往将地方历史融入国家历史的叙事,突出本地区在国家历史中所扮演的角色。一个城市的历史,可以被看成一个广阔的民族国家的历史缩影,城市历史书写构建了地方的微观世界,让人了解民族国家的政治历史,通过刻意地放大或者弱化某些事件,创造城市在民族国家历史中的印记。18世纪晚期的历史作品,大体上都能将城镇放置在一个更为广阔的民族国家背景下,并述及其历史上的进步。

第三种是培育市民荣誉感,凝聚地方的认同感。许多作品展示了城市积极进取或者不屈不挠的市民精神,留下了很多关于市民参与地方政治和大型公共活动的记录,这样的书写提供了一种城市认同的书面声明,把本地居民凝聚在一起。此外,大部分城镇有着丰富的建筑文物,如教堂、城墙、城门或居民楼,对这类历史感丰富的建筑的刻画都可以抒发市民自豪感。

第四种是对城市社会经济的急剧变迁做出解释,尤其是那些在工业革命中迅速发展的城市,比如利物浦、伯明翰等。所以,许多城市历史书写关注的是城镇最新的进步和发展,为的是向那些对本地尚无了解的人展示自己的风采、表达文明和友好。许多历史学家也描述了当时的贸易、制造业或文明社会机构,以此证明和阐释商业时代的积极进步和日渐完善。

19世纪美国的城市历史书写与上述逻辑基本一致。自17世纪以来,地方主义(localism)始终是美利坚早期史学中的一大色彩。这一时期的作品,严格意义上来说甚至不能算作历史著作。[1] 东北部的马萨诸塞海湾殖民地和南部的弗吉尼亚殖民地是英属北美殖民地的核心区域,因此地方历史书写也主要集中在这两个地区。美国独立后,地方性的史学组织逐渐浮出水面,最早的是1791年成立的马萨诸塞历史学会(Massachusetts Historical Society),该组织旨在收集和整理各类与美国历史有关的材料,在成立的第二年即1792年就出版了《马萨诸塞历史学会资料汇编》(Collections of the Massachusetts Historical Society),从而开启了史料出版的先河。1804年,美国的第二个地方性史学专业组织纽约历史学会(New York Historical Society)宣告成立,并引起各地纷纷效仿。截至19世纪30年代末,阿肯色州以东,北起缅因州,南至墨西哥湾沿岸的路易斯安那州,共有19个州成立了24个州级和地方史学组织。这些地方性的史学组织不但定期举办会议、收集与本地历史有关的材料,也开始刊行文献资料和专业刊物,随之而来的就是越来越多的关于地方历史的研究著作。

二、美国城市史学的变迁

19世纪后期,美国历史学开启了专业化,在大学中开始系统性地开设历史学课程、设置历史学教授席位、出现了全国性的历史学专业组织和有影

---

[1] 徐良、丛玮:《早期美国国家史的历史书写》,《江西师范大学学报(哲学社会科学版)》2021年第5期,第124—135页。

响力的专业学术刊物，美国史学界也开始出现具有全国性甚至世界性影响的学者和学派。19世纪末和20世纪初，活跃在美国学术界最具影响力的史学流派，一个是以弗雷德里克·杰克逊·特纳（Frederick Jackson Turner）为代表的边疆学派，一个是以查尔斯·比尔德（Charles Austin Beard）为代表的进步主义学派。

特纳在美国西部长大，亲历过边疆社会的巨大变迁，对拓荒者的进取精神及其所取得的成就满怀自豪。当特纳进入大学后，身在异乡的他，对西部的眷恋和热爱之情更加强烈。特纳认为，北美的边疆位于"自由土地这一边的边缘"，是一个与欧洲不同的移民边疆。根据他的理论，边疆向"自由土地"的不断推进是塑造美国特性的最重要因素。边疆经历使美国的历史不同于欧洲——"自由土地"的存在为美国人提供了欧洲人所不享有的向上层社会流动的机会；在边疆地区求得生存的斗争，要求新来者简化生活方式，这为西部人提供了重建社会的机会。特纳认为，正是这种在自由的边疆土地上定居和生存的过程塑造了美国人的特性和制度，加速了不同种族集团的融合，促进了社会和政治民主。边疆不仅为美国人提供了新的经济机会，而且是化解非边疆地区社会压力的安全阀。失业者可以简单地打起包裹前往边疆地区重新开始新的生活，由此缓和了一个贫困的社会下层阶级可能给城市地区带来的压力。在他看来，美国的显著特征，如创造性、实用主义、好奇心、不断进取的精神、乐观主义和个人主义，这一切的形成都要归功于边疆的开拓。

进步主义学派是时代的产物，其理论基石是当时流行的社会进化论和社会冲突论，核心是经济和政治冲突。进步主义学派以两分法的冲突史观解释美国历史，认为美国历史就是自由主义与保守主义、民主制度与贵族寡头制、平等权利与特权之间不断斗争的过程。进步主义学派认为，无论冲突以何种形式、在何种领域出现，历史总是在冲突和斗争中前进的。通过他们的著述，美国历史成了一部美国文明、美国民主不断成长和壮大的历史，一部不同地域、不同经济利益集团、不同的政治主张之间激烈斗争的历史。他们还极力用历史为社会服务，使之成为争取民主、推动改革的工具。进步主义学派的著述，将上帝的旨意、白人的使命等抽象的观念摒弃在历史的决定因素之外，第一次为美国历史提供一种宏观的解释框架，从而引发了一场全面改写美国历史的学术运动。查尔斯·比尔德把农业和资本主义的斗争作为美国历史发展的主线。他强调："农业和资本主义的长期斗争从华盛顿时代开始，一直延续到现在，从未间断。"比尔德还认为，独立战争的主角是商人而不是人民，人民对战争的态度是消极的。

不难发现，无论是特纳还是比尔德，都没有注意城市，然而城市在19世纪末20世纪初已经成为美国政治、经济、文化发展最重要的推动力量，也是各方面发展状况集中的地方。

19世纪是工业化的世纪，也是城市化的世纪。除了东部大西洋沿岸地区传统城市的发展，中西部、西部和西海岸也出现了规模不等的城市。同时，城市中也出现了各种城市病。政治腐败、经济剥削、社会冲突、犯罪和贫困等问题在城市中集中爆发。社会现实的变化引起了学术界的关注。对于城市社会问题，社会科学界首先做出了回应。最初提出研究城市问题的是芝加哥大学的一些社会学家。相比社会学家，历史学家对城市的关注慢了一拍。许多注重自下而上研究历史的学者逐渐意识到城市社会的研究价值。1927—1943年，老阿瑟·施莱辛格与狄克逊·福克斯（Dixon R. Fox）合编了一套13卷本的丛书《美国生活史》（*A History of American Life*）。1933年老施莱辛格所著的《城市的兴起》（*The Rise of the City*）一书出版，正是属于该丛书之一种。作为一个领域的美国城市史兴起于20世纪中期，一般将美国史学家老施莱辛格发表于1940年的论文《论城市在美国历史中的作用》视作美国城市史的开端。1952年，史学家布莱克·麦凯尔维（Blake McKelvey）在《美国历史评论》(*The American Historical Review*)发文，首次称老施莱辛格为"当代美国城市史的奠基人"[1]。

在早期的美国城市史研究中，城市被当作一个整体。老施莱辛格将城市与乡村对立，认为"城市也被视作那些推动美利坚文明更加完善、更加人性之创新和运动的主导"，城市居民指引"教育、文学、科学、发明、高雅艺术、社会改革、公共卫生、休闲以及美好生活"。[2]老施莱辛格并不关心城市里发生了什么，也不关心美国的城市从18世纪到20世纪发生了怎样的变化，透过城市，老施莱辛格表达了这样的观点——个人的认同感和生活方式源于他所属的群体，各群体的文化认同感和生活方式植根于所在地区的历史之中。由于外因的影响，各群体的文化不断发生变化。他认为，人们的迁移和流动是有益的，可以引起各群体之间的接触和竞争，促进技术和经济的发展。因此，城市中那些善于交流的群体就占优势，而缺乏生活经验的群体必然"滞后"，至于初入城市的人们，则不仅更新换代了原有的文化，而且还会孤立于城市社会之外。

如果说老施莱辛格以独特的视角揭示了在美国历史上那些重大事件与城市的关系——美国革命精英的城市经验、城市在西进运动中的作用、国际移民以城市为落脚点等，那么紧随其后的论著大多以城市为出发点来研究和解释美国历史，或是对典型城市的历史开展分析，忽视分析城市相关现象的历史根源。对美国史学界影响更大的城市史学者当属理查德·韦德（Richard Wade），他在《城市边疆》(*The Urban Frontier: The Rise of Western Cities, 1790-1830*)一书中将19世纪初的匹兹堡、辛辛那提、列克星敦、路易斯维

---

1 Blake McKelvey, "American Urban History Today," *The American Historical Review*, Vol. 57, No. 4 (Jul., 1952), pp. 919-929.

2 Arthur M. Schlesinger, "The City in American History," *The Mississippi Valley Historical Review*, Vol. 27, No. 1 (Jun., 1940), pp. 43-66.

尔和圣路易斯称作"边疆的前锋",分析了城市中的劳动与阶级分化、居住与就业的空间分离,以及城市生活的冷漠。

"二战"结束后,许多城市,尤其是东北部和中西部的大城市却陷入衰退和萧条,富裕人口流失、失业率居高不下;相比之下,郊区化快速展开,南部阳光带城市进入快速发展期。曾经繁荣的大城市萧条下去,以及城市发展的区域间不平衡,吸引研究者更加关注美国城市。"丰裕社会"里的种种问题在20世纪60年代后愈发严重,对现状的不满在年轻一代中尤为强烈。曾经代表财富与繁荣的城市如今却深陷危机,在种族冲突、财政紧张、贫民窟蔓延等问题的困扰下苦苦挣扎,负责调查城市骚乱的民间动乱咨询总统委员会断言,"我们的国家正在变为两个社会,一个属于黑人、一个属于白人,两者分离但不平等"[1];民权运动、反主流文化运动、反战运动等社会抗议此起彼伏,各种新思潮潜滋暗长。在现实推动下,美国史学也进入转型期。社会底层得到关注,社会科学被系统地运用于历史研究,传统史学领域纷纷被冠以"新"字名号,拓宽了研究领域,丰富了观察视角。新政治史不再重视国家,转而探讨"权力在社会中的分配";新经济史全面运用统计分析,用新古典经济学理论解释历史上的经济变迁;新社会史异军突起,放下了对社会结构性变动的追索,执着于对社会边缘群体的细微考察。[2] 以理查德·霍夫施塔特(Richard Hofstadter)、丹尼尔·布尔斯廷(Daniel J. Boorstin)等为代表的"共识学派"在各种社会正义运动的冲击下捉襟见肘,越来越难自圆

---

[1] National Advisory Commission on Civil Disorders, *Report of the National Advisory Commission on Civil Disorders*, Washington, D.C.: U.S. Government Printing Office, 1968, p. 1.

[2] Samuel P. Hays, "The Social Analysis of American Political History, 1880-1920," *Political Science Quarterly*, Vol. 80, No. 3 (Sep., 1965), p. 374; Douglass C. North, "The New Economic History after Twenty Years," *American Behavioral Scientist*, Vol. 21, No. 2 (Nov./Dec., 1977), pp. 187-200; Peter N. Stearns, "Social History and History: A Progress Report," *Journal of Social History*, Vol. 19, No. 2 (Winter, 1985), pp. 319-334.

其说，新左派史学、新文化史学等"新"字头的史学流派桴鼓相应，连霍夫施塔特也承认，"共识学派"使得历史学家忽视了美国社会比比皆是的族裔、性别和阶级差异。

在现实变迁和史学流转的风云激荡下，城市史不再追求以城市的视角阐释美国历史，而是将目光转向内在，致力于揭示城市之中的历史。与各种各样的"新"史学一样，城市史也迎来了"新城市史"（The New Urban History）。这一概念由两位城市史名家斯蒂芬·特恩斯特伦（Stephan Thernstrom）和理查德·森尼特（Richard Sennett）提出，旨在"深化对那些男男女女的生活的理解，他们居住在爆炸式增长和结构性转型的人口密集的城市定居点中"。他们指出，"新城市史"有三个基本特征，即运用社会学理论处理史料、使用可量化的材料和关注普通人的历史。[1] 1970年，利奥·施努尔（Leo F. Schnore）在其主编的数学社会科学委员会（Mathematical Social Sciences Board）论文集中也采用了"新城市史"作为名称，但更加强调计量方法的使用。新城市史的形成与传统城市史关系不大，而是得益于新一代美国历史学家致力于自下而上重写美国历史的努力。凭借计算机技术的进步，许多原本无法为历史研究所用的材料进入历史学家的视野，新城市史家希望借助它们重建历史上普通城市居民的日常经验。他们最常使用的材料就是美国人口普查局的统计手稿和数据汇编，最关心的议题包括城市社会结构与社会流动性、族裔和种族差别，以及阶级的形成。新城市史代表人物斯蒂芬·特恩斯特伦以马萨诸塞州纽伯里波特（Newburyport）的劳工为研究对象，通过分析人口普查资料，证明了19世纪这里的社会流动性比预期中低，一经面世便好评如潮，他还以该城市为案例，来推测19世纪其他美国城市类似的流动性

---

[1] Stephen Thernstrom and Richard Sennett, eds., *Nineteenth-Century Cities: Essays in the New Urban History*, New Heaven: Yale University Press, 1968, pp. vii–xi.

模式。¹ 该书以其新颖的选题和可复制的方法启发了年轻学者投身城市史，大量博士论文和论著都围绕城市社会展开，社会流动、家庭结构、工作和学校成为最引人注目的选题。与社会科学界的研究不同，特恩斯特伦并不致力于建立某种研究模型或者分析框架，也不是只盯着不久之前到当时一段时间，而是运用史料尽可能客观地、从较长的时段的视角呈现美国社会流动性究竟是高还是低。十年以后，特恩斯特伦又出版了姊妹篇《波士顿普通人：美国大都市的贫穷与进步，1880—1970》，该书是截至20世纪70年代史学界对美国社会流动问题最为详尽全面的研究，是在努力改变社会科学界城市研究中"缺乏历史深度的调查"²。在这里，特恩斯特伦梳理了将近一百年的美国人口普查数据中与波士顿有关的数据。他告诉我们，相比欧洲国家，20世纪中期以前美国的社会流动性的确更高，劳工阶层子弟有更多机会挣取比父辈更多的财富或是到达更高的社会地位。总之，"新城市史"内容聚焦城市社会的多样性，注重城市的结构性要素，如经济结构、社会生活、阶层分化和人口流动性等话题；在方法上依赖计量方法，重视通过计算机技术处理统计资料。

20世纪六七十年代的城市史研究与早期不同，在研究者的眼中，城市从一个整体转变为一种载体，历史研究关注的是发生在城市里的往昔。用一位新城市史代表学者西奥多·赫什伯格（Theodore Hershberg）的话说，城市被当作场地（site）³；或者如塞缪尔·海斯（Samuel Hays）所言，"以往的城市史关注的是城市内部及其紧邻郊区地带内部的历史，城市史撰写的就是这些

1　Stephan Thernstrom, *Poverty and Progress: Social Mobility in a Nineteenth Century City*, Cambridge, MA: Harvard University Press, 1964, p. 192.

2　Stephan Thernstrom, *The Other Bostonians: Poverty and Progress in the American Metropolis, 1880-1970*, Cambridge, MA: Harvard University Press, 1973, p. 5.

3　Theodore Hershberg, "The New Urban History: Toward an Interdisciplinary History of the City," *Journal of Urban History*, Vol. 5, No. 1 (Nov., 1978), pp. 3-40.

地带中的历史"[1]。总的来说,美国城市史的早期研究者是把城市当成一个整体来进行研究的,他们关注的不是城市里发生了什么,而是作为一个整体的城市在美国历史进程当中所扮演的角色。如果把城市比喻成一个箱子的话,他们不关心箱子里面装的是什么,而关心箱子和外部世界是如何互动的。60年代以后,城市史转向研究城市社会问题和社会结构,研究者尝试着把城市作为一个地点来研究,他们要打开箱子看一看里面到底装了些什么,但并不关心箱子本身是如何构成的。

  城市现实的变化始终引领着美国城市史研究。20世纪80年代以后,一度被认为没有希望的城市却意外地出现了复兴的兆头,纽约、费城、巴尔的摩等曾经深陷危机的大城市,逐渐出现了富裕人群和中产阶级社区。市中心的新型商业、旅游和会展博览业不但吸引了郊区居民回流,还吸引了来自全世界的游客和投资人。城市滨水地带美轮美奂,下城零售店潮流前卫,传统历史建筑焕然一新。虽然表面的复兴之下隐藏着许多问题,但"复兴"的确引人注目,许多问题被彻底隐藏了。史学界对城市的复兴投去了好奇的目光,许多研究者开始追溯复兴的根源。美国史学经过了六七十年代的变化,进入80年代后也呈现出新的面貌。一方面,族裔、性别和阶级已经成为历史研究的基本类别,一部史学专著若是不涉及这些领域,很难被视作一部合格的作品。原本为新城市史所津津乐道的城市底层、边缘群体和亚文化逐渐成为专门的研究领域,如今族裔史、性别史和性史等新的分支方兴未艾,城市史的阵地不免受到侵蚀。另一方面,新一代历史学家以审慎的态度反思六七十年代的史学变迁,担忧史学的价值、人文底蕴和思辨性正在各种理论、范式和模型的冲击下消失殆尽,80年代后"叙事的复兴"得到张扬。[2] 而新城市史恰

---

1 Samuel Hays, "From the History of the City to the History of the Urbanized Society," *Journal of Urban History*, Vol. 19, No. 4 (Aug., 1993), p. 3.

2 李剑鸣:《关于二十世纪美国史学的思考》,《美国研究》1999年第1期,第17—37页。

恰在方法上高度依赖社会科学的方法，许多博士论文往往设有专门章节解释统计模型的建立和数学公式的运用；内容上，统计分析的方法难以从政治、性别等角度解释城市，其研究命题也面临史学新浪潮的挑战。

美国城市史却陷入了一种尴尬境地：那些曾经被城市史作为核心主题的研究对象，包括女性、移民和劳工，如今被视作新社会史的分支领域，新一代学者怀疑社会史是否已经让城市史无路可走。特恩斯特伦在访谈中声称，自己是社会史家而不是城市史家。甚至有学者直言不讳地指出："城市史与史学领域内的其他分支存在明显的断裂……如果没有经典作品、哪怕是有争议的经典作品，城市史究竟是否还能算作一门学科？"[1] 新一代学者似乎忽略了前辈学人的贡献，年轻学者已经对城市史不感兴趣。曾经喧嚣一时的新城市史，如今只能勉力回应学术界的质疑。"那些曾经被视作城市史核心主题的研究对象，包括女性、移民和劳工，现在也被认为是新社会史的分支领域。"[2] 甚至城市史研究者之间也很少相互引用对方的成果，《社会科学史学刊》（*Social Science History*）创刊后，几乎每期都有至少一篇文章与城市史相关，但研究者发现，《城市史研究》（*Journal of Urban History*）中的文章却几乎没有引用《社会科学史学刊》的。

与此同时，与城市相关的历史研究却层出不穷——城市史的尴尬不在于城市乏人问津，而是对城市的研究更多了，有学者指出，是史学的诸多领域逐渐发现城市并呈现出鲜明的特色。[3] 只不过许多论著尽管在研究城市的历史，其作者却并不认为自己是城市史学者。尤其是在20世纪90年代以后，在

---

1 Clay McShane, "The State of the Art in North American Urban History," *Journal of Urban History*, Vol. 32, No. 4 (May, 2006), pp. 594-595.

2 Kathleen Neils Conzen, "Quantification and the New Urban History," *The Journal of Interdisciplinary History*, Vol. 13, No. 4 (Spring, 1983), p. 655.

3 陈恒：《当代西方城市史研究的五次转向》，《光明日报·理论版》2019年1月14日，第14版。

结构主义，特别是后结构主义理论的指导下，史学转型进一步展开。历史学家吸收了社会学、人类学等学科的研究方法，逐渐发展和形成了一种新的研究范式，被概括为"语言学转向"或"文化转向"，林恩·亨特（Lynn Hunt）则统称为"新文化史"。这一新潮流的"任务是往法律、文学、科学、艺术的底下挖掘，以寻找人们借以传达自己的价值和真理的密码、线索、暗示、手势、姿态。……文化象征始终不断地在日常的社会接触中被重新塑造"[1]。西方史学在整体上呈现高度多元化的局面，新文化史、社会经济史、日常生活史等新领域异彩纷呈，"文化转向""空间转向"等新趋势桴鼓相应，对城市历史的研究也日渐细致入微并且多样化。换个角度看，城市史的尴尬何尝不是城市史的新机？虽然与史学新潮流多有重叠之处，但这从另一个角度说明，不管研究者如何界定自己的身份，与城市相关的史学研究正在不断涌现，在理论和方法等诸多层面求新求变。城市史家在劳工史研究中突出城市背景，例如克莱因伯格在对匹兹堡工人阶级的研究中强调了城市化进程如何影响了工人阶级社区以及劳工间的社会关系[2]；或是通过对历史过程的描述来丰富对城市复杂性的认识、扭转社会科学化的弊端，例如特伦斯·麦克唐纳批评史学家过度依赖政治学的功能主义理论，他详细描绘了旧金山财政政策的形成过程，展示了历史进程的多重可能性，多种多样的城市传记更试图以叙事风格吸引读者[3]；一些优秀的城市史论著既求学术水准，又兼顾通俗性和大众化，借助文化人类学"深描"的方法把作品写得生动有趣，受众范围更加广泛，例如梅拉妮·基希勒通过梳理19世纪后期快速城市化过程中的各

---

1 乔伊斯·阿普尔比、林恩·亨特、玛格丽特·雅各布:《历史的真相》，刘北成、薛绚译，北京：中央编译出版社1999年，第198页。

2 S. J. Kleinberg, *The Shadow of the Mills: Working-Class Families in Pittsburgh, 1870–1907*, Pittsburgh: University of Pittsburgh, 1989.

3 Terrence J. McDonald, *The Parameters of Urban Fiscal Policy: Socioeconomic Change and Political Culture in San Francisco, 1860–1906*, Los Angeles: University of California Press, 1986.

类文献，寻找"城市的味道"[1]。这一有趣的现象也被有的学者称为"城市史的'历史分支转向'"，即"史学的诸多领域逐渐发现城市，并呈现出鲜明的特色"，环境、帝国、灾难、医疗卫生等主题纷纷与城市相融合。[2]

这种"危""机"并存的现象一度使美国城市史研究处于尴尬状态，也引起了研究者的关注，他们或是呼吁城市史积极介入文化转向和语言学转向，或是倡导城市环境史研究，甚至重新定义何为城市。[3] 不过，城市毕竟是一种空间类型和建成环境（Built Environment），与城市历史相关的研究主题往往发生在城市之中，或者与城市化进程相关，无论城市史如何开展文化转向和语言学转向，也无论是城市史与环境史还是与性别史相结合，更无论所谓"后城市时代"（Posturban）是否来临，城市都不可能失去其特殊性。可以说，美国城市史作为一个特定的研究领域，其边界日渐模糊，对于美国城市历史的研究却日新月异、多姿多彩。

三、美国的城市史研究新趋势

美国城市史研究长期以来都将城市作为一个实体（entity）而非关系

---

[1] Melanie A. Kiechle, *Smell Detectives: An Olfactory History of Nineteenth-Century Urban America*, Seattle: University of Washington Press, 2017.

[2] 陈恒：《当代西方城市史研究的五次转向》，《光明日报·理论版》2019年1月14日，第14版。

[3] Timothy J. Gilfoyle, "White Cities, Linguistic Turns, and Disneylands: The New Paradigms of Urban History," *Reviews in American History*, Vol. 26, No. 1 (Mar., 1998), pp. 175-204; Howard Gillette, Jr., "Rethinking American Urban History: New Directions for the Posturban Era," *Social Science History*, Vol. 14, No. 2 (Summer, 1990), pp. 203-228; Martin V. Melosi, "The Place of the City in Environmental History," *Environmental History Review*, Vol. 17, No. 1 (Spring, 1993), pp. 1-23; William Sharpe and Leonard Wallock, eds., *Visions of the Modern City: Essays in History, Art, and Literature*, Baltimore: The Johns Hopkins University Press, 1983, p. 22.

(relationship)进行考察,即城市作用于周围的世界,构成城市的政治、经济、社会和文化要素在塑造城市的同时,也在城市中被形塑,但城市本身不是关系的集合。在多洛雷斯·海登看来,研究城市史,就是研究城市如何"被规划、被设计、被建造、被居住、被占有、被赞颂、被迫害和被抛弃"[1]。随着与社会科学的交叉融合,历史学的面目越发多元,城市史也出现了新的热点和增长点。

与城市密切相关的第一个新领域是空间研究。事实上,西方社会科学界在20世纪七八十年代之前并不重视空间,用福柯(Michel Foucault)的话说,"空间遭到贬值,因为它站在阐释、分析、概念、死亡、固定还有惰性的一边"[2]。这样的倾向在70年代后逐渐改变,出于对1968年"五月风暴"失败的回应,西方理论界出现诸如"文化转向""后现代转向""话语转向"以及"空间转向"等诸多新动向。所谓"空间转向",是西方左翼学者将空间与资本主义生产方式、资本主义危机与阶级斗争等经济社会过程的分析结合起来,努力建构一种批判性的空间理论。"空间转向"一般以亨利·列菲弗的空间生产理论为起点,即城市不仅仅是资本主义的消费场所,城市本身就是资本主义的动力机制,城市空间与资本和技术一样都属于劳动力,晚期资本主义主导的生产方式不再是"空间中物的生产",而是"空间本身的生产"。[3]戈特迪纳进一步延伸了列菲弗的观点,阐述了空间动力机制以及互相依赖的行为者之间如何生产空间,"在城市和郊区发现的空间结构都具有明显而又潜在的后续结果——它们以可预测的方式影响人类行为和互动,但也以始料未及

---

[1] Dolores Hayden, *The Power of Place: Urban Landscapes as Public History*, Cambridge, MA: The MIT Press, 1997, p. 15.

[2] 米歇尔·福柯:《权力的眼睛——福柯访谈录》,严锋译,上海:上海人民出版社1997年,第152—153页。

[3] Henri Lefebvre, *The Production of Space*, Oxford, UK: Blackwell, 1991, p. 26.

的方式影响最初的规划者或开发商；但个体本身通过其行为方式和人际间的互动，不断地改变着现存的空间结构，并构建新的空间来满足他们的需求和欲望"[1]。90年代，戈特迪纳提出了"社会空间视角"（Sociospatial Perspective）的概念，强调社会与空间具有协同作用，城市不仅仅是人口的总和，也是由对立的社会关系组成的社会组织形式。曼纽尔·卡斯特（Manuel Castells）则认为"空间不仅是社会结构布展的某种场面，而且是每个社会在其中被特定化的历史总体的具体表述"[2]，空间是具体的，是由社会关系建构的，也是一种物质产物。这样一来，空间不但是以几何物质形态存在的物理空间，同时也是以抽象关系形态存在的社会空间；不但是宏观的社会关系的产物，同时也是在日常生活实践中人与人之间、群体之间的交流中产生出来的；不但是社会发展的组成部分，同时也如同黏合剂一般把城市社会的诸多要素联结在一起。与空间相关的研究，其广度和深度都得到极大的拓展。

空间不再仅仅是城市史研究对象所在的场地，空间本身就成为研究对象，史学家或是将空间视作凝聚和施展权力的工具，或是将空间作为普通人获取城市日常生活经验的路径，需要借由其他因素——物质环境、社会关系等——来观察。研究者相信，"空间越发被视为物质和象征性力量以各种形态创造出来"，并且对空间的关注"与此前对城市化与阶级的研究并不相互排斥"。[3] 梳理2010—2020年间《城市史研究》目录发现，在373篇与美国城市史相关的论文和书评中，以空间为主题的文章有146篇，约占总数的39%；其中有书评59篇，由于《城市史研究》的书评往往是将多部专著放在一起

---

1 Mark Gottdiener, Randolph Hohle, and Colby King, *The New Urban Sociology*, 6th Edition, New York: Routledge, 2019, p. 19.

2 Manuel Castells, *The Urban Question: A Marxist Approach*, London: Edward Arnold Ltd, 1977, p. 115.

3 Simon Gunn and Robert J. Morris, eds., *Identities in Space: Contested Terrains in the Western City since 1850*, Aldershot, UK: Ashgate Pub Ltd, 2001, pp. 9–11.

评议，因此选来评议的以空间为主题的专著远不止59部。在2012年、2015年和2018年，各有一期开辟了空间研究专栏，分别是"战后费城的空间整合""迈克尔·卡茨对城市空间的研究"和"讲述三座美国城市的空间史"。此外还有许多以空间为主题的文章关注非美国城市，如2016年5月号的专栏关注的是20世纪初日本的帝国想象与城市空间。[1]

20世纪70年代以来，环境史成为美国史学的另一个热点，同样影响了城市史。70年代环保运动的兴起催生了环境史学。但彼时美国环保运动聚焦于自然，实际上19世纪末兴起的资源保护运动和自然保护运动长期以来一直强调自然资源的经济和美学价值，而对城市问题缺乏兴趣。这使得环保组织和环境学家很少将"城市"视作环境的一部分，美国的主流环保组织如荒野协会、塞拉俱乐部、国家野生动物保护联盟等，最初宗旨都是要保护这个国家珍贵的自然遗产。环保运动的这一取向也限制了环境史学者的研究视野，因此一般认为，城市环境史是环境史中较晚兴起的新领域。不过并非所有的学者都忽视了城市作为一种环境史书写对象的可能。早在70年代，乔尔·塔尔（Joel A. Tarr）等环境史先驱就注意到城市环境史，他们的研究初步明确了城市环境史的基本范畴：其一为工业化时期美国城市供水由私人负责转换为公共服务的过程及其对健康的影响，其二是污水处理系统的建立，其三为改善空气质量的努力及相关法令的成效，其四是自然环境与城市居民之间的相互影响。总的来看，第一代城市环境史学家往往只关注城市内部的公共卫生及环境问题，重点是专家与技术在环境治理过程中所发挥的作用，而政治与公共政策只是作为背景出现。[2]

作为研究城市与自然互动关系的城市环境史，到20世纪90年代迎来了

---

[1] 数据为笔者检索 Journal of Urban History 数据库计算所得。
[2] 高国荣：《美国环境史学研究》，北京：中国社会科学出版社2014年，第233—237页。

热潮,其研究领域大大拓展了。城市史家塞缪尔·海斯就指出,"城市化从三个方面影响了环境——其一是城市自身的环境演变,其二是城市对乡村产生了多方位的影响,其三是城市蔓延影响全球"[1]。毕竟,城市的发展不可能不在自然环境中留下印记,尤其是大都市区的蔓延,将许多农田转变为居住用地,增加了硬化路面积,侵占了大量的旷野和野生动物的栖息地,汽车的使用也带来了大量尾气。[2] 在城市环境史领域,威廉·克罗农(William Cronon)是绕不开的人物。克罗农从商品联系入手,揭示了城市与乡村之间的紧密联系,也就展示了资本主义市场经济对自然环境的影响。可以说,"克罗农的著作却将史学家研究芝加哥的天地扩展到了整个西部的苍穹之下,在这片广袤的土地上,思考这个自然的大都市形成的原因"[3]。安德鲁·赫尔利(Andrew Hurley)也以个案城市为对象,他选择了印第安纳州的工业城市加里(Gary),探讨白人中产阶级、白人工人阶级、非洲裔美国人各自所认为的环境问题及不同的改革方案,将环境史与社会史整合起来。[4] 在相继推出的几部著作中,作者越来越强调社会因素而非自然因素。环境史名家马丁·梅洛西(Martin V. Melosi)、乔尔·塔尔等在城市环境史领域的贡献,更是早已引起关注。[5]

总之,城市史与环境史的融合逐渐成为美国史学界的新风气。一方面,

---

[1] Samuel P. Hays, "The Role of Urbanization in Environmental History," in Samuel P. Hays, *Explorations in Environmental History*, Pittsburgh: University of Pittsburgh Press, p. 70.

[2] 孙群郎:《当代美国郊区的蔓延对生态环境的危害》,《世界历史》2006年第5期,第15—25页。

[3] 侯深:《没有边界的城市:从美国城市史到城市环境史》,《中国人民大学学报》2013年第3期,第24页。

[4] Andrew Hurley, *Class, Race, and Industrial Pollution in Gary, Indiana, 1945-1980*, Chapel Hill: The University of North Carolina, 1995, p. xiv.

[5] Martin V. Melosi, "The Place of the City in Environmental History," *Environmental History Review*, Vol. 17, No. 1 (Spring, 1993), pp. 1-23; Joel Tarr, "Urban Environmental History," in Frank Uekoetter, ed., *The Turning Points of Environmental History*, Pittsburgh: University of Pittsburgh Press, 2010, pp. 72-89.

出于对环境的深刻忧虑,研究者越发关注人类与自然的关系,而城市中二者的互动最为明显。另一方面,20世纪80年代以来兴起的环境正义运动,是弱势和边缘群体争取平等环境权益的诉求,强调环境决策背后的族裔、阶级与性别维度,进一步引领历史学家将目光投向城市底层阶级,从而推动了环境史与城市史的融合。城市环境史内容宽泛,城市造成的环境污染、基础设施建设中人类与自然的关系、社会底层承担的环境危害以及环境治理等多个方面的问题,都在其研究之列。近些年来,越来越多的学术会议聚焦于城市环境史,城市史和环境史领域的权威刊物也纷纷开设专栏,邀请该领域的研究者发表文章或点评新著。

随着全球化的推进,城市不再是局限于一定的地域范围之内、并与邻近地区的资源交换的地域实体,而是全球性经济、政治与文化网络中的节点,深度卷入全球一体化进程之中。这样的认识自然突破了城市原有的空间边界,社会科学界或者将城市作为全球经济的指挥与控制节点,或者视为全球性文化交流、冲突与混杂的场所。[1]城市史研究者也不甘人后,很快走进了史学"跨国转向"的舞台中央,即20世纪90年代以来,"突破民族国家的框架把跨国现象作为历史研究的对象,已经成为美国乃至西方史学界强大的学术潮流"[2]。

相比其他地区的城市,虽然美国城市更具有超越民族国家的特性——如数量庞大的移民,并且他们聚集在特定街区形成了唐人街、小意大利等跨国社区——但学术界从跨国史角度研究美国城市史,起步较为迟缓。研究者更

---

[1] Manuel Castells, "Space and Society: Managing the New Historical Relationships," in Michael P. Smith, ed., *Cities in Transformation: Class, Capital, and the State*, Beverly Hill, CA: SAGE Publications, 1984, pp. 235-260; Peter Marcuse, "The Layered City," in Peter Madsen and Richard Plunz, eds., *The Urban Lifeworld: Formation Perception Representation*, New York: Routledge, 2005, pp. 94-114.

[2] 王立新:《在国家之外发现历史:美国史研究的国际化与跨国史的兴起》,《历史研究》2014年第1期,第150页。

喜欢用国内因素解释城市现象，比如联邦制、私家汽车的普及、美国社会对田园生活的向往等，渗透着"美国例外论"的思路。究其原因主要有二。其一，城市史的跨国视野与学术界对帝国的关注不无联系，近代的殖民大国如英国、法国、西班牙等都在海外建立了广袤的殖民地，城市在帝国的统治网络中扮演了殖民控制中心的角色；而美国史学界的主流在美国是否也是帝国这个问题上态度暧昧，与帝国相关的研究也就被束之高阁。其二，如前文所述，20世纪七八十年代之前美国城市史的重心是城市社会，聚焦的是城市内部，自然难以从更广阔的跨国视角展开分析，如同小萨姆·巴斯·沃纳（Sam Bass Warner, Jr.）所说，"我们的城市史是关于冲突和机遇的历史，这些冲突和机遇起源于国家及其组织单元"[1]。总的来看，当欧洲同行意识到跨国视角的价值时，大多数美国城市史研究者的目光还停留在本乡本土，就其空间尺度来说，或是从大都市区范围探讨城市，或是在与世界其他地区城市的比较中小心翼翼地望一眼国门之外。[2]

实际上，跨国史的路径尤其适合城市史。《美国历史评论》曾组织了关于跨国史的对话，与谈人普遍认为跨国史的研究对象是各种超越民族国家领土疆界、把不同国家和社会连接在一起的纽带，包括国际网络、制度、思想和过程。用斯文·贝克特（Sven Beckert）的话说，跨国史就是要"重建人类经验中那些超越了民族国家、帝国或其他政治实体范围的方面，这使跨国史与过去百年中世界大部分地区书写的大多数历史区别开来"[3]。所以跨国史不

---

[1] Sam Bass Warner, Jr., *The Urban Wilderness: A History of the American City*, New York: Harper & Row, 1972, p. 57.

[2] 例如肯尼斯·杰克逊（Kenneth T. Jackson）在研究美国郊区化时曾将美国与欧洲相比，强调美国特性包括大片廉价土地、对田园生活的向往和对隐私权的重视，是美国郊区化远快于欧洲的重要原因，见Kenneth T. Jackson, *Crabgrass Frontier: The Suburbanization of the United States*, Oxford: Oxford University Press, pp. 6-17.

[3] C. A. Bayly, Sven Beckert, and Matthew Connelly, et al., "AHR Conversation: On Transnational History," *The American Historical Review*, Vol. 111, No. 5 (Dec., 2006), p. 1145.

是关注民族国家疆界内发生的事情，而是关注那些超越领土疆界的思想、信息、资本、物质和人员的流动，这些流动不仅涉及社会身份的界定和治理模式的创新，还推动了城市生活方式和与城市有关的思想和文化体系的传播。历史上的大城市往往是政治、经济或宗教中心，这样的城市自然吸引了来自各地的商品和移民，尤为契合跨国史的视野。

在21世纪前后，美国史学界开始从跨国史视野观察美国城市，形成了三个基本路径。其一是尝试在作为固定场所的城市中发现全球化的流动空间，尤其是域外因素如何流入和影响了美国城市。无论如何定义，城市都是有着明确边界的固定场所，但构成城市的诸多要素不完全是固定的。随着全球一体化进程的推进，全球成为一个由人流、物流、资本流、技术和信息流构成的流动空间，跨国事务和现象迅速增多，包括人员和资本的大范围流动、传染病散布、全球气候变迁和恐怖主义蔓延，这些事务和现象集中在作为固定场所的城市中，并且对城市的影响越来越大。跨国史的研究路径将全球性的流动视作塑造城市事务的重要力量，城市是全球化流动空间的汇聚地。丹尼尔·罗杰斯（Daniel T. Rodgers）以跨国史路径对进步主义改革的研究备受瞩目，他注意到大西洋两岸围绕"社会政治"的交流和互动，探讨了英国的社会改良理念如何在美国城市中落地生根。他发现美国的很多改革方案是从欧洲流入的，进步主义改革是一个跨国现象。[1] 其二是探讨与美国城市相关的事务如何影响了其他国家，尤其是在"冷战"期间美国影响力的全球输出中，包含哪些城市的因素。与前一个主题相比，这里强调的是美国因素如何影响了其他国家的城市。由于文化输出的背后往往有美国政府，因此这一路径聚焦于城市政策的输出，而以往的外交史研究对此着墨较少。例如南希·郭（Nancy H. Kwak）的《房产者的世界》（*A World of Homeowners*）关注了美

---

[1] Daniel T. Rodgers, *Atlantic Crossings: Social Politics in a Progressive Age*, Cambridge, MA: Harvard University Press, 1998, pp. 5–7.

国的住房政策如何走向世界。使更多人拥有住房、成为房东，是"二战"后联邦住房政策的基石，许多美国城市史论著就此展开研究，但南希·郭关注的是美国政府如何将国内的住房政策运用到对第三世界的住房援助中，探讨美国政府和得到美国大力支持的国际非政府组织、基金会等机构在不同地区推动住房所有权普及的尝试，是跨国视角下的美国住房政策史。[1]其三是跨国交流的媒介，也就是在跨越领土疆界的联系中，哪些行为体发挥了怎样的作用。与治理、规划等城市事务相关的理念在城市之间传播，通过多种渠道穿越地理、制度、文化和语言的障碍，在其中发挥媒介作用的除了国家，还包括国际非政府组织、全球性行业协会、基金会、社会团体和有影响力的个人等行为体。例如"二战"以后，欧洲被战争摧毁的城市亟待重建，美国城市也普遍遭遇危机，现实需求加快了双方的交流，因此交流渠道和平台就更加重要。专业组织通过定期举办会议、发行专业刊物、人员往来交流等方式，为思想和实践的共享搭建了平台[2]；联合国以及各种重建机构推动了"现代城市"概念的普及化，加快了交流的推进。[3]此外专业人士在规划理念的推广中也发挥了不可小觑的作用，例如19世纪末的丹尼尔·伯纳姆（Daniel Hudson Burnham）和20世纪的勒·柯布西耶（Le Corbusier）。除了这些在规划界响当当的大人物，更多的"次级人士"有待考察。相比前者，他们的作用其实更大，因为他们既参与一线的规划，也以教师、学者和官员等身份推广规划理念，不但将新理念带到了更多的地方，在许多具体的规划活动中也活跃着

---

[1] Nancy H. Kwak, *A World of Homeowners: American Power and the Politics of Housing Aid*, Chicago: The University of Chicago Press, 2018.

[2] Carola Hein, "The Exchange of Planning Ideas from Europe to the USA after the Second World War: Introductory Thoughts and a Call for Further Research," *Planning Perspectives*, Vol. 29, No. 2 (Feb., 2014), pp. 1-9.

[3] Rosemary Wakeman, "Rethinking Postwar Planning History," *Planning Perspectives*, Vol. 29, No. 2 (Feb., 2014), pp. 153-163.

他们的身影。

　　除了上述三种路径，关于全球城市（Global City）的研究和城市间的比较研究也离不开跨国视角，但目前成果并不丰富，且有值得商榷之处。对当下全球城市开展的历史研究主要是一种"倒着写"的方法，也就是先确定全球城市的某些特征，然后从历史上寻找这些特征是如何形成的。例如阿布-卢古德（Janet Abu-Lughod）虽然指出在对全球城市的研究中"历史非常重要"，但她的历史研究也只是追溯纽约、洛杉矶等城市的某些当代特征的历史渊源，关注的是"与本书主题相关的、城市在最近一个发展周期的变化"。[1]约翰·肖特（John Rennie Short）虽然主张以较长的时段审视城市的发展，但他没有讨论历史上城市对于全球化的贡献。[2] 跨国比较研究虽也被有的学者视作跨国史的一种路径，但实际上与跨国史有较为明显的差别。前者是对静态的现象进行对比，重在揭示比较者的独特性；后者关注的是动态的事务，重在突出共性。[3] 总之，跨国史视野下的城市史研究摒弃了全球与地方的简单二分法，而是聚焦于跨国联结、跨边界网络的活动以及空间尺度的调整所带来的纠缠样态和复杂进程，这既是流动空间与固定场所的交叠，也是全球普遍共性与国家个体差别的融合。

　　除了打开新的研究领域，美国城市史也尝试在方法上取得创新。在早期的城市史学家中，传记研究是一种颇受欢迎的方法。城市传记致力于表达或不屈不挠，或积极向上的城市精神，以凸显城市的独特性，强调人与地方关

1　Janet Abu-Lughod, *Before European Hegemony: The World System A.D. 1250-1350*, New York: Oxford University Press, 1989, p. 161.

2　John Rennie Short, *Global Metropolitan: Globalizing Cities in a Capitalist World*, London: Routledge, 2004.

3　Nicholas Kenny and Rebecca Madgin, eds., *Cities beyond Borders: Comparative and Transnational Approaches to Urban History*, London: Routledge, 2015, pp. 3-25.

系的重要性。城市传记长于叙事、弱于分析，在社会科学影响史学之际难免为人所抛弃。直到20世纪80年代以后"叙事的复兴"，城市传记才重新焕发了生命力。它们富于城市生活的细节，充满了耐人寻味的故事，在千城千面之间彰显历史学的魅力。不过对于更多的城市史学家而言，他们关注城市，自然离不开对当下问题的关注，实际上城市史学家总是有一种现时思维，倾向于为当下的问题寻找历史根源，或是从历史上寻求解决现实问题的智慧。所以在城市史家中间有一种共同的倾向，那就是运用社会科学模型来得出城市发展的规律性认识。如果说城市传记是要为特定城市凝练独属于自己的个性，那么更多的城市史家则倾向于概括城市发展的共性。特别是在20世纪五六十年代，在联邦政府的城市更新（Urban Renewal）政策之下，各大城市纷纷开动推土机，大规模改造老旧街区，城市生活不但为"城市危机"所困扰，也被城市更新打乱。无论是专业学者还是读者大众，都卷入了关于城市未来的争论之中，政治学、经济学、社会学等领域都发起了针对城市的研究，对于城市史家来说，自然而然地将多学科方法嵌入对城市历史的研究之中。无论是历史上还是五六十年代城市衰退的时期，不同城市面临着许多共同的问题，但城市解决问题的路径各有千秋，因为应对挑战的方法有赖于公共支持、智识水平，更离不开城市的制度和财政资源。其中的异与同，需要比较研究加以揭示，也为城市史家开展比较研究提供了土壤。

实际上，城市史的新趋势是美国史学新趋势在城市历史研究中的反映。美国虽然不是一个历史悠久的国家，但是一个史学发达的国家，求新求变是美国史学的特色。从20世纪初的"新史学"，到六七十年代"新的新史学"，再到80年代以后的各类"转向"，以及21世纪以来全球史、跨国史等新方向引领风潮，史学多元化趋势明显。美国的城市史研究自然也不例外，不断变换重点、寻找方向，从多维度揭开城市历史的面纱。

四、中国的美国城市史研究

中国的美国史研究中，城市史虽然起步不算早，但是一个发展快速的领域。该领域起步于20世纪80年代中期，一般以王旭的《美国城市史研究概述》作为起点。[1] 从那时起到现在，城市史研究者的队伍有了很大的扩充，论著数量呈井喷式增长，专题会议和讲座等学术活动也不时见诸报端，并且在研究焦点和方法等方面具备了自己的特色，被誉为"一个成功的例子"[2]。

中国的美国城市史研究具有鲜明的现实导向性，我国快速城市化的现实为城市史研究设置了议题。2011年我国城市化人口过半，从世界城市发展的一般规律看，这意味着进入了从传统城市化向新城市化过渡的转型期。是否转型、如何转型，应该从其他国家已走过的道路中寻求借鉴，这既是现实的需要，也是历史学的使命。与此相应的大都市区化及其理论研究是中国美国史研究者们所关注的话题，围绕着城市化的阶段性特征、郊区化、城市治理的碎片化和中心城市空间转型等主题，涌现出不少论著。特别是王旭提出的"新城市化"理论，将城市化区分为两大阶段，第二次世界大战后全球各地相继进入第二阶段，在这一时期，城市空间结构重组，城市化发展重心转向郊区，城市布局从高度集中转为相对分散；城市空间结构从单中心向多中心过渡，形成新的区域资源配置；城市与郊区的区别淡化，两者从分离走向统一，形成新的一体化地域实体大都市区。这一走向标志着世界范围内城市发展重心的转变，从单纯的人口转移型向结构转换型过渡，从城市的集中型发展转向城乡统筹发展，这是城市化的高级发展阶段。[3] 与此相关的是，中国

---

1 王旭：《美国城市史研究概述》，《东北师大学报（哲学社会科学版）》1986年第1期，第61—66页。
2 梁茂信：《对"三十而立"的反思与期待——2001—2010年中国美国史研究的回顾》，《史学月刊》2012年第1期，第80页。
3 王旭：《大都市区的形成与发展：二十世纪中期以来世界城市化转型综论》，《历史研究》2014年第6期，第130—146页。

学者对"逆城市化"理论开展的批评,改变了从城市理解城市的单一角度,拓展了对城市及其周边区域关系的理解。孙群郎等学者认为,所谓"逆城市化"只是人口从向中心城市集中变成了向郊区集中,而不是在完全与城市无关的乡村地区形成了新的城市,因此并未改变大都市区发展的总体趋势,与其说是"逆城市化",不如说人口在更大范围内的集中。[1]

立足中国现实,我国美国城市史研究的另一个研究焦点是美国城市及其与所处区域的关系。美国与中国都是幅员辽阔的大国,区域之间存在较大差别,城市的发展与其所处区域的自然地理条件、历史传统和社会文化状况密不可分。中国的美国城市史学家关注区域是从西部开始的,随着我国振兴东北老工业基地战略的提出,美国工业心脏地带的东北部、中西部也引起了史学界的关注。在研究中学者发现,老工业地带的衰落与南部、西南部阳光带的崛起是一枚硬币的两面,两大地域此消彼长的背后,是经济结构的去工业化以及高技术产业的崛起。[2]

城市在发展过程中往往遇到一些共性挑战,从美国城市的演变历程来看,应对城市挑战能够为中国城市化带来哪些有益的经验,以及如何规避教训,这也是中国的美国城市史研究中一个广受关注的领域。对于"二战"后大都市区中心城市遭遇的种种问题,研究者认为中心城市的衰落与自身发展趋势、郊区化及联邦政策等因素有关,中心城市与郊区形成两个截然不同的社会。[3]大都市区是城乡一体化的新型城市化地域实体,如何整合城与乡,使得大都市区内不同行政单元协同发展就成为亟待解决的问题,无论是理论还是现实层面,都颇有价值。对于美国大都市区内部的碎片化,中国学者给予

---

[1] 孙群郎:《20世纪70年代美国的"逆城市化"现象及其实质》,《世界历史》2005年第1期,第19—27页。
[2] 韩宇:《战后美国老工业基地马萨诸塞经济转型研究》,《世界历史》2006年第6期,第54—63页。
[3] 梁茂信:《当代美国大都市区中心城市的困境》,《历史研究》2001年第6期,第120—133页。

高度关注,分析其难以协同发展的原因,探讨美国学术界在大都市区治理方面的认识,或是介绍新的举措。[1] 随着西方史学新思潮影响中国,以及世界史资料建设日渐完备,一些具体问题的探讨空间也越来越大,尽管微观研究还有较大难度,但中观研究已经有了不小的进展,包括人物和中小城市等。[2] 住房、公共卫生和移民等城市社会的复杂面相,都已引起中国学者的关注,相关研究不但数量较多,水准也不断提高,在某些方面已经具备了与国际学术界开展对话的可能。话语转向、全球史、跨国史等新兴的史学领域,也已经为中国的美国城市史研究所接纳,从十年来的国家社科基金项目情况来看,城市史在美国史立项课题中所占的比重稳中有升,选题也日渐丰富多元。

除了原创性的学术研究,及时地将国外城市史领域的经典名著和最新成果翻译并引入国内,也是中国美国城市史研究的一大亮点。近年来,肯尼斯·杰克逊的郊区化经典《马唐草边疆》(*Crabgrass Frontier: The Suburbanization of the United States*)由商务印书馆出版并很快列入汉译名著系列,乔尔·科特金(Joel Kotkin)广受欢迎的《全球城市史》(*The City: A Global History*)中译本在中国一版再版。上海师范大学与上海三联书店、商务印书馆等出版社合作的"城市史译丛""城市社会译丛"早已颇具规模,最近更是将《城市研究关键词》(*Encyclopedia of Urban Studies*)、《美国城市史百科全书》(*The Encyclopedia of American Urban History*)等大型工具书翻译刊行。

不过从整体上看,中国的美国城市史研究在选题方面偏重"硬"的方面,对"软"的一面如城市文化、关于城市的知识等有所不足[3],还有比较

---

1 罗思东:《美国大都市地区的政府与治理——地方政府间关系与区域主义改革》,厦门大学博士学位论文,2005年。
2 李文硕:《罗伯特·摩西与纽约城市发展》,厦门大学博士学位论文,2014年。
3 胡锦山:《罗伯特·帕克与美国移民同化问题研究》,《求是学刊》2008年第1期,第133—137页。

大的研究空间。比较研究也是美国城市史的软肋，虽然有学者尝试开展中美之间的比较，但总体看来不但数量少，而且缺乏深度和精准度。这种情况一方面是中美城市之间在很多方面存在制度性的差异，难以找到合适的比较对象，包括郊区、大都市区等基本概念上的分歧，同时也是我国世界史研究不均衡的结果。虽然近年来中国史学界对于全球南部（Global South）的关注持续升温并且取得了显著成效，但整体而言，世界史研究仍然集中在传统大国，这使得开展比较研究的视野较为狭窄。此外，无论是对某个城市的个案研究，还是在研究中选择的案例城市，当下的研究都倾向于纽约、芝加哥、洛杉矶等少数大城市，对于中国读者不熟悉、规模较小的城市，关注并不充分，而要了解美国城市的一般面貌，这些"默默无闻"的城市似乎更有价值。最后，历史学是认识世界、改造世界的重要工具，史学史无疑是历史学的基础。中国的美国城市史研究关注具体问题，对城市史学的探讨虽有起步却远远不够，许多问题语焉不详，更无法从整体上把握其内在理路、史学价值和现实意义。

总之，中国的美国城市史研究已经取得了可观成绩，如果说城市史是一个具有高度现时思维的领域，那么这种现时思维在中国的美国城市史研究中尤为明显，研究者致力于从中国城市化的现实中发现问题，从美国城市发展历程中或寻求经验，或避免教训。

可以说，无论是中国史学界还是美国史学界，与20世纪50年代相比，今天的城市史选题在主题上更为丰富，在地域上更加广泛，在方法上接受了社会科学的洗礼，也重新发现了叙事的价值。在专业期刊《城市史研究》、《城市史》（Urban History）之外，网络媒体和各式各样的工作坊、学术会议，使得研究成果的推广更加多元。尽管围绕何为城市史的争论目前没有恐怕未来也不会有定论，但城市史自形成至今，始终关注城市化的历史进程，关注具体语境里的城市中的历史。城市史研究者既受到史学变迁的影响，同时也不忘关心象牙塔外的现实世界，从变化中的城市里寻找新的课题。他们或是致力于论述如何发现不同城市之间存在的共同因素，以"深描"的方法展现史学的洞察力；或是提供一种理论性的解释框架和概念工具，以引导人们关注某些城市的独特性，启发新问题；甚至是通过整合和量化文献资料，创造一种经验可验证的、对城市世界的简化描述。城市史正在人文学科与社会科学的交叉点上，努力挖掘着历史书写新的可能。

拓展阅读书目

A. K. Sandoval-Strausz and Nancy H. Kwak, eds., *Making Cities Global: The Transnational Turn in Urban History*, Philadelphia: University of Pennsylvania Press, 2017.

Anthony Molho and Gordon S. Wood, eds., *Imagined Histories: American Historians Interpret the Past*, Princeton: Princeton University Press, 1998.

Eric Goldman, ed., *Historiography and Urbanization: Essays in American History in Honor of W. Stull Holt*, Baltimore: The Johns Hopkins University Press, 1941.

John Higham, *History: Professional Scholarship in America*, Baltimore: The Johns Hopkins University Press, 1989.

Theodore K. Rabb and Robert I. Rotberg, eds., *Industrialization and Urbanization: Studies in Interdisciplinary History*, Princeton: Princeton University Press, 1981.

陈恒等：《西方城市史学》，北京：商务印书馆2017年。

侯深：《无墙之城：美国历史上的城市与自然》，成都：四川人民出版社2021年。

王旭：《美国城市发展模式：从城市化到大都市区化》，北京：清华大学出版社2006年。

第二讲　殖民时期的北美城市

现代美国本土出现最早的城镇定居点可以追溯到1400多年前,这是由印第安人建立的聚居区。印第安人的历史进入美国历史叙事,是从哥伦布(Christopher Columbus)"发现美洲"开始的。哥伦布船队到达美洲,在他和当时人看来都是一件微不足道的事情,甚至哥伦布直至去世也一直以为自己到达的是东方的某个岛屿。但正是这件小事,启动了美洲历史的转折进程。在1492年以后的近百年里,欧洲人不过是间歇性地涉足北美,或探查或捕鱼,或与原住民进行交易。美洲历史真正被改变,是从欧洲殖民者大规模到来开始的。

一、北美原住民的"城市"

古人类学家一般都认为,美洲的首批定居者是来自亚洲的旅居者,尤其是来自西伯利亚的那些擅长猎获野牛、驯鹿等大型动物的游牧部落。他们很可能最先跨过了连接东北亚和阿拉斯加的陆桥,也就是今天的白令海峡,来到美洲。地质学家们相信,这个宽度大约为600英里的陆桥直到距今2.5万至

1.4万年之前还存在。在这一时期，冰川使白令海峡的部分海床裸露出来。形形色色的移民很可能来自亚洲甚至欧洲的几个不同地区，他们通过水路和陆路移居到美洲。来到美洲后，这些移民逐水草而居，一路追踪猎物向南前行。考古学上的证据显示，随着时间的流逝和人口的繁衍，那些最早的定居者发展出了各自的文化，并且以不同的方式适应了各自的生活环境。尽管数千年之后重新"发现"新世界的欧洲人把美洲各种类型的社会混为一谈，但是直到15世纪晚期，美洲原住民在他们的社会规模、复杂性、所用语言，以及社会组织形式等方面，都存在着巨大的差别。

欧洲社会对美洲原住民持一种轻蔑的态度。欧洲文化中根深蒂固的优越观念是欧洲人在历史上看待欧洲之外世界的一个基本出发点，所以欧洲社会相信，美洲的自然环境和人种都存在缺陷，认为美洲原住民过着一种无文化、无宗教和无道义的生活。很长一段时间，美国历史都是一部以白人为主的历史，虽然非洲裔美国人、亚裔美国人和拉美裔美国人越来越多地在历史教科书和论著中发出自己的声音，但原住民却很少出现在美国历史叙事中。这种现象固然是种族主义偏见所造成的，但也有不少历史学家相信，殖民地时期美洲原住民历史没有任何书面证据，所以这个时期的美洲原住民历史不值一提。实际上，原住民也发展出了较为发达的本土文化，考古发掘已经确认，许多原住民部落都建立了规模较大的城镇定居点。有些当代美国的大都市也是在原住民定居点的基础上发展起来的，比如西雅图。但直到20世纪70年代，在民权运动冲击下，上述局面才有所改变。新的原住民历史研究强调原住民拥有独一无二的属于自己的文化，而这种文化模式也适应了随着时间出现的变化；美洲原住民并没有在欧洲殖民者到达并侵占他们的土地之后就消失了，因天花和殖民者的战争而大量死亡并非原住民故事的全部；相反，他们融入了整个北美洲文化、经济、政治和社会结构之中。在17世纪，部分美洲原住民甚至加入了被称为"印第安人祈祷城镇"的社区，还有一些由新教牧师组织并仿照英国定居点建立的新村庄，也成为原住民新的家园。

对于古代世界的城市，界定的标准一般采用考古学家戈登·柴尔德（Gordon Childe）的理论。柴尔德将辩证唯物主义历史观运用到考古材料的研究中，重视物质基础，他在综合比较美索不达米亚、埃及、印度河流域和尤卡坦半岛的玛雅城市的考古证据之后，描述了上述地区古代城市的面貌，提出了"城市革命"的理论。之所以用"革命"来形容，是因为柴尔德相信城市的出现是古代社会剧变的反映，也将推动社会经济的进一步变化。柴尔德明确说明，"城市革命"不是突然的、灾难性的，而是经济结构和社会组织变化不断累积达到质变后的结果，突出地表现为定居点的人口成倍增加。与考古学家通常用文字或礼器来界定文明不同，柴尔德从人口规模和功能入手来界定古代城市。他总结了古代城市的十个基本特征。（1）人口规模和定居点：城镇显著大于以往的定居点。（2）人口构成与专业分工：首次出现了不直接从事农业生产的人群，他们是全职、专业的手工匠人、运输工人、商人、官员和牧师等。（3）缴纳赋税：每个农民必须将其土地劳动所得的剩余作为赋税，交给所谓的地方保护神或国王。（4）公共建筑物：每个城市具有独特纪念碑式公共建筑物。（5）统治阶级：牧师、官员、军人构成了社会的统治阶级，他们占有大部分社会剩余，与此前的巫师或酋长相比，统治阶级完全免除了各种体力劳动任务。（6）文字：为了管理收入和人口，发明了一套文字和数字系统。（7）科学：文字的发明进一步促进科学发展，例如代数、几何、历法和天文学。（8）精美的艺术：由社会剩余粮食养活的手工匠人，发展了复杂抽象风格的艺术。（9）远距离贸易：早期城市依赖远距离贸易获得本地没有的原料。（10）国家：城市里的专业手工匠人从以居住而非亲属关系形成的国家组织中获得安全保障。[1] "城市革命"是柴尔德划分新石

---

[1] V. Gordon Childe, "The Urban Revolution," *The Town Planning Review*, Vol. 21, No. 1 (Apr., 1950), pp. 3–21.

器时代与文明时代的分界线,这十个因素集中在城市里,它们的形成过程催生了城市,并且合力将社会推入文明阶段。当然并非所有考古学家都同意柴尔德的观点,反对者或是批评"革命"一词带有误导性,人类进入文明时代是一个渐进过程;或是认为他过于重视物质基础,忽视了文化的作用。近年来,关于古代城市形成的研究已经有了很大进展,权力、社会组织和交换等因素受到重视,不过柴尔德的基本理论并没有被推翻。

当英国殖民者来到今天的美国东北部时,他们最先接触的当地原住民已经具备了具有自身文化传统的居住模式。这些东北部文化是英国殖民者于1497年抵达北美大陆时最先接触的文化。到了16世纪晚期和17世纪,位于今天纽约州北部地区的易洛魁人(Iroquois)形成了三种主要的社区——营地、小村庄和半永久性城镇。其中,半永久性城镇的规模大于前两者,大约可以容纳2000人,平均每英亩大约有200人。[1] 历史学家丹尼尔·里希特(Daniel Richter)认为易洛魁人的半永久性城镇是19世纪之前的欧洲人和东北部原住民最为密集的固定场所。除了东北部,在今天美国的中西部和西部地区,那里的原住民留下了更多的城镇遗迹,其中最有代表性的就是位于密西西比河东侧的卡霍基亚土丘(the Cahokia Mounds)。卡霍基亚与今天的圣路易斯市隔水相望,在其周边地区还有约120个原住民留下来的土墩。据考古学家分析,大约6世纪的伍德兰晚期(Woodland Period,约前11—11世纪,定居农业开始出现),这里初步形成定居点;今天所见的土丘始于9世纪的密西西比文化时期(Mississippi Cultures,约10—16世纪)。研究者估计,卡霍基亚在13世纪时人口达到2万至3万,但对卡霍基亚的社会和政治结构的了解少之

---

[1] Eric E. Jones, "An Analysis of Factors Influencing Sixteenth and Seventeenth Century Haudenosaunee (Iroquis) Settlement Locations," *Journal of Anthropological Archueology*, Vol. 29, No. 1 (Mar., 2010), pp. 1-14.

又少。现在甚至不清楚谁在这个地区定居下来，以及哪些原住民群体可以将其祖先追溯到这座城市之中。卡霍基亚虽然规模很大，但在14世纪就被废弃了。据考古学家研究，卡霍基亚是密西西比河谷原住民部落的定居点，是中美洲阿兹特克文明以北最大的城市社区，是靠纳贡和征税维持的城市。卡霍基亚是考古学家命名的，因为当地的原住民部落名称为卡霍基亚人，当时的人并不这样称呼这座城市。从地理位置来看，卡霍基亚应该是位于交通运输的要道上，不过它更为重要的功能应该是宗教祭祀。考古发现城中有一座巨大的土丘金字塔，占地15公顷，大约30米高。金字塔顶部有神庙，是祭司和酋长的住所。考古学家已经在卡霍基亚挖掘出了各种各样的手工艺品以及一些首饰用品，这些都是柴尔德古代城市标准中的统治阶级、贸易和艺术表现因素。考古学家还发现了明显的社会分层分化的迹象，表明卡霍基亚是一个高度分级和正式的社会。最早有记录的前往卡霍基亚的欧洲旅行家是雅克·马凯特神父（Jacques Marquette）和路易·若利耶神父（Louis Joliet），他们于1673年5月17日与其他另外五个人一起乘坐两个桦树皮独木舟，从密歇根出发，沿着密西西比河开展探险。不过在他们的记录中并没有明确提及卡霍基亚，这可能是因为当欧洲殖民者到来的时候，卡霍基亚已经荒废，巨大的土丘上长满了草木，殖民者并没有发现这是人工建筑，法国殖民者在这里修造了定居点。不过在马凯特和若利耶的记录中，我们可以看到卡霍基亚一带有大量原住民聚居的村落。卡霍基亚被发现始于19世纪前期，1831年一位商人在土丘顶端开凿水井的时候挖出了墓葬，但当时并没有引起关注，直到内战爆发前，才有考古学家到这里开展调查。到了20世纪50年代后期，美国开始在全国修建州际高速公路，考古学家对卡霍基亚展开了抢救性挖掘，发现了许多不同规模的墓葬，挖掘出土大量商品。

除了卡霍基亚，位于今天美国新墨西哥州北部的查科峡谷（Chaco Canyon）也是一处原住民文化重地，里希特认为，查科峡谷与卡霍基亚土丘在差不多同一时期进入繁荣期。[1]在7—12世纪，这里是阿纳萨齐（Anaszi）文化的中心。虽然这里的城镇遗址规模远远小于卡霍基亚，但考古发现这里曾出现石制建筑，用石头建造了北美洲最大、最高的建筑，直到19世纪末，芝加哥出现的钢架结构摩天大楼，才超过阿纳萨齐人建筑的高度。与卡霍基亚不同，查科峡谷所在的地区是美国最干旱的地区，也缺少密西西比河这样的大型河流。阿纳萨齐人获得水资源的方式主要是通过建造灌溉系统。到了11世纪初，查科峡谷地区已经发展成为一个欣欣向荣的文化、经济和政治区域，散布着许多小型定居点，这些定居点通过一个总长度达到数百英里的道路网络联系起来，通过一个广阔的集水池和水坝灌溉系统获取水资源。与卡霍基亚类似，查科峡谷的中心城镇也是宗教与祭祀活动的中心，是阿纳萨齐人根据太阳历、月亮历举办仪式和崇拜的聚集地。考古发现查科峡谷自身就是一个高度分层的社会，它存在一个舒服的精英阶层和农民阶级。在阿纳萨齐的人口密集区域中建有一个由150座多层建筑组成的网络，其中很大一部分建成于7世纪。查科峡谷的终结依然是学术讨论的一个话题，大量学者已经确认12世纪初的干旱，以及由此造成的农业危机而引发的经济崩溃是其主要原因。12世纪后半期，在其中居住了大约600年之后，阿纳萨齐人最终离开了查科峡谷。

除了阿纳萨齐人之外，在7—15世纪中居住在今天美国亚利桑那州中部和南部的霍霍坎人（Hohokam people）也建造了密集的定居点，这里距离查科峡谷不远。与卡霍基亚不同，这里自然地理条件恶劣，干旱缺水。为了维持社会运转，霍霍坎人创造了北美洲在前殖民时期覆盖最广泛的灌溉系统。在吉拉河附近一个被称作卡萨格兰德的地方，考古学家已经发现了长度大概

---

[1] Daniel Richter, *Before the Revolution: America's Ancient Pasts*, Cambridge, MA: Belknap, 2011, pp. 20–21.

为85英里的水道。美洲原住民建造的水道甚至现在仍然在凤凰城地下运行着。与卡霍基亚一样，霍霍坎人定居点的发掘也是在被规划为道路或者其他设施的建造区域中进行的，因此这些遗址并没有得到保存以便进行未来的研究。在一个预计要建设高速公路的特殊挖掘地点——拉瓜达德——中共计发现了200座住房和100个垃圾坑，还出土了70万件工艺制品。

北美原住民来自亚洲，在冰河时代经由结冰的白令海峡，追逐猎物来到阿拉斯加。冰河期结束后，海水重新淹没白令海峡，亚欧大陆与美洲的陆地连接再度被切断，美洲大陆又一次成为"孤岛"，两地间的物质与文化交流几乎完全消失了。对于美洲来说，这样的孤立状态是致命的。美洲大陆呈狭长的南北走向，跨越多个气候带与温度带，无论是物种还是人员，南北交流都是困难的。同时美洲缺少马，尽管美洲才是马的故乡，但在1万年以前，马在美洲灭绝，可能是因为气候，也可能是原住民捕猎所致。马的缺失，一方面使得原住民中间没有出现游牧民族，没有亚欧大陆普遍存在的游牧民族与农耕民族间的冲突，对于农耕民族来说也就没有了进步的外部压力；另一方面，马是物质与文化交流的重要工具，缺少马使得北美原住民无法开展远距离贸易，限制了技术的传播，也阻挠了广域政治实体的出现。原住民社会的文化逐渐停滞下来，特别是13世纪以后，许多曾经出现过的技术逐渐失传了，中南美洲原住民所掌握的技术，始终没有在北美发现。有限的物质与文化交流限制了原住民文明的升级，当欧洲人悄然来到美洲时，他们还停留在青铜时代，即便没有天花等欧洲流行病，原住民遭遇的也是已步入火器时代欧洲军队的降维打击。

学者对在与欧洲人接触之前有多少原住民居住在现在构成美国和加拿大领土的土地上这个问题依然存在着分歧。其低值估计是50万人，高值估计则有1800万人。最常用的基准范围是在500万至1250万人之间，最保守的数字则在400万至700万人之间。

二、殖民者的到来

　　直到哥伦布到达美洲大约一百年后，欧洲人才开始系统地来到美洲拓殖。通过战争和其他形式的暴力、威胁、劝导和接触，以及由欧洲人传播的病毒，美洲原住民被欧洲人强行夺走了他们的土地。现在的主流观点认为，印第安人被欧洲人打败，最主要的原因是他们缺少对欧洲病毒的抵抗力，尤其是天花。美洲印第安人对待疾病的传统治疗方式——例如发汗、净化、禁食——实际上都增强了天花及其他欧洲疾病的破坏性后果。由于尚未对微生物理论有所认识，并且始终坚信他们在新世界的定居点是得到基督教神灵保佑的，于是欧洲殖民者将美洲印第安人巨大的死亡数量解释为上帝的旨意。在1600—1900年之间，至少有两次大规模的天花流行病袭击了美洲原住民部落。印第安人同时还面临着流行性感冒、麻疹、斑痕伤寒、霍乱及百日咳等病毒性疾病暴发的威胁。欧洲殖民者到达美洲的时候，正值欧洲城市化进入快速发展期。意大利和伊比利亚半岛在16世纪经历了快速的都市发展，而欧洲北部地区则一直持久地发展到了17世纪中期。

　　西班牙殖民者是美洲探险的先驱，尤其是对北美洲西南部的探索。从1492年哥伦布踏上新大陆开始，西班牙就陆续在加勒比海和美洲沿岸设立据点并向内陆地区推进。此时的西班牙完成了收复失地运动，将占据伊比利亚半岛几百年的穆斯林赶走，摩尔人被赶回北非，甚至不信仰天主教的犹太人也被驱逐出境。但传统的地中海贸易处于威尼斯共和国的控制下，奥斯曼土耳其帝国在东方贸易中占据着主导地位，因此西班牙人将目光转向大西洋，寻求海外拓殖的新路。当西班牙人发现落后的新大陆文明根本无力抵抗欧洲人后，军事征服、探险活动和传教相伴而来。1520年科泰斯占领特诺奇蒂特兰，原住民的帝国很快土崩瓦解。西班牙人致力于掠夺贵金属、开疆拓土和传播天主教。北美没有大型的贵金属矿产，因此北美不是西班牙人拓殖的重点,军事征服和传教就成了他们的主要工作。实际上,该地区"独立于以银矿开采为支柱的西属美洲殖民地经济体系"[1]。西班牙在墨西哥以北的殖民地主要分布在美国西南部的沙漠地区,气候炎热干燥,淡水资源较少,大多数区域不适宜耕种。这里无险可守,人口也不多,西班牙殖民地的北界在很长一段时间内都比较模糊,没有确切的范围。除西南部之外,北美东南部的佛罗里达地区也是西班牙人的殖民地。从1520年开始,方济各会、多明我会、奥斯定会和耶稣会纷纷派遣传教士前往美洲传教,教会自行在占领的土地内进行管理,建造修道院和教堂。为了方便管理,殖民地的天主教会和国家行政机构都被纳入国王辖下的印第安事务委员会,国王直接任命大主教和地区主教。

1500—1700年,共有六个欧洲国家在美洲建立了殖民城镇,但只有西班牙在城镇建造之前就制订了明确的规划方案。对于西班牙来说,在殖民地建立城市是征服和管理殖民地,并进行传教活动的一种方式。美国建筑史学家弗朗西斯·维奥里克(Francis Violich)认为,"如同现在一样,当时的城市也是决策中心,因此管控城市社会是保障精英群体控制其经济与政治的第一步"[2]。在西班牙建立美洲总督区进行管理之前,城市的建设就开始了。最初的西班牙殖民者并没有一定的城镇建造规范,往往在原住民城市废墟的基础上简单重建,直到1513年斐迪南二世颁布命令,要求参考罗马城市的规制在美洲新建城市。1523年,西班牙国王查理五世又颁发了新的命令,对美洲城镇建设做了更加详细的规定。1573年,西班牙国王腓力二世整合了此前颁布的命令,对美洲城市的规划设计、建造管理和政治组织做了全面系统的规定,

---

[1] Anthony McFarlane, *Colombia before Independence: Economy, Society, and Politics under Bourbon Rule*, Cambridge: Cambridge University Press, 1993, p. 1.

[2] Francis Violich, "Evolution of the Spanish City: Issues Basic to Planning Today," *Journal of the American Institute of Planners*, Vol. 28, No. 3 (Aug., 1970), p. 170.

这些法令被统称为《西印度群岛法》(Laws of the Indies)，共有148款。总体看来，《西印度群岛法》有以下五个特点：

其一，严格规定了定居点从选址到规划建设的过程。例如，该法规定总督有权决定新的定居点可以发展为村庄、城镇还是城市，"只有皇家总督或直接向西班牙王室负责的高级官员，才有权力颁发新建城镇的特许状"。西班牙政府要求严格执行该法，明确规定违反该法流程，将面临死刑和财产充公的下场。

其二，横纵交错的街道构成了城市网状的棋盘式布局（Chessboard Plan），这是西班牙殖民城镇共同的规划基础。棋盘式布局最早出现在美索不达米亚和古代埃及的城市中，后来为希腊-罗马世界的城市（Graeco-Roman Cities）所沿用。这种城镇规划风格不仅在西属北美，西班牙在拉丁美洲的殖民地同样如此。有学者认为，西班牙将棋盘式布局应用在整个美洲的城市里，是要为西班牙帝国蒙上罗马帝国的荣光[1]；但也有学者主张，西班牙在美洲的首个城市圣多明各（Santo Domingo）发展成为美洲贵金属运往西班牙本土的最大港口，这在当时人看来是一种"现代性"和"先进性"，这座城市采用的棋盘式布局也就成为西班牙认可的规划方案。[2]

其三，重视殖民城镇的政治结构与社会控制。该法对不同等级定居点的政治结构做了具体规定——对于规模较大的城市，该法要求配备"1名市长，3名皇家司库，12名治安法官，2名行政官，2名郊区陪审员，1名检察官和1名公务书吏"；城镇只需要配备"1名市长，4名治安法官和1名警长"。[3]

---

1 Robert C. Smith, "Colonial Towns of Spanish and Portuguese America," *Journal of the Society of Architectural Historians*, Vol. 14, No. 4 (Dec., 1955), pp. 3–12.

2 René Martínez Lemoine, "The Classical Model of the Spanish-American Colonial City," *The Journal of Architecture*, Vol. 8, No. 3 (2003), pp. 355–368.

3 Axel I. Mundigo and Dora P. Crouch, "The City Planning Ordinances of the Laws of the Indies Revisited. Part I: Their Philosophy and Implications," *The Town Planning Review*, Vol. 48, No. 3 (Jul., 1977), pp. 247–268.

其四，该法规定了殖民城镇的基本经济—社会制度，即委托监护制（Encomienda）。委托监护制最初出现在罗马帝国统治下的西班牙，力量弱小的人投靠强大者，换取后者的保护。在美洲，西班牙王室授予个人不同数量的原住民，由后者为他们服务。美洲的委托监护制首先出现在西斯潘尼奥拉岛上，哥伦布在登陆后就确立了这一制度，最初的目的是征集足够的劳动力来开采金矿。但北美并没有大型金矿，因此主要用于农业；在秘鲁等南美地区，则用于开发贵金属。美洲的委托监护制一直持续到17世纪。

其五，该法对于殖民者与原住民的关系做出了界定，以实现两个主要目标——使原住民处于被统治地位，维持殖民地社会的稳定。对于新建城镇，该法要求尽量在远离原住民定居点的地方，以减少双方的冲突。同时该法也严厉禁止殖民者与原住民通婚，但这一条规定并没有得到严格执行。

一般认为，西班牙在北美的殖民地主要在今天美国的西南部，实际上，东南部的佛罗里达地区也是西班牙殖民地，最早的殖民城镇恰恰就在这里。1565年，西班牙人在佛罗里达半岛上建立了圣奥古斯丁据点，这是欧洲人在北美大陆的第一个永久据点。西班牙建造圣奥古斯丁的目的主要有两个：其一是为加勒比海、墨西哥湾一带的西班牙上船提供保护和后勤基地；其二是阻挡来自法国的于格诺派（Huguenot）在佛罗里达地区的扩张势力。在此之前，于格诺派在附近建立了一个名叫加洛林的据点。圣奥古斯丁首先是西班牙在佛罗里达地区的城堡，同时也是农业中心和贸易站，并且逐渐发展为宗教活动中心。西班牙殖民者曾以这里为中心，向北部的弗吉尼亚扩张，但因为当地原住民部落势力强大而未能成功。

1610年，西班牙开始在北美洲沙漠腹地建立新的城镇，其中圣菲（Santa Fe）成为其在北美西南部的核心据点之一，负责管理今天的新墨西哥州、科罗拉多州、得克萨斯州和俄克拉何马州的部分区域。圣菲的建设采用了棋盘式布局，城镇中心包括广场和网格式街道。这里设有教堂和要塞，扼守交通和军事要道。圣菲模式成为后来西班牙人在荒漠里建设主要城镇的经典模式——选址靠近水源和重要道路，教堂和要塞集中在中间，周围散布居住区。建城不久，圣菲就成为新西班牙总督区北部的核心城镇，驻有5位检审法官（oidores）[1]和1位检察官。圣菲检审区（audiencia）在总督区内享有一定独立地位，可直接向印第安事务委员会负责，这也说明其地位之高。同时圣菲也是方济各会教团在该地区的中心城市，教团以此为中心派遣传教士开展传教活动，并劝说原住民移居圣菲。随着人口的增加，圣菲建立了自己的矿业开采机构，可以与西班牙本土直接开展贸易，土生白人和混血逐渐成为城市人口的主体。

1706年，西班牙人在荒漠里建立了第二个重要据点，也就是今天新墨西哥州最大的城市阿尔伯克基（Albuquerque）。这座城市的建立，缘起于西班牙与法国在北美的竞争。与西班牙相反，法国自北向南，从今加拿大沿五大湖、密西西比河向南，而西班牙也打算控制这条河流。西班牙人从墨西哥东进，渡过格兰德河，到达了现在的得克萨斯地区，建立了包括圣安东尼奥在内的一系列重要据点，一步步向密西西比河方向推进。但没过多久，法国在密西西比河进入大西洋的地方修建了一座城市，也就是新奥尔良，使西班牙殖民者处于两面受敌的情况，西班牙的北上之路也就到此为止了。16世纪以后西班牙人改变了殖民策略，他们建立据点的主要目的变为了发展和传教，在安全方面，只要能挡住原住民的进攻就行了。因此，此后西班牙的据点从功能上看可以分成三类：一类是普韦布洛（Pueblo），商业和居住的中心；第二类是布道所（Mission），用于传教；第三类是要塞（Presidio），用作军事防守设施。这三类城市并不是截然分明的，有些城市兼具多种功能。一般来说，当布道所完成使命后，也就是成功将附近所有原住民都基督教化

---

[1] 检审法官最初是卡斯迪尔王国皇家法庭法官，但在西属美洲和菲律宾殖民地，其权责大于西班牙本土的一般法官，除了负责检审区内的司法事务，还兼有治安法官的职责。

以后，就会变成普韦布洛。普韦布洛的任务是进行农垦，为军队提供后勤保障，同时也开展贸易活动。在布道站—要塞—普韦布洛系统的影响下，西班牙的领地在西南地区的沙漠地带（亚利桑那、新墨西哥、得克萨斯），以及佛罗里达半岛，都渐渐稳固下来，北美的殖民地也就成了西班牙在美洲设立的新西班牙总督区。到1573年腓力二世颁布《西印度群岛法》时，西班牙在美洲已建立了超过200座城镇。

西属美洲殖民地很快形成了基于种族的卡斯特制度，类似欧洲中世纪森严的等级制度，新西班牙也不例外。新西班牙的社会有五个等级：代表国王统治殖民地的总督，是殖民地最高统治者；半岛贵族来自西班牙所在的伊比利亚半岛，拥有财富和贵族身份；土生白人即克里奥尔人，是在殖民地出生、有西班牙血统的人，他们能受到很好的教育，可以跻身政商精英之列；欧洲白人与当地原住民生下的混血人被称作梅斯迪索人，大多缺少向上流动的机会；最下面的是原住民，他们几乎没有社会地位，从事的是最艰苦的工作。不过，西班牙在美洲的重点始终在拉丁美洲，今天美国境内的殖民地，只是其美洲殖民地的边缘地区和与其他欧洲国家角逐美洲的缓冲地带，这些星星点点且大多规模不大的城镇，孤独地守卫着帝国的北部边疆。

和西班牙人寻找贵金属不同，也不像英国人那样开垦土地，最早到达美洲的法国探险家并不是殖民者而是独立的商人，他们在北美大陆建造定居点主要是出于商业而非军事动机，更没有长久定居的打算。殖民地与法国本土之间的人员交流、物资运输和信件往来，几乎都靠贸易货船，很快毛皮贸易尤其是海狸皮就成为法国殖民者采购的大宗商品。法国用了大约两个世纪的时间建立起横跨加拿大，并跨过五大湖沿密西西比河向南扩张的殖民地，统称为新法兰西（New France），其土地面积远远大于其他欧洲国家在北美的殖民地。新法兰西分成了经济结构不完全相同的三个子区域——北部的加拿大，其滨海地区以渔业为主，内陆地区是法国商人获取毛皮的主要地区；中部的皇家岛（Isle Royale），主要功能是扼守美洲进出北大西洋的战略要地，经济较落后，基本以渔业为主；南部的路易斯安那本是为了与西班牙和英国竞争而建立的新殖民地，逐渐发展出了与英属北美殖民地南部相似的种植园经济。新法兰西虽然地域广阔、经济结构多样，但即便在鼎盛时期，与西班牙、荷兰和英国等其他涉足北美殖民的欧洲国家相比，法国殖民者的数量都少得多，甚至在部分地区，其人数少于当地的原住民。殖民者人数较少，有意采取贿赂、妥协和尊重原住民历史风俗等方式与他们打交道，可能是这样的原因，法国人与北美原住民的关系更为融洽，在新法兰西与原住民的许多部落建立了联盟关系，开展商业贸易，尤其是毛皮贸易，将自己的商业触角深入许多殖民者无法到达的地方。而且在七年战争期间，许多原住民部落都选择站在法国一边。相对而言，法属北美殖民地北部地区，当地殖民者往往将原住民作为军事盟友；而今天的路易斯安那等南部地区，殖民者与原住民的关系较为严峻，许多原住民被掠夺成为奴隶。不过总体来看，原住民奴隶数量少，而且在不同时期以及新法兰西的不同地区，都曾出现过禁止将原住民变为奴隶的法令。所以在社会经济领域，白人与原住民的关系也相对融洽，虽然有不少原住民沦为奴隶，但也有不少成为独立拥有财产的工匠。除了与原住民的贸易，法国商人也是西班牙北美殖民地经济的重要参与者。随着新西班牙总督区内不同地区的农业经济得到开发，其内部贸易逐渐超过与西班牙本土的贸易，成为总督区经济的主导。而法国和荷兰商人成为其外部贸易的主导者，当地官员向印第安事务委员会述职时也承认，"要是没有他们的活动，贸易就停滞不前了"[1]。不过，新法兰西的经济并非一成不变，农业在经济中的重要性不断上升。这里的土地也没有延续欧洲中世纪的封建土地

---

1 Francisco A. Eissa-Barroso, *The Spanish Monarchy and the Creation of the Viceroyalty of New Granada (1717-1739): The Politics of Early Bourbon Reform in Spain and Spanish America*, Leiden: Brill, 2017, p. 58.

关系，居民可以直接从政府手中获得土地，尤其是路易斯安那，许多土地被用来种植诸如玉米和大米这类北美市场的主要作物，或者用于出口到欧洲的靛蓝或者烟草。这些工作的劳动力主要来自法国和德意志地区的罪犯，以及契约劳工和来自非洲的奴隶。在此基础上，这里也出现了一种由家庭农场以及小型和大型种植园构成的混合农业体系。即便在一度以毛皮贸易为主的加拿大内陆地区，18世纪中期以后农业经济也成为主导。

在广袤的新法兰西，更多的是贸易货栈（Comptoirs）和在此基础上形成的小城镇，真正具有统治中心意义的城市屈指可数。殖民者的主要目的是获取贸易商品特别是毛皮，无意做长期经营，法国政府也不希望由于兴建城市而激化与原住民的矛盾，因此有的历史学家将法国拓殖北美的方式称作"无定居点的殖民化"（colonisation sans peuplement）。即便规划和建造城镇，法国人也没有如同西班牙一样采用中央指定的模式，许多定居点刻意回避了早期现代的欧洲城市模式，而是效仿古代城市，城市中心是密集的住房，外围则是大片开放土地，中间是私人所有的小块土地。起初，只有在国内受排挤的于格诺派希望在北美东南部营造新家园，但他们人少势寡，在西班牙已经捷足先登的佛罗里达等地区建立的城镇——比如在今天南卡罗来纳州的查理堡和佛罗里达州的卡罗来纳堡——很快就被夷为平地，居民惨遭杀害。新法兰西内部逐渐形成了一个由贸易货栈、要塞和小型城市组成的复杂且广泛的网络，尤其是在密西西比河和圣劳伦斯河沿岸，法国人建立了多个商业集散地，也是在该地区活动的毛皮商和传教士的中转站。许多今天美国中西部地区的城市，包括芝加哥和底特律，都是由法国人建立的。移居新法兰西的移民中不少曾经是工匠，生活在城市里，但来到这里后却转而从事农业。法属北美殖民地的中心是魁北克城（Québec），也是从这里开始，法国在北美的殖民统治才真正扎下根来。魁北克城起源于1608年探险家尚普兰（Samuel de Champlain）建立的一座要塞，其名字来自当地原住民的方言，含义是"河流狭窄的地方"。这座城市被划分成两个部分,沿着海滨建造了狭窄街道、小型广场及教堂的下城区,上城区以政府和宗教建筑为主。法国人建造城镇,往往有迫不得已的因素,因为贸易货栈基本上能够满足商业活动的需要。就在魁北克不远的地方,由于易洛魁人的敌意使得法国人难以深入圣劳伦斯河腹地与当地的原住民部落直接贸易,他们才在这条河与圣莫里斯河交汇处建立了三河市(Trois-Rivières)。18世纪以后国际局势的变化,也促使法国殖民者向着北美腹地进发。与英国在欧洲大陆的竞争也延伸到北美,殖民者与原住民之间的关系更加复杂微妙,城镇成了殖民者稳定局势、控制领地的节点。1713年,在路易斯安那总督沃德乐伊的推动下,法国人建立了一系列城镇——向东到达阿巴拉契亚山西侧、向西直抵大平原、向南进入密西西比河下游。这些城镇既是贸易中心,又是震慑原住民和防御英国殖民者的城堡。

在南部,新奥尔良和圣路易斯是法国殖民重镇。1718年,德·比安维尔(Jean-Baptiste Le Moyne de Bienville)在密西西比河口创建了新奥尔良,作为法国向中美洲扩张的基地。1722年,新奥尔良成为路易斯安那殖民地首府。同年的一场飓风摧毁了城市的大部分地区,灾后重建时,新奥尔良政府建立起棋盘式布局,如今这样的街道保留在城市的法国区(French Quarter)。七年战争结束后,新奥尔良割让给了西班牙,离开这里的法国商人在密西西比河中游建立了新的城市圣路易斯。

荷兰也是殖民北美的重要力量。荷兰原本属于哈布斯堡王朝统治下的西班牙,因宗教改革与信奉天主教的西班牙决裂,1581年七个尼德兰地区的省组合成为尼德兰联省共和国,也就是荷兰。联省共和国的每个省都有自己的自治政府,在其上是联合的总议会。17世纪后,荷兰人在大西洋世界广泛地开展贸易,以股份公司的形式获取财富。股份公司由个人买家购买公司的股份从而获得资金、分担风险。两个最具影响力的股份公司是荷属东印度公司(DEIC)和荷属西印度公司(DWIC),这两家公司都有其自己的私人军事力量，同时还获得了控制当地人力和自然资源的授权。荷兰总议会在1602年给东印度公司颁布的特许状里允许它垄断整个好望角以东地区贸易的权利，西印度公司则拥有在美洲的类似权利。1609年，东印度公司雇用亨利·哈德逊（Henry Hudson）对北美大陆进行探索。哈德逊一行人从纽芬兰向南到达切萨皮克湾，然后返回，途中在今天的纽约沿河流向北抵达奥尔巴尼（Albany），并将这条河命名为哈得逊河。1614年，荷兰总议会授权成立了新荷兰公司在北美大陆开展毛皮贸易的特权，随后在西印度公司成立后，新荷兰公司归其所有。

  荷兰人在属于今天的纽约州、康涅狄格州、新泽西州以及特拉华州的地区中建立了多个贸易站点，美洲原住民可以在那里用动物毛皮和其他具有价值的自然资源来交换斧头、盆罐、衣物和其他在欧洲制造的货物。荷兰人经济繁荣的部分原因在于，与美洲原住民以及他们早已存在的贸易网络建立起了很好的关系。美洲原住民变得非常依赖来自欧洲的商品，因为他们已经将它们融入他们自己的日常生活之中。最著名的荷属北美贸易站就是新阿姆斯特丹，也就是今天的曼哈顿。在17世纪20年代早期按照永久性定居点建造之后，新阿姆斯特丹在17世纪中期已经发展成为荷兰新尼德兰殖民地的政治、经济和社会中心，该殖民地覆盖了从今天的特拉华州以北直至康涅狄格州的土地。荷兰人把欧洲的规划传统挪到了新阿姆斯特丹，西印度公司的董事会对于城市建设做出了详细规定。规划中的新阿姆斯特丹是一座五角形的城堡，包括组织有序的街道、住宅和商业建筑、中央广场、学校和医院。但在实际操作中，这座城堡和这块殖民地并没有严格遵从规划方案，对城市形态影响最大的是贸易路线。不同于西班牙和法国，西印度公司董事会对荷兰殖民城市的方方面面做了细致的规定。他们告诉其中的居民在何处居住、种植什么，以及他们应当如何通过军事服务或者公司财产建造和维护等形式为公司服务。因此，荷兰的殖民贸易对公司来说利润丰厚，但对移民者来说赚不到多少钱。这也导致了包括新阿姆斯特丹在内的荷兰城市发展缓慢,愿意来到这里长期定居的人并不多。1630年,仅仅有300名殖民者居住在新阿姆斯特丹;八年之后也仅有400名欧洲人。直到1647年彼得·斯泰弗森特(Peter Stuyvesant)出任新阿姆斯特丹总督,情况才有所好转。他从公司那里争取到了更多的自治权,主持修缮城堡和其他重要的公共建筑,建立邮局、挖掘河道,并将新阿姆斯特丹纳入西印度公司的奴隶贸易之中,成为北美最重要的奴隶贸易基地。

在荷兰人与原住民开展贸易的同时,英国殖民者正从北面和东面两个方向逼近新尼德兰。最初荷兰欢迎英国人来到这里参与贸易,但随着英国殖民者数量的增加,以及英国与荷兰争霸战的持续,双方关系逐渐紧张。在1664年3月,英国国王查理二世将特拉华河与康涅狄格河之间的北美土地的全部所有权授予他的兄弟约克公爵,此外还有一些沿岸岛屿以及今天的缅因州的一部分土地,这其中就包括了荷兰人宣称所有的土地。在同一年的8月,2000名英国士兵占领了新阿姆斯特丹,改名为纽约。1673年,荷兰人在第三次英荷战争中重新占领了纽约,并将其重新命名为新奥兰治。新奥兰治很快又在战争结束的时候回到英国人的手中,并且接下来的一个世纪中都一直为他们所控制。

三、英属北美殖民地

英国人虽然不是北美最早的殖民者,但建立了最为牢固的殖民基础,形成了与英国本土类似的殖民社会,在北美的英国人口远远超过欧洲其他国家在北美的人口之和。英国人的大规模移民,与英国国内局势的变化有关。16世纪中期以后,英格兰人口迅速增加,圈地运动使许多农村人口失去土地,他们来到城市中寻求生存的机会。当城市中的机会也变得渺茫的时候，他们又将目光转向了爱尔兰，以及加勒比群岛和北美等海外地区。总的来说，超过50万人在17世纪中离开了英格兰——其中19万人前往了西印度群岛，18万人前往了爱尔兰，剩余的16万人则前往了北美。1640—1699年，英格兰人口自然增长中大约69%都移民去了北美，其中的许多人都来自伦敦。英国社会各界对这样的移民都持支持态度。

与西班牙和法国不同，最初的英国殖民活动并非国家行为，而是个人冒险家的尝试。这些冒险家或是为了寻求财富而探索经过北美到达东方的航道，或是为了向欧洲外的地区传播基督教。1587年，英国航海家沃尔特·雷利爵士（Sir Walter Raleigh）资助一支船队西行，分别在今天的切萨皮克湾沿岸和北卡罗来纳海岸的罗阿诺克岛建立定居点。由于受到英国与西班牙海战的影响，两个定居点与英国的联系被切断，直到战争结束雷利爵士的船队才送来补给。但当他们抵达罗阿诺克岛时发现，移民全部神秘地消失了，只有一棵树上留下了一行英文字母。

商业公司是第二波移民浪潮的主导力量，其影响力也远远大于个人冒险家。商业公司起源于15世纪，设有总督和副总督，一般由总督常驻伦敦，副总督驻扎在殖民地。东印度公司就是著名的商业公司，当时经营美洲殖民地的公司主要有两个，一个是弗吉尼亚公司，另一个是普利茅斯公司。1607年，弗吉尼亚公司派遣120名英国人在詹姆斯河河口定居，目的在于寻找黄金和打开通往西印度群岛的水道。移民以当时英国国王詹姆士一世的名字命名，将这里称作詹姆斯敦（Jamestown）。但这两个目标都没有实现，而且移民到达这里的时候正逢干旱期；移民中不少是乡绅，即便农民，也不具备开垦荒地的技能。因此，饥荒是移民首先面临的问题。到第二年，移民中的80%因饥饿或疾病而去世。詹姆斯敦能幸存下来，得益于附近原住民的帮助。

随着詹姆斯敦逐渐成为一个稳定的殖民地社会，弗吉尼亚公司将殖民者划分成三部分,一组负责建造住所,另外一组负责种植农作物,第三组负责寻找黄金以及可能前往远东的水道。与其未来的北方邻居新阿姆斯特丹一样,詹姆斯敦也成为贸易和商业制造的中心。考古证据表明它生产了各种各样对商业和城市发展来说必不可少的产品,包括铁制品、渔网、砖块,以及玻璃。但是从一开始,就面临着领导层内部的冲突、疾病、营养不良,以及与美洲原住民之间的不稳定关系等挑战,这使得詹姆斯敦始终难以成长为切萨皮克湾地区的大城市。

詹姆斯敦的外部环境也不容乐观。此时的切萨皮克湾地区,原住民已经有大约1.4万人,并已经联合组成了复杂的政治联盟,即波瓦坦(Powhatan)联盟,其首领被称作瓦宏索纳库克(Wahunsenacawh)。波瓦坦联盟与英国移民合作,向后者提供粮食和必需品,从移民那里获得武器和金属工具。但随着来到这里的移民越来越多,波瓦坦与英国的矛盾越来越深。在1609—1610年冬天,波瓦坦不再向詹姆斯敦提供粮食,到1610年,殖民地只剩60余人。随后,弗吉尼亚公司派遣大量移民来到这里,并与波瓦坦开战。1613年,英国人抓住了瓦宏索纳库克15岁的女儿波卡洪塔斯(Pocahontas),迫使波瓦坦在第二年接受了合约。波卡洪塔斯皈依基督教,并嫁给了殖民地领袖之一的约翰·罗尔夫(John Rolfe)。与此同时,詹姆斯敦及其周边地区的殖民者将重点转向农业开发,尤其是烟草种植。在城市管理上,詹姆斯敦开始严格的军事管制,这样其经济实力不断上升。

为了管理北美的殖民地,从18世纪开始,英国王室、公司和殖民地当局纷纷颁布法令,对城镇的选址与建设做出规定,包括城镇的基本功能、形态布局和公用土地的规划。到18世纪中期的时候,弗吉尼亚和马里兰出现了一些较大的城镇。此时切萨皮克湾地区的经济基础主要是烟草种植,因此这里的土地和劳动力制度以及城市的功能都与烟草业息息相关。这主要包括公有土地继承制度,即殖民地官员有权将公有土地分配给想要在这里开发的人;

契约劳工制度，也就是以具体的服务年限，换取迁往北美殖民地路费的移民；以及奴隶制度。不过，切萨皮克湾地区的烟草大部分出口欧洲，而密集的河网水道决定了不需要大型城市作为烟草集散中心，烟草种植园主可以直接用小船将烟草运到港口码头。所以殖民时代的南部，并没有出现能够与东北部相媲美的大城市，更多的是一些区域性的政治中心城市。詹姆斯敦尽管规模不大，但长期充当弗吉尼亚殖民地的首府和最大城市，直到17世纪末首府迁往威廉斯堡。

在北部，新英格兰地区的第一个永久性定居点是普利茅斯拓殖地，它是由一群通常被称为清教徒始祖移民（Pilgrims）成立的，他们乘坐"五月花"号在1620年抵达这里。这些清教徒始祖移民属于新教改革者的一个分支，又被称为分离主义者；他们认为英国国教教会充满腐败和不道德的行为，因此渴望与其完全分离。他们得到了普利茅斯公司的特许状，原本前往北弗吉尼亚建立新的殖民地，但路上遭遇大风偏离了航线，到达了今天的美国东北部。他们在这里登陆，将定居点命名为普利茅斯拓殖地，1691年这片土地并入马萨诸塞海湾殖民地。"五月花"号的清教徒始祖移民是第一批在北美建立永久定居点的清教徒，随之而来的是更多因受到国教教会迫害或者致力于建设清教王国的清教徒。1629年，清教牧师约翰·温思罗普（John Winthrop）得到王室特许状，于1630年领导11艘船组成的船队来到马萨诸塞海湾，希望在这里建造一座清教徒的圣地，他将其称为"山巅之城"。温恩罗普以及他的追随者最终定居在马萨诸塞海湾的肖马特半岛上，并将这个定居点命名为波士顿。在十年间，共有1.4万名清教徒信徒追随他们来到了新英格兰地区。类似清教徒在英国本土的故事也发生在殖民地。马萨诸塞海湾殖民地清教教会的激进派出走，在东北部建立了新的殖民地，也就是后来的罗得岛殖民地。激进派的领袖罗杰·威廉斯（Roger Williams）于1636年开始建造普罗维登斯，安妮·哈钦森（Anne Hutchinson）在1638年建立了朴次茅斯，1658年一批受到西班牙和葡萄牙迫害的犹太人来到纽波特，它们成为罗得岛最主要的城市。

新英格兰地区的开发除了清教徒的勤俭和奉献精神，还有当地较为优越的自然地理条件。这里处于北大西洋暖流与寒流交汇处，渔业资源丰富，尤其是鳕鱼，这也成了波士顿乃至马萨诸塞海湾殖民地最重要的贸易商品之一。新英格兰地区多山多河流的地貌阻挠了种植业的开发，但为海洋贸易提供了便利。类似波士顿这样的大型城市最初都是在沿海地区涌现出来的，在许多河流的两岸，还分布着小型的以贸易立足的城镇，而内陆地区则更多地发展成为小型的商业农业生产中心。这里有着丰富的自然资源，与原住民保持了相对和平的关系，感恩节的故事就描绘了一幅双方友好往来的场景，虽然不尽然是真实的历史。在整个17世纪中，纽波特优越的港口成为谷物、棉花、朗姆酒和内陆农产品的出口通道，产品远销至西印度群岛之外的地方。到了1700年纽波特成为罗得岛最大的城市，已经有了2500名居民。在18世纪中，纽波特和普罗维登斯的商人从奴隶贸易中获利颇丰。

波士顿在殖民地的城市中历史相对悠久，成立于1630年，在殖民地时代一直是北美最繁荣的城市，也是新英格兰地区商业贸易的中心。早在17世纪30年代中期，波士顿商人就把西印度群岛的糖、弗吉尼亚的烟草和北美的毛皮运往伦敦，将本地生产的渔业产品、木材和马匹运往其他殖民地，到1700年，波士顿商人控制了殖民地货运能力的40%。波士顿的制造业在北美同样首屈一指。北美殖民地生产的第一艘船"海湾祝福"号，就在波士顿下水；1696—1713年间，北美共造船1118艘，总吨位接近7万吨，其中一半在波士顿生产。同时，波士顿也是印染行业中心，加工西印度群岛的原料。银行和保险业起步也很早。1784年，马萨诸塞银行在波士顿成立；1798年，波士顿互助保险公司成立，主要经营火灾保险。但从18世纪开始，波士顿的贸易垄断地位受到许多城市的挑战，中部的新兴港口城市，尤其是纽约和费城，在北美贸易中所占份额不断增大。当美国革命爆发之时，波士顿及其周边地区的人口已达到马萨诸塞海湾殖民地人口的一半以上。18世纪40年代以后，新英格兰沿海地区出现了更多中小规模的城市，这些城市主要利用新英格兰地区多港口、多河流的地理条件发展对外贸易。内陆地区的滨水城镇也是如此，在康涅狄格河谷和昆尼皮亚克河谷，出现了一系列中等规模的城镇。

大西洋沿岸中部地区包括新泽西、特拉华、宾夕法尼亚和纽约四个殖民地。大西洋沿岸中部地区土地肥沃、树林茂密，发展农业和商业的条件都很好。这里的农业生产以家庭经营为主，有少量奴隶在田间劳动，但相比南部数量要少得多。宾夕法尼亚小麦的产量很大，出口新英格兰地区和西印度群岛；新泽西盛产水果；纽约出产的牛奶、啤酒和面粉在市场上有很大竞争力。中部地区的贸易也很发达，尤其是与西印度群岛保持着密切的商业往来。17世纪晚期开始，该地区的开发速度明显加快。相比于曼哈顿和波士顿更加随意的早期发展，费城则从最开始就是按照一种井然有序的模式在发展。费城位于特拉华河入海口，船只可以直接抵达费城。费城是城市规划开始较早的城市，宾夕法尼亚殖民地的创立者威廉·佩恩（William Penn）在1681年费城建城时就做好了规划。费城发展速度很快，1684年威廉·佩恩返回英国，15年后他回到费城，发现费城已经成为殖民地的大城市，规模在纽约之上，接近波士顿。费城商人参与殖民地的内部贸易，把当地所产小麦和面粉运销新英格兰等地，再换回英国所产的工业制成品。到17世纪末，费城已经成为英属北美殖民地第二大城市，仅次于波士顿。在美国独立战争于1775年开始的时候，费城的总人口已经超过了大英帝国除伦敦之外的任何其他城市，而宾夕法尼亚殖民地自身也成为美国人口第二多的地区，仅次于弗吉尼亚。在切萨皮克湾地区和南北卡罗来纳、佐治亚构成的下南部，烟草、棉花、靛蓝和水稻种植构成了最重要的生产部门，以奴隶制为基础的庄园遍布南部乡村，城市数量少、规模小，南卡罗来纳殖民地首府查尔斯顿是切萨皮克湾及其以南地区最大的城市,但其功能单一、人口不多,是周边种植园农产品的集散地,夏季时是种植园主们避暑休闲的地方,当然也是奴隶贸易的重要市场。大量黑人奴隶是南部城市的独特景观,在18世纪的查尔斯顿、佐治亚的萨凡纳等城市,奴隶人口甚至达到总人口的半数以上。

相比西班牙、法国和荷兰的殖民地,英属北美殖民地发展更为成熟,与当时的欧洲和东方相比,也是最为富庶的地区之一。城市不但是殖民地的贸易和制造业中心,也是消费和休闲娱乐中心。城市中有不少工匠、商贩等普通人,也有富商大贾比邻而居。他们追求欧洲时尚,日用品往往从欧洲订购。贸易离不开交通,地方政府的管理也离不开交通,因此大城市都花了不少力气修路,把水塘填平、把沼泽排干,这在18世纪已经成了北美大城市政府的一项主要职责。还有供水问题,不但关乎生存,也关乎公共卫生。除了滨河城市,其他城市主要靠打井来获得饮用水,相应地也出现了供水管道。位于哈得逊河河口的纽约没有淡水,打井也无法解决问题,供水只得从北部的韦斯特切斯特县等地区引水,当地商人组建了水务公司,砍伐粗大的树木,将树干凿空用作管道。公园、酒馆等也是城市中必不可少的休闲娱乐设施,特别是大城市的港口地区,更是酒馆密布,码头工人休息时经常光顾。

除了经济繁荣,英属北美殖民地形成了较为发达的地方自治。自治的传统可以追溯至中世纪的英格兰,那里的地方社区按照惯例可以免受外部力量的干预,自行决定和处理社区内部的事务。移居北美的英国人将这一传统带到了新大陆,在新的社会与政治环境中进一步发展。地方自治在新英格兰地区最为突出,当地的城市、村镇和堂区享有较大自治权,公职人员由居民选举产生,政治透明度较高。特别是17世纪末,殖民地政府对地方事务的干预进一步弱化。在一些规模较小的村镇,定期召开的村镇会议(Town Meeting)是地方自治最主要的形式,从制订预算、选任官员到修建学校、开挖水渠,社区大多数甚至全部居民都可以参与,拥有广泛的决策权。按照历史学家迈克尔·朱克曼（Michael Zuckerman）的说法，18世纪新英格兰地区的村镇既不受伦敦也不受波士顿的影响。在新英格兰部分地区，村镇会议直到今天仍然存在。其他殖民地的地方自治虽然没有新英格兰地区发达，但也绝非徒有其表。在大西洋沿岸中部地区，县（County）成为基本的地方行政单位。县政府官员虽然由殖民地政府任命，但县以下的许多村镇，实施的是类似于新英格兰地区的自治。总体而言，北部地方自治的程度高于南部。切萨皮克湾地方行政单位也是县，县政府官员由殖民地政府任命，但主要出身于当地精英。县下设堂区（Parish），在处理本地事务上有较大的自由权。下南部地方自治程度更低，在南卡罗来纳，殖民地政府行使许多地方政府的职能，县政府代行下设堂区的职能。

城市在发展的同时，也会伴生许多问题。随着人口的增长，城市越来越拥挤，对社会底层的劳动者来说，居住条件绝谈不上舒适。交通不发达，城市是主要的工作地点，因此普通居民不可能搬到城市之外生活，城市有限的空间里人口越来越多，生活条件、卫生状况之差可想而知。许多居民来自乡村，保留了此前的生活习惯，在居住甚至工作地点周围饲养家畜、种植果菜。城市没有垃圾处理的规定，居民随意在街上倾倒垃圾，游荡在街头巷尾的家畜成了唯一的垃圾清理工。大多数城市没有经过规划平整的街道，一到雨天街道就成为泥潭。火灾也是让城市政府头疼的问题。殖民地城市的建筑不少是木质的，由于缺少消防技术，政府只得通过对建筑物做出详细规定来预防，比如严禁用木材来建造烟囱、不得使用稻草芦苇作为屋顶等等。

英属北美殖民地城市的建设跨越了近半个世纪，到18世纪中期，他们在一些重要的特征上非常相似。

首先，从性质上看，大多数城市都分布在大西洋海岸线上，或是紧邻能够进入大西洋的河流，人员和物资交流是这些城市最基本的属性。这些城市都是移民的主要安置点，它们源源不断地接收着来自欧洲的新移民；也是商业体系的纽带,是英国发展所需的谷物、大米、鱼类、皮毛,以及木材等原材料的集散地,也是北美消费所需的欧洲产品的接收地。

其次,在城市景观上也高度相似,英属北美殖民地的城市大多规模偏小、结构紧凑。城市没有基本的功能分区,居住区、商业区和生产区混杂在一起,行政机构与商业场所并行,许多商店和小型作坊是前店后厂的家庭模式。城市和乡村联系紧密,农业产品穿过城市主干道直达港口。历史学家和城市研究者往往把这样的城市称作"步行城市"(Walking City),因为其中的居民在几个小时之内,就可以很轻松地从城市的一端走到另一端。

再次,大多数城市都有相似的功能。它们是经济中心,也是殖民地的文教中心。经济方面除了贸易,许多城市发展出了英属北美殖民地最早的制造业,甚至是北美地区最早的制造业。在文教方面,许多今天的著名高校都可以追溯到殖民地时期的城市。布朗大学的前身罗得岛学院位于今天的罗得岛州的普罗维登斯;著名的威廉-玛丽学院坐落于弗吉尼亚殖民地首府威廉斯堡。报纸、科学社团以及博物馆也最先出现在城市里,酒馆、餐厅、集市和屠宰场也成了人们交流观点、谈论政治的场所。

最后,大多数城市是自治城市。英属北美殖民地城市中的大部分,是根据英王或者殖民地政府颁发的特许状成立的,特许状对政府机构的规模、职责和组织架构有明确的规定。建制城市形成后,自治政府是城市建设与发展的主要责任人,通过发布地方法规管理城市。这些法规大多与经济行为有关,包括规定市场交易规则、产品检查和价格控制等。在大城市中,只有南部的查尔斯顿的市政权力掌握在殖民地议会之中,城市各行政部门的长官由议会任免,有些官员甚至不在查尔斯顿办公。

虽然英属北美殖民地城市在功能、布局等方面呈现出很多共同点,但差异也很明显。波士顿具有浓厚的宗教情结,居民重视文化教育,这使得这座城市显得与众不同——早在1636年就建立了哈佛学院,比纽约的国王学院早一个世纪。波士顿在印刷业和出版业方面也优于其他城市，它成为书籍制作的中心，以及三个定期印刷报纸的出版地。纽约市以及稍后的费城都因其社会和宗教多样性而闻名于世。与作为清教徒移民的文化和社会产物的波士顿不同，大西洋沿岸中部地区的特点是各式各样的移居者，这些移居者来自英国、荷兰、德国，以及欧洲大陆其他部分，共同塑造了多样的城市文化。

四、城市与美国革命

18世纪以后，英属北美殖民地城市之中的不和谐声音越来越大，暴力、冲突的阴影浮现在城市上空，17世纪末纽约莱斯勒起事背后所体现的精英与平民间的分歧，在起事被平息后持续扩大。研究美国早期城市的加里·纳什（Gary B. Nash）发现，17世纪末的城市里，洋溢着和谐、稳定的氛围，一幅共同体（Community）的画卷跃然纸上——独立工匠构成社会的中流砥柱，他们拥有生产资料，靠着手艺持家立业；精英阶层虽然高高在上却受人尊敬，贫困虽然存在但尚且不是普遍现象。在这样的共同体中，"相对于欧洲的标准，三个港口城市中社会的各个组成部分，以一种整体上平等的方式运转……大多数居民满足于现在的生活，在这里，缅因的造船工威廉·菲普斯能够在1692年成为马萨诸塞海湾殖民地总督，从英格兰来的手套制造商格里菲斯·琼斯能在1704年成为费城市长。在波士顿、纽约和费城，也许不是每个人对人生的企盼都能实现，但总体而言，人们相信生活令人沉醉而未来充满期待"[1]。然而这一相对繁荣稳定的城市生活并没有持续太久，纳什笔下的共同体在不到一百年的时间里化作云烟。他认为，殖民地社会的巨变集中体现

---

1 Gary B. Nash, *The Urban Crucible: The Northern Seaports and the Origins of the American Revolution*, Cambridge, MA: Harvard University Press, 1979, pp. 13-14.

在两个方面：一是贫困的普遍化，一是向上流动的机会减少。在市场经济的快速发展和频繁的战争中，城市精英积累了更多财富，贫困者失去了赖以谋生的工具，工匠实现阶级跃升的野心也遭遇了更多阻碍。原本均衡稳定的社会逐渐两极化，在这一过程中阶级意识萌发了，两极化很快孕育了抗争。

外部环境的变化与城市内部的纷乱桴鼓相应。18世纪，欧洲大国之间的竞争陷入白热化，殖民地也卷入争霸战中。1763年英法之间的七年战争结束，殖民地局面稳定下来，英国的霸主地位无可动摇。《巴黎和约》签订后，英国着手调整殖民地政策，打算在长期以来与母国若即若离的殖民地强化管理。战争消耗了大笔财富，英国首先想到的是从殖民地获得更多收入。1764年英国议会通过《糖税法》，对糖的进口加征关税；次年通过《印花税法案》，对报纸、年历、小册子、债券等法律文件和商业文书征收数额不等的税费。《印花税法案》虽然在次年废除，但1767年的《汤森税法》又对茶叶、玻璃、纸张等产品征税。这些税法对城市居民产生了或多或少的影响，在没有殖民地代表在场的情况下通过关于殖民地的法案，更让当地精英不满。1765年，殖民地北部商人联合起来，共同抵制英国商品，并且积极地与南部殖民地交流。一些大商人的商业王国与英国有着千丝万缕的联系，与英国政界名流往来密切，不希望殖民地与英国的关系彻底破裂。但更多普通商人反对英国加之其上的经济限制，对英国的不满与日俱增。商人内部在分化，与城市社会的两极化和新阶级的崛起一起，北美殖民地愈发不稳定了。

在独立战争爆发前的40年间，殖民地社会底层的处境越发艰难。战争带来的伤病和萧条，对英关系的不稳定，以及物价飞涨，威胁着他们的生存。1765年许多大城市中爆发了针对《印花税法案》的骚乱。波士顿民众砸碎街头雕像，摧毁了马萨诸塞海湾殖民地总督托马斯·哈钦森的豪宅；在查尔斯顿，人们迫使南卡罗来纳殖民地的海关官员们辞职。在与英国的抗争中，波士顿走在前列，即便《汤森税法》废止后许多城市的抗议活动一度消歇，但波士顿的情况相反，致使英国派驻军队驻扎于此。1770年3月5日晚，当一群市民在海关门前集会时，英军开枪，导致5人死亡。这一悲剧事件很快被冠以"波士顿大屠杀"（Boston Massacre）的名号，传播到北美各大城市。1773年12月，抗议再次爆发在波士顿。16日晚间，一群人装扮成原住民，爬上了停泊在港口的三艘英属东印度公司的货船，将船上的茶叶全部倒入海中。英国采取了强制措施，关闭波士顿港口，严禁马萨诸塞海湾殖民地各城市的集会，并派遣军队驻扎。面对波士顿的困境，越来越多的殖民地人相信，同样的事情随时可能在自己所处的地方发生。纽约商人组建了大陆会议，各地民兵整装待发，当列克星敦在1775年春天响起枪声，美国独立战争爆发了。

美国革命的爆发既不是因为城市的困境，也不是因为城市面临着困境。城市是革命的见证者，因为那些最终引发革命的诸多力量，大多出现在城市里；因为革命者从城市里积聚反抗的力量、凝聚独立的共识；同样因为只有城市的环境，才能孕育革命的意识，并将这种意识传播到整个殖民地。

拓展阅读书目

Benjamin Carp, *Rebels Rising: Cities and the American Revolution*, New York: Oxford University Press, 2007.

Emma Hart, *Building Charleston: Town and Society in the Eighteenth-Century British Atlantic World*, Charlottesville: University of Virginia Press, 2010.

Gary B. Nash, *The Urban Crucibles: Social Change, Political Consciousness, and the Origins of the American Revolution*, Cambridge, MA: Harvard University Press, 1979.

Timothy R. Pauketat, *Cahokia: Ancient America's Great City on the Mississippi*, New York: Penguin Books, 2009.

Vernon J. Knight, Jr., *Mound Excavations at Moundville: Architecture, Elites, and Social Order*, Tuscaloosa: University of Alabama Press, 2010.

李剑鸣：《美国的奠基时代（1585—1775）》（修订版），北京：中国人民大学出版社2011年。

第三讲　城市美国的形成

1800年的美国看上去和革命之前非常相似，除了13个殖民地变成合众国的13个州，几乎从内到外没有明显变化。与独立建国前一样，美国三分之二的人口仍然居住在距离大西洋不足50英里的地方，而且大部分人口居住在乡村或者小镇里。此时的合众国刚刚独立不足30年，领土集中在阿巴拉契亚山脉以东，主要的城市仍然集中在大西洋沿岸。波士顿、纽约、费城和查尔斯顿是英属殖民地时期的四大经济中心，既是北美产品的主要集散地，也是北美与欧洲经贸文化往来的枢纽，它们在美国贸易中的这一地位一直延续到19世纪初。不过，虽然绝大多数人在美国独立前夕都居住在农村地区，但很重要的一点就是要了解，18世纪末19世纪初的美国已经开始出现了一个城市国家的前景。

一、工业革命与市场革命

工业化被定义为通过机械手段实现的大规模商品制造，这个进程是于18世纪下半叶在英格兰开始的，随后在1793年出现在美国。这一年，来自英国的纺织工塞缪尔·斯莱特（Samuel Slater）在罗得岛州普罗维登斯附近建造了美国第一家阿克莱特式水力纺纱厂。以斯莱特棉纺纱厂的建立为标志，不仅英国的纺织技术迅速在美国传播开来，而且在棉纺织工业的带动下，其他行业也纷纷转向工业生产，从而引起整个北美经济的巨大变革。

斯莱特纺纱厂的劳动力主要来自新英格兰地区的农业家庭，起初是童工，后来则以女工为主。能够使用这样的劳动力，主要原因在于新英格兰地区农业技术的进步。许多新英格兰农场家庭的女孩离开家庭来到城市和工厂中工作。但此时，斯莱特这样的工厂里的女工并没有完全脱离乡村，她们只是在工厂中工作一段时间，之后还会返回乡村生活。这也决定了斯莱特式的工厂无法大范围拓展，1790—1804年，只有4家棉纺纱厂建成；到1808年，总共也只有17家。

对美国工业化和城市化影响更为深远的是波士顿实业家弗朗西斯·洛厄尔（Francis Cabot Lowell）。洛厄尔是一个商人组织"波士顿合伙人"的领袖，他利用在英国养病的机会到曼彻斯特考察英国的工厂，夜里躲在旅馆里绘制工厂和机器的图样，并把图纸偷偷带到美国。洛厄尔也不只是个工业间谍，回国后，他与人合作改进了英国纺纱机，并发明了动力织布机，这样一来纺织业的整个流程都能在同一个工厂中完成。洛厄尔发起成立了波士顿制造公司，1814年在波士顿附近的沃尔瑟姆建立工厂，这是世界上第一家真正意义上的现代工厂，把多个生产流程集中到一个工厂内，并利用机器完成。随后又在19世纪20年代，在马萨诸塞州东切姆斯福德的梅里马克河沿岸建造了一系列的制造公司。东切姆斯福德在1826年被重新命名为洛厄尔，又于1836年正式成为一座城市。纺织品制造业在洛厄尔得到了繁荣的发展，到了1850年，一个由河道沿线的船闸和运河组成的系统为40个工厂提供了动力并成为其产品输出的渠道。洛厄尔的制造业养活了3万名居民，这使得这座城市成为马萨诸塞州的第二大城市，仅次于波士顿，同时它也是美国第22大城市。洛厄尔模式主要包括：

（1）在此以前，纺纱和织布是两个分离的环节，斯莱特纺纱厂里的棉纱要靠手工织成棉布，而沃尔瑟姆工厂则首次使用机器将纺、织、染等生产程序集于一体。为了修理机器，洛厄尔的纺织厂又建立了机器工厂，实现了在厂内对机器的设计、制造和维修，从而迈出了机械化工厂制生产的第一步。

（2）沃尔瑟姆工厂所使用的工人不再是在英国流行而后被斯莱特引用的那种依靠附近农村的童工进行兼职的家庭雇佣制，而是从新英格兰各地招募来的全职女工，这些女工大多年龄在15—35岁之间，以单身为主，每周工作80个小时左右。工厂除了为单身雇工提供宿舍外，还提供家庭住房和其他服务。工人按照严格的时间进行作息，每月固定发放工资。

（3）洛厄尔的工厂依靠梅里马克河的水流为动力，转动纺织机器。为了能够提供足够大的动力，波士顿制造公司不仅买下了当地运河公司的产权，还修建了大坝。当地逐渐发展成为美国的第一个规划的工业城市洛厄尔。

（4）与以前合伙制的特权公司不同，沃尔瑟姆工厂是第一家有限责任制的法人公司。洛厄尔的工厂实行股份集资，委托沃德公司代理销售，并支付其1%的佣金。

洛厄尔模式也被新英格兰的其他地区复制，很快出现了类似的工业小镇，进而发展为城市，这使得新英格兰最先成为美国城市化率最高的地区。到了1870年，新英格兰地区的制造业出现了激增，新近出现的制造业经济体伍斯特，一举超过了洛厄尔成为马萨诸塞州的第二大城市。早在19世纪上半叶，工业化就已经传播到东北地区之外的地方，随后又来到了中西部地区、南部部分地区，以及西部地区。通过为乡村移民和新近到来的移居提供经济机会，工业化对城市化在这些地区中的发展起到了帮助作用。

与此同时，大量的小型企业也在经历工业化进程。除了沃尔瑟姆这样完全新建的、采用新技术和组织方式的大型工厂外,城市中的小作坊也走出了工业化的道路。著名的制鞋业中心林恩在18世纪后期就已经非常出名,但采用的一直是传统的家庭外包制生产方式。1800年,林恩的鞋产量达到40万双,可以满足美国五分之一的人口所需。在林恩的制鞋工坊中,师傅和学徒生活在一起,学徒期满后的徒弟一般还留在师傅的作坊里打工。19世纪初的林恩大约有数百家小型作坊,面积在10平方英尺左右,鞋匠和学徒负责切割皮革,鞋匠的妻子和女儿负责制作鞋帮,再由师傅和学徒把整双鞋缝合起来。随着市场需求量的增加,制鞋从业余活动变成专业化生产,并且出现了小型工场。1814年,林恩的几个作坊主和商人联合组成了一家小型银行,为其他鞋匠扩大生产规模提供贷款。19世纪30年代以后,随着市场需求的进一步增加,生产也随之进一步集中,从中心商店演化为工厂制,并逐渐采用机械化生产。19世纪70年代,林恩的制鞋业完成了从分散生产到机械化工厂制生产的转变。与洛厄尔从一开始就是集中的机械化生产不同,林恩及其代表的制鞋业所经历的是从自足生产、家庭外包制、集中和分工,到最终的机械化工厂制这样一条循序渐进的路子。

东北部的城市往往在殖民地时代已经具备了一定的制造业基础,更多的是类似林恩制鞋业的方式,在小型企业中采用新技术,进而引起全方位的变革。包括匹兹堡、费城和纽约在内的其他城市,无数的独立商店和各种规模的制造企业雇用了成千上万的工人,并制造出了大量各式各样的产品。到了1860年,纽约共有超过4000家企业,总雇工人数在10万人左右,大多数都是人数不多的小企业。1870年,曼哈顿制造业企业平均雇工只有20人,1915年为25人;芝加哥同类企业在1870年平均为25人,1919年为58人。[1]

---

[1] Warner, Jr., *The Urban Wilderness*, p. 93.

工业化不仅改变了城市，也改变了乡村，提高了农业技术，增加了产量，但农业对劳动力的需求减少了，乡村地区出现了大量剩余劳动力，他们留在乡村难以找到工作，他们为了寻找稳定性而不停地从这个城市前往那个城市。数百万的欧洲乡村居民同样如此。工业化和交通革新创造了更大的国内市场，把城市与乡村、东部与西部连接在一起。这种变化被美国学术界称作市场革命。

1994年，查尔斯·塞勒斯（Charles Sellers）出版的《市场革命：杰克逊时期的美国》[1]一书，提出了市场革命概念，并越来越受到学者们的关注。首先，塞勒斯认为，从美国革命到内战，特别是杰克逊时期，美国经历了一场市场革命。这场市场革命首先是一种经济转型，通过实物交换的方式来满足地方需求，由小农场、小手工工场构成的自给自足的农业经济，逐渐让位于一种新型的商业经济。在这种新型经济中，农民、制造商进行生产是为了在日益扩大的全国市场中出售并获得货币财富。其次，塞勒斯强调市场革命也逐渐改变了人们根深蒂固的农业思想和生产方式，从而引起了深刻的社会、文化和政治变革。依照塞勒斯的观点，市场革命包含着经济和社会同时转型两个方面。经济上自给自足的农业经济逐渐转向新型的商业经济，与农业经济相适应的社会则在政治、制度、思想和文化等方面发生与新的商业经济相适应的重大变革。

在塞勒斯看来，美国一直存在市场和土地两种不同的发展方向。市场是指沿海城镇地区，那里维持着与欧洲的贸易联系，追求市场利润，代表着市场文化。土地则指内地，那里主要从事自给自足性的农业生产，代表着自给自足文化。塞勒斯认为，第一批殖民地移民，由于居住在大西洋沿岸地区

---

[1] Charles Sellers, *The Market Revolution: Jacksonian America, 1815-1846*, New York: Oxford University Press, 1994.

或一些河谷的下游地区，与欧洲市场联系比较紧密，商业化程度也较深。然而，18世纪的人口膨胀打破了市场与土地间的平衡。移民纷纷涌进内地，很快大量美国人由于内地交通不畅切断了与市场的联系，过着一种与之前商业化地区完全不同的自给自足的生活。

这种自给自足生活最典型的特征是，大多数美国人进行生产是为自己所需，也偶尔与邻居交换物品和劳动力，这样就产生了一种高度地方化、倾向于社区的生活方式。在这种生活方式中，农业家庭通过拥有大量的孩子来解决他们的劳动力问题。这种家庭劳动力体制通过家长制权威得以维持。然而，因为自给自足农民的目的不是去积累财富，而是要把土地传给孩子以便维持他们没有多大压力的生活方式，同时农场也严重依赖于天气和季节，所以农场劳动力并不像市场环境中的劳动力那样勤奋。

然而到1815年左右，由于各种因素的影响，这种自给自足的农业生产、生活方式开始逐渐瓦解。一场市场革命正克服种种困难，消除了根深蒂固的思想、行为模式，同时通过政府调动集体资源，以各种方式推动发展。农民、种植园主、商人等都被纳入了全国性，甚至是国际性的市场体系中。它更是借助于改善了的交通向全国各个地区扩散。由于美国各地区发展的历史条件不同，这场市场革命在各地区的发展也并非完全同步和一致。

东北部地区由于商业和航运业已经有了一定的发展基础，所以1815年以后市场革命在这个地区发展最快，往往是这个地区引导着市场的发展。首先，东北部商人遍布全国，传播了市场文化，也加强了各个地区的联系。同样也是在东北部地区，商业资本首先转入纺织业和制造业，最早开始了美国的工业革命。其次，在东北部农村地区，由于市场革命的影响，家庭自给自足文化开始瓦解。通过户外加工体制及专业化、商品化的农业生产，农村地区也逐渐被纳入市场革命所带来的全国性市场体系中。

西部市场革命的发展开始是缓慢的。但一旦交通改善，市场革命的进程就加快了。西部先是与南部通过密西西比河进行商品流通，然后通过伊利运河及其他运河与东北部商品流通的互补性加强。东北部工业品及其他商品运往西部，而西部农产品则运往东北部。因此，随着交通状况的改善，西部逐渐兴起，开始成为美国经济发展和社会变革中举足轻重的一部分。

南部情况有些特殊，但它也是美国市场革命发展的一部分。南部在1815年之后逐渐发展成为美国的棉花王国，虽然说这是美国种植园经济发展的结果，但它毕竟是在市场的导向作用下形成的。所以说，南部棉花王国的形成也是市场革命在南部发展的一种形式。只不过南部经济的主体即棉花种植园主对市场革命在南部的发展抱着一种复杂矛盾的心情。虽然他们希望并欢迎市场给他们所带来的巨大利润，但是对于逐渐受到东北部市场和制造商的控制极为不满。因此，市场革命在南部的发展并不是平坦顺利的。

对于市场革命的起因，塞勒斯提出了以下五个原因：

第一，美国领土在1815年前后急剧扩大，给美国市场革命的兴起和发展提供了舞台。美国建国时，其西部边界止于密西西比河东岸。可是，在随后三代人的时间内美国的疆界一直向西推进，最终抵达太平洋。在领土扩张的同时，美国出现了一次又一次的向西部移民浪潮。移民的到来，推动了西部的开发，而市场革命也就得以逐渐向外扩散。

第二，19世纪初的商业繁荣启动了这场市场革命。法国大革命后，英国领导反法同盟与法国争夺世界霸权，欧洲爆发了一系列战争。因为双方经济混乱，它们的商船在公海上容易被截获，所以双方都转而向美国购买粮食，利用美国商船运送货物，特别是与它们的西印度属地进行贸易。起初，双方规定中立的美国航运可以不受干扰地在西印度群岛及其母国间运送货物，但是必须停靠在美国港口，然后再转运。于是商业繁荣席卷了美国。美国出口总值从1790年的2020万美元增长到1807年的超过1亿美元。

第三，第二次英美战争的结束是美国市场革命开始大规模发展的分水岭。第二次英美战争结束后,美国人的爱国热情极为高涨。这在新英格兰地区表现得最为明显。这里因战争而停滞的商业又重新获得繁荣的机会。

第四,欧洲特别是英国工业革命的发展,为美国市场革命的发展提供了历史契机。随着英国及其他欧洲国家工业革命的展开,棉纺织业对棉花的需求急剧增加。同时日益增多的工业人口对粮食市场也提出了更大的需求。再者由于拿破仑战争的破坏及罕见的寒冷气候,欧洲粮食连续减产,很难满足自身的粮食需求。于是,欧洲对美国猪肉、牛肉、小麦、面粉和其他谷物的需求增加,同时这些产品价格迅速上涨。面对扩大的欧洲市场及诱人的利润,敏锐的美国人认识到,这就是他们发展的大好时机。于是美国商品性农业的生产日益扩大,而自给自足的农业也就逐渐衰落。

第五,1815年后美国国内交通的改善,是市场革命向全国渗透的必要条件。19世纪早期美国掀起了改善交通的一次又一次热潮。

二、疆域扩张与西部城市

1800—1820年间,美国人口增加了一倍,大西洋沿岸各州人口密度上升,许多没有土地的人被迫向西寻找谋生之地。1812年战争也击溃了老西北部的印第安人,进一步扫清了移民的道路。不过,最重要的是西部土地的诱人价格。国会在处理西部国有土地时共颁布了5000多部法令,但其中绝大多数属于私法令,也就是只针对某个公司或者私人的法令,没有广泛的应用意义。直到1785年国会才出台了针对老西北部土地的整体性处理方案,这就是《1785年土地法》。主要内容有:(1)由联邦政府领导和组织西部土地的测量;(2)按照正南正北、正东正西的直线把土地划分为6英里见方,也就是36平方英里的地块(lot),一个地块为一个镇区(township);(3)每个地块进一步划分为36个小块，每个小块占地1平方英里，即640英亩，标上1—36的数字；（4）拟议中的土地测量完成后，优先选择总数的七分之一用作退役大陆军士兵的军功授地；（5）剩余土地以每英亩不低于1美元的价格公开拍卖，土地的出售以地块为单位，每次购买不得少于1个地块；（6）每个地块中保留四个小块，即第8、11、26和29号，以备将来出售，每个镇区以第16号地块用于建立公立学校。

法令确定了在土地出售中先测量后出售的原则，并明确了镇区的基本面积，保证了西部土地出售的有序进行。法案规定一次购买土地至少一个小块即640英亩，使得普通民众无力参与土地拍卖，只有拥有大量资本的投机商才有能力购买土地。1785年的法令奠定了美国处理西部国有土地的基本方案，此后直到1862年的《宅地法》处理西部国有土地的原则才有所改变。两年以后，国会在压力和拓殖者占地的现实之下调整土地法，通过了新的《1787年土地法》，该法在承认《1785土地法》基本内容后另外规定：（1）宣布西北地区无人拥有的土地归联邦政府所有，由国会管理，州政府成立后再转交给州；（2）禁止西北领地的奴隶制，但同时要求可以在这里追捕逃亡奴隶；（3）明确了成立州的过程。当领地人口达到5000人时，可以申请成立领地政府，由国会任命一名领地总督、一名总督秘书和三名法官。总督有权统领领地民兵，任命各地治安法官和民事官员。当领地人口达到6万时，可以正式成为州。但新法仍无法解决占地者的问题。所谓占地者，也就是来到这里的移民，在土地没有明确归属之前抢先占据一块土地，然后再凭借自己的先占权要求低价购买土地，国会虽然几次要求驱逐占地者，但都没有成功。最终国会在1820年又通过了《1820年土地法案》，规定土地价格为每英亩1.25美元，最小购买量为80英亩，首付为100美元。

从阿巴拉契亚山到密西西比河、从五大湖到墨西哥湾的地区出现了越来越多的定居点。尤其是美英1812年战争结束后，老西北部成为拓殖者的首要目标。1820年，定居在此的人口已超过100万，已超过当时美国总人口的25%。亚伯拉罕·林肯（Abraham Lincoln）向记者回忆自己在印第安纳州的童年时光时说道："那里是一片荒野，林间还有熊和不少野兽，我就是在这种环境里长大的。从18岁起直到20多岁，斧子几乎从没离开过我的手。"[1] 随着中西部地区的土地得到规划，以及州政府逐步建立，美国人向着更远的西部进发。在19世纪40年代大规模西进之前，少数美国人已经在向西部渗透。早在1811年，商人就开始远行到俄勒冈地区寻找海獭毛皮，有些新英格兰人来到这里收购海獭皮，然后通过西班牙在加利福尼亚的港口运往中国。到30年代，由于海獭几乎灭绝，这一贸易也随之衰落下去。此后，东部从事毛皮贸易的商人转向密西西比河北部，从当地原住民手中收购野牛皮。在西南部，得克萨斯在19世纪20年代还是墨西哥的领土，墨西哥政府为了开发得克萨斯鼓励移民，这里的大片土地也吸引了许多美国人，他们想要在这里种植棉花，到1835年，生活在得克萨斯的美国人已经有大约3万人。在19世纪40年代，大多数美国人都生活在密西西比河以东；不过20年左右的时间，大约有430万人越过这条河进入西部地区，美国也通过战争、条约和购买扩大了西部领土，将边疆推进到了太平洋沿岸。

在向西部拓殖的过程中，首先出现的是毛皮贸易。广义的毛皮贸易包括猎取和交换以海狸皮为代表的优质动物裘皮的商业行为，也包括交换其他动物皮革的行为。早在殖民时期，来到北美的欧洲强国包括英国、法国和俄国等，都曾不同程度上介入毛皮贸易。美国独立后，英国仍然在西北地区留有驻军，维持着与当地原住民部落的传统联系，其毛皮贸易也在很大程度上留存下来，直到19世纪20年代，美国商人才有能力影响英国人在密西西比河以

---

[1] Stephen J. Vicchio, *Abraham Lincoln's Religion: An Essay on One Man's Faith*, Eugene, OR: Wipf and Stock Publishers, 2018, p. 4.

西毛皮贸易中的垄断地位。

西南部得克萨斯、亚利桑那和加利福尼亚等地区的拓展则主要是通过战争实现的。西班牙殖民者在1716年建立了得克萨斯殖民地，其最初目的是防范法国人南下；1821年墨西哥从西班牙帝国中独立后，得克萨斯成为墨西哥的北部省份，主要作用是充当墨西哥本土与科曼奇人之间的军事缓冲区，从1821年开始，美国人在这里共建立了26个定居点，这些定居点由组织严密的农业企业组成，主要作物是棉花。尽管奥斯汀承诺自己和来到这里定居的美国人将加入墨西哥国籍，但实际上，这些人从未成为墨西哥人，也没有学习西班牙语，墨西哥人、美国人和科曼奇人成为当地的三大社群。从1828年起，墨西哥政府开始限制这里的美国移民，禁止奴隶制。1835年爆发战争，西班牙人和美国人联合起来，1836年墨西哥政府承认新成立的得克萨斯共和国。1846年，得克萨斯与墨西哥再起冲突，美国向墨西哥宣战，1848年美军取胜，墨西哥将加利福尼亚和新墨西哥省割让给美国，美国则向墨西哥支付1500万美元，最终这些土地成为今天美国西南部的加利福尼亚、亚利桑那、犹他、内华达各州，以及科罗拉多州的一部分。加利福尼亚的开发还与淘金热密不可分。1848年，加利福尼亚萨特锯木厂的工人在厂内的河床边发现了几块黄金，这一消息很快传播到全美甚至全世界。一年之内，加利福尼亚人口从1.4万膨胀到10万，到1852年人口又增加了一倍。这些受淘金热吸引而来的移民也被称作49年人。与其他西进移民不同的是，这批49年人以单身汉为主，而且来自不同的种族，大约80%来自美国，8%来自墨西哥，5%来自南美洲，其他人来自欧洲和亚洲。在加州之外，西部其他几个州也发现了黄金。1859年，科罗拉多发现黄金，19世纪50年代早期西北太平洋发现金矿，随后蒙大拿和艾奥瓦也发现重金属。淘金热虽然持续的时间不长，但推动了西部采矿业的发展，从流动的淘金发展为对大型矿脉的深层开发。

西部内陆广袤的大平原地区干旱少雨，自然地理条件不适合种植业，在

19世纪逐渐成为美国最主要的牧业区。所谓大平原指的是密西西比河与内华达山脉之间的广袤草原,包括堪萨斯、内布拉斯加、北达科他、南达科他等州,以及科罗拉多、蒙大拿、新墨西哥、俄克拉何马、得克萨斯和怀俄明等州的部分地区,约130万平方公里。美洲没有牛羊,哥伦布第二次抵达美洲时带来了欧洲的牛和马,随着西班牙占领墨西哥,牛和马也扩张到墨西哥。17世纪末,墨西哥牧民进入得克萨斯地区牧牛,得克萨斯并入美国后,牧牛业开始进入美国人的生活,吸引着越来越多的美国人经营牧牛业。工业化和城市化的推进,刺激了对牛肉的需求;横贯大陆铁路修通后,西部铁路网与东部整合,进一步刺激了大平原畜牧业的发展。内战以后,许多东部和外国大公司在这里投资现代化畜牧企业。伴随着西部牧牛业的蓬勃发展,大批牛镇在大平原铁路沿线崛起。从西南部牧区向北运送牲畜的路途很遥远,沿途需要修整和补充给养。当联合太平洋铁路修到堪萨斯州阿比林的时候,当地的牛肉商人将这里改建为设备齐全的小镇,这里成为美国的第一个牛镇。这些牛镇不仅是牛群集散中心,还建有旅馆、饭店、银行、学校、制铁厂和木材厂等,也设有娱乐场所,如赌场和舞厅等。牛镇不仅解决了牛群集散和外运的难题,为美国的牛贸易开辟了更广阔的市场,而且成为牧畜王国的政治和经济中心,成为西部城市化的一种模式。随着大平原地区农牧业的工业化,牛镇面临着转型的压力。阿比林在建立了两家木材厂和一家制铁厂。在工业化浪潮的影响下,阿比林又逐渐发展了轻工业。19世纪70年代一些牛镇沿着牧牛—农业—工业的趋势发展,为它们后来成为美国西部的现代化城市奠定了最初的基础。当时的牛镇威奇托现在已经成为得克萨斯州最大的制造业中心,人口接近30万,全球著名的化工企业科克工业集团就在这里;另一个牛镇夏延,现在是怀俄明州首府,也是落基山脉中部最大的商业城市。

铁路建设不仅将星星点点的西部城市串联起来,也以交通的强大力量塑造了新的城市。从19世纪60年代起,联邦政府和州政府开始大力扶持铁路建设,提供了从低价出售土地到减免税收在内的多种优惠政策。在此之前,前往西部的远距离旅行主要依靠四轮马车,人们穿行在原住民的各种小道上,翻山越岭前往西部。19世纪上半期最重要的迁移路线是声名狼藉的俄勒冈小道,也就是始于落基山脉南侧,从密苏里州的独立城到爱达荷州的波卡特洛之间所谓的"天然道路",长约1200英里。超过30万人使用了这条道路,其中有10%的人死在旅途中。1862年国会通过《太平洋铁路法》,开始了横贯大陆铁路的建设。第一条横贯大陆铁路于1863年动工,到1869年完工,即联合太平洋—中央太平洋铁路。该铁路东起奥马哈,向西经过内布拉斯加、怀俄明、犹他和内华达,抵达加州萨克拉门托,全长1085英里。1883年建成北太平洋铁路,从明尼苏达州德鲁斯到华盛顿州塔科马;1885年圣菲铁路完工,从密苏里州堪萨斯城到加州洛杉矶;1887年建成南太平洋铁路,从路易斯安那州新奥尔良到加州旧金山;1893年建成大北铁路,从明尼苏达州圣保罗到华盛顿州西雅图。

为促进铁路建设,《太平洋铁路法》授予铁路公司许多优惠条件:(1)铁路公司可以得到400英尺宽的路基用地,以及建立车站、加水站、仓库、修理车间等铁路必要设施的土地;(2)铁路公司每修筑1英里铁路,可以获得铁路线两侧各5个间隔的地块,每个地块1平方英里;(3)每修筑1英里铁路,铁路公司可以获得联邦政府数额不等的贷款,平原地区为1.6万美元,丘陵地区为3.2万美元,山地为4.8万美元。5条横贯大陆铁路总长7万英里,遍布西部各州,并附有无数条支线,深入到西部腹地乃至每一个角落,对西部开发起了难以估量的作用。铁路运输的优势是显而易见的,它费用低,运载量大,速度快,并可提供全天候服务。原来由密苏里河到旧金山约需数月之久,现在乘火车只要用一周时间。正因如此,铁路带动了资本、劳力以及工业物资源源不断地进入西部,进而结束了西部的封闭状态,将其有机地纳入全国经济发展的统一轨道,促进了全国市场的形成。

横贯大陆铁路通车后，铁路沿线的城市随即迅速发展起来。1860—1910年，美国10万以上人口的城市从9个增加到50个，2.5万至10万人口的城市从26个增加到178个，1万至2.5万人口的城市从58个增加到369个。西部地区的许多城市以铁路为依托发展起来。得克萨斯州埃尔帕索与4条铁路相连，城市人口从1880年的不足1000人快速增长到1890年的1万多人，并且很快拥有了消防队、学校、有轨电车、煤气街灯等设施。许多已有的城市纷纷争夺铁路从自己境内穿行或者以自己为终点，奥马哈居民捐钱建造了一条铁路桥，堪萨斯城为铁路建设提供补贴，西雅图市民自己修建了一条铁路支线与北太平洋铁路干线相连。南加州的发展与南太平洋铁路的铺设有很大关系。南太平洋铁路于1865年动工，起初计划从旧金山到圣何塞，后来一直延伸到图森再到新奥尔良。修建铁路的南太平洋铁路公司在修造铁路的同时不断宣传南加州的优势，发行了大量关于南加州物产、自然资源、民俗风情，以及历史图书和小册子，还举办了专门的博览会，也吸引了大量移民。同时，南太平洋铁路公司也经营地产，将联邦政府的赠地和购买的土地用于开发，然后再出售。为此，公司专门成立了负责房地产开发的太平洋改良公司，从19世纪70年代末到80年代初，改良公司首先在南太平洋铁路通过的圣华金河谷规划设计了汉福德、萨纳姆和弗雷斯诺等系列城镇。圣菲铁路进入后，两大铁路公司的竞争又在南加州掀起了兴建城镇的热潮。城市之间的竞争是19世纪美国城市化和经济发展中的独特现象。在横贯大陆铁路的修建过程中有很多城市间的竞争，比如丹佛和夏延。在第一条横贯大陆铁路铺设前，丹佛在西部城镇中就已有一定声望。不过丹佛有一个致命弱点，即它深居内陆腹地，与外界联系渠道不畅，因此丹佛对于交通有很大需求。但联合太平洋铁路公司为便于施工取道北部的怀俄明领地，将新建不久的夏延作为继续西进的中继站。夏延与丹佛处于同一经线上，但地理条件更为优越而且距离丹佛不过百余英里，所以夏延的发展会对丹佛造成很大发展。1868年铁路修通后，其人口很快超过丹佛。1869年,在丹佛工商界的倡导与统筹下,各企业筹资28万美元组建铁路公司,铺设106英里铁路到夏延与联合太平洋铁路相连。此后,堪萨斯太平洋铁路修到丹佛,同时丹佛主动修通了到西南部里奥格兰德河的铁路,这样丹佛与二条铁路相连,其交通便利性远远超过夏延,城市发展势头也很快超过了夏延。

西部城市开发中还有一个令人瞩目的现象,那就是振兴主义(Boosterism)。振兴主义是一种针对城市的营销策略(Marketing/Selling)及其实践,原本特指19世纪美国中西部和西部城市中,城市精英为吸引投资和人口而发起的宣传本地优势和特色的活动。振兴主义既面向城市之外,也面向本城市的居民。在前者,振兴主义旨在凝聚共识,整合支持,并声称经济发展可以让本地房地产业和商业直接受益,并让所有居民间接受益;在后者,试图劝说外来者定居或投资其所在城市。当地媒体、市民领袖、商界和市政官员构成了振兴主义者的主体,外来旅行者有时也会发表赞扬当地的文章。近年来,"振兴主义"也被用来描述当代城市的营销活动。在全球化时代,城市在全球范围内争夺资本,通过发布比较性的统计数据、光彩亮丽的图片和精心设计的地图等宣传材料,遵循着与19世纪振兴主义相同的逻辑。美国历史学家卡尔·艾博特(Carl Abbott)把振兴主义分为两类:一类是纯粹振兴主义(Pure Boosterism),指的是城市通过出版物宣传其经济地位、发展前景的正面评价和评估;另一类是应用振兴主义(Applied Boosterism),指的是营销活动逐步转向定向招商,除了正面评价和塑造良好的城市形象,还包括具体的、改善城市营商环境的优惠政策,例如土地赠予和减税。[1] 相比之下,19世纪中西部和西部城市开发中,更多的是艾博特所谓的纯粹的振兴主义。

---

1 Carl Abbott, "Boosterism," in David Goldfield, ed., *The Encyclopedia of American Urban History*, Vol. 1, Thousand Oaks, CA: SAGE Publications, 2007, pp. 87–89.

在边疆，城市建设既是拓荒者打造定居社会的必要之举，反过来也为拓荒者提供了机遇，正是作为核心的城市，带动了边疆地区的整体开发。[1] 因此，振兴主义者积极宣传本地优势，濒临河流、坐落在五大湖港口或是位于通往西部的交通要道上，都可以成为成就伟大城市之梦的理由。几乎每个州的早期历史文献中，都不乏振兴主义者的热切呼唤和企盼，不同定居点之间的自我吹捧和竞争充斥其间。甚至有些地方还没有人定居，就出现了吹捧的小册子。英国作家查尔斯·狄更斯（Charles Dickens）注意到，振兴主义者总是把城镇宣传为伊甸园或者更为宏大的存在，但实际情况常常是言过其实。时人讽刺道，"（密歇根湖畔）毫无生气的片片黄沙和沼泽，对自己的辉煌未来从未有过期许，突然间被视作一个宏伟的城市，人们都以为，这里有了正在建设中的港口、灯塔、铁路和运河"[2]。

芝加哥就是这样的城市。芝加哥在19世纪下半期迅速成长为规模庞大、人口众多的综合性工业城市，凭借横贯大陆铁路和五大湖水运，其经济影响力辐射全美。"从狭窄的芝加哥河畔湿地里挣扎的小村庄到伟大城市，早期定居在芝加哥的人们，在活着的时候就见证了这一变化"[3]，这一变化不仅仅得益于芝加哥的自然地理条件——拥有五大湖港口和丰富的煤铁资源，振兴主义的作用同样不容忽视。那里的振兴主义者野心勃勃，积极借助本地和全国性出版物，宣传芝加哥的优点，指出竞争对手的缺点。他们相信，自然资源、地理位置和交通条件是城市发展最重要的外部因素。在与中西部其他初生期的城市竞争中，芝加哥振兴主义者有意突出优势，强调芝加哥河和运河

---

1 Richard C. Wade, *The Urban Frontier: The Rise of Western Cities, 1790–1830*, Cambridge, MA: Harvard University Press, 1959, pp. 27–35.

2 转引自 William Cronon, *Nature's Metropolis: Chicago and the Great West*, New York: W. W. Norton and Company, 1991, p. 32。

3 Asa Briggs, *Victorian Cities*, Berkeley, CA: University of California Press, 1993, p. 56.

的作用,而实际上,芝加哥河只是一条狭窄且水浅的小河;同时刻意回避劣势,面对圣路易斯更加便利的水运条件,芝加哥振兴主义者更愿意告诉人们,自己在铁路运输方面更胜一筹。在振兴主义者的喧嚣中,当属约翰·赖特(John S. Wright)的声音最为响亮,对芝加哥未来的展望最为乐观。1832年,17岁的赖特从马萨诸塞州来到芝加哥,很快靠着土地投机挣来了第一桶金。在1837年经济恐慌中蒙受损失后,赖特将目光转向了铁路,热情地为芝加哥引进铁路鼓与呼。[1] 1868年,赖特出版了大部头的《芝加哥:过去、现在及其未来与美国内陆和整个大陆的关系》一书。他笔下的芝加哥是"自然之神命定的城市,鬼斧神工般建立起来,是美国商业和制造业的领头羊"[2]。他告诉读者,自然早在规划芝加哥之时,就已经知道这里将成为伟大的城市,"对于伊利诺伊、威斯康星、明尼苏达、艾奥瓦、密苏里北部,以及印第安纳和密歇根的部分地区来说,芝加哥必将成为商业中心,这是与阳光一样明晰的事实"。在所有美国西部的城市中,芝加哥"最有可能实现增长……自然再也没有为我们指定一个城市,会比芝加哥更适合发展成为商业和制造业中心"。[3] 在城镇初现规模并且在经济上取得一定成功后,振兴主义者往往通过编纂城市历史、罗列数据和资料的方式,论证光明的前景。内战前著名的振兴主义者杰索普·斯科特(Jessup W. Scott)和威廉·吉普林(William Gilpin)利用精心设计的统计数据和地理学知识预言下一个大城市的位置,芝加哥正是他们的首选。当地的主流媒体《芝加哥论坛报》《民主言谈》等也定期发布芝加哥商贸和人口数字,或是将每年的相关数据编订为小册子出

---

[1] Patrick E. McLear, "John Stephen Wright and Urban and Regional Promotion in the Nineteenth Century," *Journal of the Illinois State Historical Society*, Vol. 68, No. 5 (1975), pp. 407-420.

[2] John S. Wright, *Chicago: Past, Present, Future. Relations to the Great Interior, and to the Continent*, Chicago: Horton and Leonard, p. 44.

[3] Carl Smith, *The Plan of Chicago: Daniel Burnham and the Remaking of the American City*, Chicago: The University of Chicago Press, 2006, pp. 7-8.

版。尽管振兴主义者的言论不无夸张，就连芝加哥市民也意识到媒体的报道"过度渲染"，但振兴主义的确促进了芝加哥的发展。19世纪30年代的芝加哥还只是西部边疆一个百余人生活的小型定居点，1848年人口已达到2万，内战前已超过10万。铁路网很快蔓延开来。在乔治·杜尔、戈顿·哈巴德等振兴主义者的影响下，伊利诺伊州议会于1835年授权芝加哥商人建造一条从芝加哥通向印第安纳州文赛尼斯的铁路，两年后又有两家公司获得了修建铁路的执照。振兴主义者的影响之大可见一斑，哈巴德的去世甚至导致通往加拉那的铁路一度停工。1836年，芝加哥经由五大湖进出的商船数量超过了450艘，货物总量超过6万吨，已成为中西部最重要的贸易城市。1870年，按照人口规模，芝加哥已成为美国第五大城市。

三、人口增长与交通改进

　　1800年的美国看上去和革命之前非常相似，13个殖民地变成合众国的13个州。美国三分之二的人口居住在距离大西洋不足50英里的地方，大部分人口居住在乡村或者小镇里。到了20世纪初，美国已有近半数人口居住在城市里。19世纪美国城市化进程可以从三个维度展开：城市人口数量的快速增长、城市空间规模的急剧扩大，以及城市化区域的形成和增多。

　　19世纪美国城市人口增长的一个关键因素是移民的大量涌入。美国第一波移民潮始于19世纪20年代，在30年代大幅提速。1831年，移民数量约2万人，到1854年已达43万。这一时期的移民主要来自爱尔兰和德意志地区。1845—1849年发生灾难性的土豆饥荒，大量爱尔兰人前往世界各地谋生，其中三分之一来到北美，成为最早进入美国的大型难民团体。1821—1850年间有400万爱尔兰人移民美国；仅1845—1855年十年间就达125万。到19世纪中叶，爱尔兰移民成为美国人数最多的移民团体，达到外国出生人口的40%。其他欧洲移民，如内战前为数众多的德意志地区移民，大多会选择到美国广袤的内陆地区寻找谋生的机会，以避免与集中在东部大城市中的早期移民发生种族、文化上的冲突。而爱尔兰天主教移民却不然，他们多半选择东部沿海城市，尤其是波士顿、费城和纽约这三个大都市定居下来，成为美国早期城市贫民的一部分。大多数爱尔兰人到达美国时穷困潦倒，他们大多是天主教徒，文化水平不高。爱尔兰人和德意志人来到美国时正值美国工业快速发展时期，新兴的工厂急需人手，尤其是当工厂罢工日益频繁时，爱尔兰人成为劳工的主要来源。德意志人与爱尔兰人类似，19世纪40年代许多德意志农民也因为土豆枯萎病背井离乡来到美国。典型的德意志移民是小农或者工匠，他们来到美国城市和宾夕法尼亚西部的家庭农场中。总体上看，他们并不像爱尔兰移民那样贫困，有能力从东海岸的港口城市迁往其他地区。许多德意志人来到中西部，在俄亥俄河谷建立了多个以德意志人为主的城市。

19世纪七八十年代美国迎来了第二波移民高潮，以东南欧移民为主。在整个19世纪70年代，共有约280万移民来到美国，除了英格兰人、爱尔兰人、德国人之外，东欧天主教徒、意大利天主教徒、俄罗斯和东欧犹太人构成了第二波移民的主流，此外还有加拿大、希腊、叙利亚和墨西哥人。很多移民原计划在美国赚钱后返回家乡，但大多数人最终留了下来，并且大多定居在城市中。在这一波移民中意大利移民数量最多，总计约400万，其中大部分定居在城市中，尤其是新英格兰地区和大西洋沿岸中部地区的城市；他们以家庭为单位，因此移民中间有不少妇女儿童。意大利移民的天主教背景、贫困落后、聚族而居和高概率的族内通婚，使得当时的美国社会对其持有很大敌意。意大利移民中有不少只是将美国视作发财之旅，希望在赚一笔钱后返回祖国，美国主流社会的排斥强化了他们的这一态度。在1887—1890年间，只有约10%的意大利移民返回故土，1900—1910年间为57%，到1911—1920

年间则高达82%。他们在选择工作时也没有长远打算，大多是短工或日工，如码头搬运工和建筑工人等。

城市空间规模的扩大以及城市化进程的推进，也离不开交通技术的促进。如同城市史学家小萨姆·沃纳所言："从18世纪后期和19世纪初期开始，交通运输和科学技术一个接一个地急速变化打破了过去的稳定，带来城市体系数次近乎全面的重组。新的国民经济、新的市场、新的商业、新的城市，以及新的城市结构从这些发明中繁殖出来。"[1]

美国早期的交通面临最大的难题便是东西部之间缺乏可靠的交通联系。究其原因，主要是阿巴拉契亚山脉造成的地理阻隔。时人如要前往五大湖和密西西比河流域，只有少数穿梭于崇山峻岭间的驮道。当时西部内陆地区的货物如要运往东部沿海地区市场，一般先经密西西比河顺流南抵新奥尔良，再从这里出发绕过佛罗里达半岛北上，转运至东部地区的港口城市。交通的困难导致物价在沿海与内陆之间的巨大差异，纽约州内陆的面粉价格为2美元一磅，但运到纽约市后价格高达10美元。交通的阻隔也带来了政治上的隐忧。阿巴拉契亚山脉与密西西比河之间的西部地区是在1783年美英签署《巴黎和约》后才被纳入美国的领土，这里既有来自东部的拓殖者，也有原住民部落，还有英国、法国和西班牙等不同欧洲势力，因此联邦政府急需将这一地区整合进入新国家。1800年，乘四轮马车从纽约到费城需要两天，到匹兹堡需要一周多。之后的几十年中，东北部开始兴建收费公路（Turnpike）。最早的收费公路是连接费城与宾夕法尼亚州兰开斯特县的收费公路，建于1794年，建成后获得了大量利润。到1811年，纽约已批准137家公司经营收费公路，新英格兰地区则有超过200家公司投入这一行业。最著名的收费公路是从波托马克河向西抵达俄亥俄河的坎伯兰公路（Cumberland Turnpike）。

---

[1] Warner, Jr., *The Urban Wilderness*, pp. 58–59.

坎伯兰公路于1811年动工，起点在马里兰州坎伯兰，向西穿越阿勒格尼山，达到弗吉尼亚西部的威灵，在今天的西弗吉尼亚州。随后这条公路又进行了延长，最后的终点在伊利诺伊州的沃达利亚。

由于跨地区的陆路运输困难重重，美国人出行多走水路。1807年，罗伯特·富尔顿（Robert Fulton）设计制造的"克莱蒙特"号汽船试航成功，证明了蒸汽轮船的运输能力。1808年，纽约州给富尔顿和他的投资人罗伯特·利文斯顿（Robert Livingston）特许垄断权，规定未经富尔顿和利文斯顿的允许，任何汽船都不得进入纽约州水域。汽船的使用方便了美国人出行，增加了通勤距离。1815—1854年间是修建运河的高潮期，被称为运河时代。人们根据东北部河流众多的特点，因地制宜，修建运河，连接主要河流与城市。至1840年已开凿运河3000英里，不仅连接了大西洋沿岸城市，而且深入内陆。但运河受到气候的制约，运河网络密布的美国北部冬季寒冷，河流极易封冻，因此还在各地兴建运河之时，许多政治家和商人就意识到火车的价值。铁路速度快、运量大，可以全年使用，不像运河那样冬天不能使用。巴尔的摩商人首先将铁路投入使用，他们在1828年投资开始修建巴尔的摩至俄亥俄州的铁路，随后费城到宾州东部煤炭产区、波士顿到新英格兰内陆地区的铁路也相继开通。从1832年起，纽约商人开始筹资修建与伊利运河平行的伊利铁路，纽约州政府为其提供600万美元的补贴，1835年铁路动工，1851年完工，是当时世界上最长的铁路，并且有支线铁路连接罗切斯特、纽堡和布法罗。铁路在1830年还是一个罕见的东西，到1860年已成为美国生活中必不可少的部分。到1854年，人们从纽约到中西部的芝加哥乃至圣路易斯均可全程乘坐火车。全天候的铁路交通，又在很大程度上弥补了河运的不足。当然，这时的铁路线，更多的是城市与其周围地区相连的短线铁路。铁路特别适合于新英格兰地区的运输需要，因为那里城市之间的距离很短。19世纪后期才大量铺设长线铁路，铁路的作用得到充分发挥。

市内交通的变化，直接影响了城市的空间形态。在便捷廉价的公共交通出现之前，大多数人只有较小的活动范围，步行城市的空间形态没有被打破。1825年以前，出租马车是市内的主要交通设施。一辆两匹马拉的公共马车大约每次能坐12个乘客，但司机常常超载。乘坐公共马车的感觉非常不好，夏天热冬天冷，路面颠簸，而且市民也常常抱怨马车撞人。尽管如此，公共马车大大方便了城市内部的交通，催生了真正的通勤者。铁路的建设激发了人们将轨道用于马车的设想。1852年后，随着轨道技术的进展，有轨马车在城市中大量增加。有轨马车有了固定的路线和行车时间表，居民可以更有规律地安排自己的工作和生活。少数城市还出现了缆车，尤其是旧金山。这里地形崎岖，缆车公司在城市地下安置了一个不断运动的钢缆，由蒸汽机拉动钢缆，由钢缆拉动缆车。缆车虽然比马车的运营成本更低，但机械设备常常出故障，而且对司机的要求也高。缆车时代持续了不到20年，20世纪初几乎完全被有轨电车取代。这种有轨电车在成本造价、安全系数、运行速度和运载能力等方面都有优势，很快在美国城市中普及。有轨电车是真正让普通美国人可以以较低的价格往来城市与外部郊区的公共交通工具，1890年，全美有大约50个城市使用有轨电车，五年后有轨电车线路总长达到1万英里。19世纪末美国的大城市也开始修造地铁。1897年，波士顿建成了第一条地铁，长1.32英里，建成第一年运送旅客达5000万人次。1888年纽约遭受暴风雪袭击，导致高架铁路和有轨电车瘫痪，400多人死亡。第二年，纽约州通过了《快速轨道交通法》，将建设地铁的责任交给市政府，并规定地铁建成后由私人企业以租借的方式进行经营。多种交通工具的使用结束了步行城市时代，推动了郊区的发展。城市居民可以搭乘多种交通工具前往郊区，与城市的通勤更为便捷。一方面，大多数重要的经济活动仍然以城市为中心，使其保持着相对周边地区的区位优势，通勤者乘坐交通工具每天进入城市中心购物或工作；另一方面，交通工具把人们带到边缘地区，同时把经济活动带到郊区，催生了兴盛的新市镇。1850年，波士顿的郊区指的是老商业区2英里以外的区域；到1900年郊区已经是指10英里以外的地方。这样，交通工具的改善把一些企业和人口带离中心城市，同时也把新的区域纳入城市发展轨道。

四、城市化进程

在传统的城市化水平较高的地带如东北部，交通革命、市场革命和工业化进一步加快了城市发展步伐。港口城市受到地区经济发展的带动，发展最为迅速。到1830年，东北部有4个人口突破5万的城市，许多远离海岸线的内陆城市，如奥尔巴尼、特洛伊（Troy）、斯普林菲尔德（Springfield），作为地区性中心和专业性城市十分活跃。从性质上看，东北部城市不仅继续发挥着沟通美国与欧洲的进出口中心的作用，而且也成为带动区域经济发展的工商业中心，大宗农产品的批发贸易和某些制造业产品都为这些中心的市场汇率和价格所左右。同时，东北部出现了许多制造业城市。据1860年的统计，在15个人口最密集的城市区域中，在制造业就业的人口的比重已达20%以上，表明城市的增长主要动力已不再仅仅是商业，而是开始向工业城市化过渡。

中西部由于得天独厚的地理条件，工业化的影响更为强烈，其城市发展呈现跳跃式特征，尤其是内战结束后，更是成为美国最密集的城市带地区。中西部城市发展集中体现了城市化与工业化的相互影响和互动关系。19世纪下半期，中西部进入工业化和城市发展的快车道，凭借其重工业的发展成为美国制造业的心脏地带，与东北部形成了互相竞争，又互为补充的关系，将中西部和东北部放在一起观察，可以发现在此时形成了一个城市体系，以纽约、芝加哥这两个综合性工业城市为首,巴尔的摩、辛辛那提、圣路易斯等地方性专业城市构成了体系的第二层,其下则是大急流城(Grand Rapids)、托莱多(Toledo)、伊丽莎白(Elizabeth)等专业性城市,此外还有初步兴起的卫星城如加里。中西部的城市化和工业化构成了19世纪后半期美国经济高速发展的最重要推动力。辛辛那提位于俄亥俄河畔,在俄亥俄州的西南部。1789年1月,新泽西商人在俄亥俄河的两个支流、大迈阿密河和小迈阿密河之间购买了200英里土地,在这里建造小木屋,有11户人家和12个单身汉定居在这里。几个月后,联邦政府在这里建起一座要塞,西北领地总督将其命名为辛辛那提,以纪念辛辛那提协会。辛辛那提协会由一批大陆军军官发起于1783年,主张在美国建立独裁政权,名称来自古罗马独裁者辛辛那乌斯。1795年,美军彻底击败了附近的原住民,辛辛那提迎来了更好的发展机遇,成为移民西进途中的物资基地,农产品甚至远至1500英里外的新奥尔良,1817年时合众国银行还在这里建立了分行。工业革命深深影响了辛辛那提,1840年的辛辛那提以超过4万人口成为美国第三大工业城市,生产机器、五金工具和家具的制造商们开始运用机械化手段,增加了产量,提高了效率。但与之相似的一些部门,如铁匠、箍桶匠等,他们依然在小作坊里工作。在19世纪上半期的辛辛那提,新旧生产方式同时存在,这种状况也存在于其他制造业地带。在这座城市里,工厂大小、工作性质、技术要求和奖励标准还没有统一,1850年大多数辛辛那提工人在小型或中等规模的工厂中劳作,在大型工厂工作的人大约占全部劳动人口的20%。辛辛那提是西部农产品沿密西西比河向南运输的必经之地,但在前往新奥尔良的1500公里的旅途上,随时可能发生不测,从新奥尔良返回时要逆流而上,耗时接近100天。汽船的使用进一步推动了辛辛那提的发展。1818年,辛辛那提建造了一艘载重量176吨的汽船,"华盛顿"号,这艘船从新奥尔良返航,只需25天就到达辛辛那提。1832年,辛辛那提通过运河与伊利湖连接起来,1855年又通过铁路与圣路易斯和巴尔的摩相连,其物资可以直达大西洋沿岸。辛辛那提是西部农产品物资的中转站,这一地位促使其肉类以及相关产品的加工生产发展起来,因此辛辛那提不仅因为其繁华而被称作"皇后之城"(City of Queen),也因其产业结构被称为"猪肉之都"(Porkpolis)。

西部地区经济尽管尚不如东部那样成熟,但城市化基本结构已经定型,城市体系也初具规模。而且西部城市发展具有东北部和中西部所不具备的优势,那就是可以依托已经处于较高发展水平的东北部和中西部城市体系,尤其是五条横贯大陆铁路贯通后,西部与东部的往来更为便捷,物资、人员和信息的交流更为通畅。同时,西部广袤土地上的城市发展在地域上也呈现明显的不平衡性。西海岸尤其是加利福尼亚州的城市发展迅速,内陆地区则发展缓慢。在19世纪,旧金山一直是西部当之无愧的首位性城市,其辐射面覆盖整个西部,是西部经济体系的中心点。此后直至20世纪初年,旧金山在全国大城市的工业产量和产值方面始终居第九位。在旧金山之下,分别形成了各自的地区性中心城市。(1)丹佛是落基山区的中心城市。19世纪80年代后丹佛附近发现大量煤田,铁路的贯通使其优势地位进一步加强。丹佛的冶炼业实力雄厚,不仅称雄于西部,在全国也名列前茅。当地制造业发展速度相当快,1870—1890年的二十年间,其产值便由25万美元增长到5000万美元以上。丹佛的经济辐射能力可达到落基山区绝大部分地区,山区其他城市在人口数量、功能、辐射范围等方面都无出其右。(2)洛杉矶则是南加州的中心城市。铁路来到南加州后,使这里蓄积已久的潜力骤然爆发,地产业兴隆一时,众多中小城镇纷纷拔地而起,推动了洛杉矶的崛起,其人口在19世纪80年代后几次翻番,19世纪末石油的发现促成洛杉矶的又一次飞跃,原本以柑橘等水果种植为主的经济结构彻底更新换代,进而带动了整个南部地区的繁荣。(3)太平洋沿岸西北部则是以西雅图为中心。西雅图本是一个加工木材的小镇,19世纪80年代初,它主动铺设铁路与北太平洋铁路贯通,在战胜了竞争对手塔科马市后，又及时地开拓多样化经济。西雅图地理位置优越，扼守天然良港，内陆地区的农业和林业兴旺，使它迅速成为一大贸易进出口中心，在西部仅次于旧金山。制造业及其他工业部门的发展比较均衡，经济结构渐趋合理。1897年阿拉斯加淘金热进一步强化了西雅图的经济实力。

与东北部、中西部和西部相比，南部城市化启动晚，发展慢。19世纪前半期的南部是典型的农业经济带，这也是自殖民时代以来南部的基本经济形态。1861年内战爆发前，农业是南部经济的绝对支柱，大奴隶主是南部各州的政治经济的主导性力量。尽管与全国的步调一致，南部在19世纪初也迎来了城市快速发展期——城市发展以老的港口城市查尔斯顿、萨凡纳和从法国人手中得到的新奥尔良为中心，马里兰州的巴尔的摩因为扼守切萨皮克湾的入海口，人口在1790—1830年间增长了近5倍——但整体看来，南部城市无论规模还是经济产出，以及功能的多样性，都无法与同期的东北部城市相比。查尔斯顿尽管曾位列殖民地四大经济中心，但19世纪后其发展很快被波士顿、纽约、费城等东北部城市甩在后面，其主要功能也停留在出口棉花、进口产品，以及作为种植园主的休闲场所。查尔斯顿可谓南部城市的代表，主要以休闲和贸易为主，生产性功能极其微弱。南部内陆地区的城市亦然，主要因为区域性贸易中心而发展起来。用南部史专家伦纳德·柯里的话说，内战前南部城市主要分布在边缘地带，南部腹地没有大城市。[1] 南部人口的绝大部分居住在乡村，1840年美国人口普查显示，南部总人口约1240万，其中奴隶的数量高达400万，占总人口的三分之一。对于南部经济来说，城市几乎只停留在市场交换的规模上，南部文化也更热衷于宁静缓和的乡村生活。到内战爆发时，南部城市人口占总人口的比例刚刚达到1820年时占全国

---

[1] Leonard P. Curry, "Urbanization and Urbanism in the Old South: A Comparative View," *The Journal of Southern History*, Vol. 4, No. 1 (Feb., 1974), pp. 43–60.

人口的比例。[1] 内战摧毁了奴隶制种植园经济，但并未彻底改变南部经济文化落后的现状，农业，尤其是棉花种植，仍然在很大程度上主导着南部经济，人均收入低、贫困率高、收入增长缓慢是南部的突出特点。据统计，1880—1900年间的南部人均收入几乎处于停滞状态，二十年间只增长了51%。[2] 大多数南部劳动力长期被锁定在低效率的农业生产中，远离城市生活。不过，奴隶制的废除毕竟有助于北部生产方式、资本和技术向南部扩张，原本在南部难以扩展的铁路网在内战后向南部腹地渗透，钢铁、冶炼、加工等工厂在伯明翰、莫比尔（Mobil）等城市拔地而起，在战争中遭受重创的亚特兰大、查尔斯顿等也得以重建。在煤铁资源丰富的亚拉巴马州，"钢铁大王"安德鲁·卡内基（Andrew Carnegie）投下重金建造钢铁企业，很快使该州冶炼行业兴隆一时，尤其是伯明翰，几年之间从棉田上的城市变身为钢厂中的城市，被时人称为"南部的匹兹堡"。

19世纪，美国北部铁路、运河的修建，水力和蒸汽机的推广，以及工厂体系的引进为19世纪末20世纪初的工业化和城市化大发展奠定了基础。市场的扩大、新技术的使用为生产、商业、雇佣关系和生活方式带来了革命性的变化。东北部巩固了在全美城市中的核心和领先地位，中西部在工业化的推动下崛起成为美国制造业的心脏地带。芝加哥、匹兹堡和底特律为代表的大型工业中心城市成为美国城市中的后起之秀，他们和过去的美国城市完全不同。东北部的大型城市多是商业中心，城市中商铺林立、码头上船来船往；洛厄尔等工业小城坐落于山间，工人周末可以到附近的乡村中放松。但现在，这些大型工业城市中的大部分地盘被各种大规模工厂占据，铁路将城

---

[1] Diana Klenbanow, et al., *Urban Legacy: The Story of American Cities*, New York: New American Library, 1977.

[2] Gavin Wright, *Old South, New South: Revolutions in the Southern Economy since the Civil War*, New York: Basic Books, 1986, p. 201.

市中心与周边乡村联系起来,每天早晚都有成千上万工人通过火车站进入城市。同时,城市中的人口结构越发多样,不同肤色的居民讲着各自家乡的方言,在社区、酒吧里交往。工业化、新型交通和移民共同创造了一个新的城市美国,与此前的乡村生活迥然有别。

拓展阅读书目

Charles Sellers, *The Market Revolution: Jacksonian America, 1815–1846*, New York: Oxford University Press, 1991.

David R. Goldfield, *Cotton Fields and Skyscrapers: Southern City and Region, 1607–1980*, Baltimore: The Johns Hopkins University Press, 1989.

Diane Shaw, *City Building on the Eastern Frontier: Sorting the New Nineteenth-Century City*, Baltimore: The Johns Hopkins University Press, 2004.

Dell Upton, *Another City: Urban Life and Urban Space in the New American Republic*, New Haven: Yale University Press, 2008.

William Cronon, *Nature's Metropolis: Chicago and the Great West*, New York: W. W. Norton, 1991.

王旭:《美国西海岸大城市研究》,长春:东北师范大学出版社1994年。

第四讲　19、20世纪之交的城市改革

城市是史无前例的社会和经济变革的中心，在内战后的美国，这些变革以前所未见的速度和规模发生着。数以万计的乡村移居者和来自外国的移民涌入城市之中，为了工作、住房及其他重要资源，他们不仅相互之间形成竞争，而且还要与城市老居民竞争。城市化改变了社会的方方面面，传统的文化习俗和生活方式遭受冲击，大型托拉斯挤压着小规模手工作坊的经营空间，亚洲移民的传统节日在欧洲移民及其后代看来近乎不可理喻，纸醉金迷的城市生活更是让秉持传统道德理念的人心有戚戚。新技术突飞猛进，街道、建筑和交通工具的变化让人目不暇接。种种变化不但节奏快而且出人意料，以一种全无规划的方式发生在巨大多数美国城市里。这些转变导致了围绕"权力"的激烈冲突——谁有权投票？谁有权界定城市空间的使用方式？谁有权定义其他人的生活是好是坏？这些挑战和争议引起了社会评论家的注意，他们通常将其视作新近出现的城市生活方式的负面结果。

一、镀金时代与进步运动的兴起

"镀金时代"一词最早出现在莎士比亚的《约翰王》中，1873年马

克·吐温（Mark Twain）与查尔斯·沃纳（Charles D. Warner）合作出版了一部讽刺内战后美国政治腐败与政客贪婪的小说，并以"镀金时代"命名。此后，美国人用这个词语来称呼内战以后到20世纪初这段时期，这是美国从农业国家转身为工业国家和城市国家的时代，也是形形色色的改革登上舞台的时代。

镀金时代是美国经济的快速发展期，技术进步是经济发展的重要因素。技术进步不仅体现在生产领域，也体现在企业组织与管理的变革上。新机器和新的工厂生产组织方式带来了举世无双的产量和速度。多个企业联合组成大型的辛迪加和托拉斯，或是大企业吞并上下游的相关行业，在19世纪末掀起了兼并和合并的高潮。内战时期，典型的美国商业公司都是由单个家庭所有并打理的小型企业，产品的市场也局限于本地或周边地区。到了19、20世纪之交，依靠大笔投资起家的商业以大公司的形式组织起来壮大到前所未有的规模。这些大企业足以进行大规模生产，以全球为原料来源和消费市场。大型商业企业也利用铁路交通的发达创新营销方式。芝加哥作为多条横贯大陆铁路的交点，其市场范围遍及整个西部。希尔斯·罗巴克百货公司和蒙哥马利·沃德公司出售各种各样的商品，为了将触角深入农村，它们定期发送邮购商品目录，农场家庭可以根据邮购目录购买需要的商品，很多商品并不产自芝加哥或是中西部，而是靠铁路从远西部地区运来，再通过铁路送到农场家庭的手中。与邮购类似的还有连锁商店，1900年全美有6家连锁商店，他们的产品比城市中心的传统小杂货店更丰富，价格更低，质量也更有保证。

经济增长吸引了来自世界其他地区的移民。19世纪后半期来到美国的移民中间，有不少来自意大利、波兰、奥匈帝国和希腊等东欧和南欧国家，其中不乏天主教徒和犹太人。许多移民来自乡村，没有城市生活的经验和在工厂中谋生的技能，或者不会讲英语。即便美国乡村地区的移民，面对快节奏的城市生活也不免手忙脚乱。第一次世界大战爆发前，美国劳工队伍中约60%是出生在海外的移民。移民的到来，填补了起飞中的美国经济对劳动力的需求，但对于老居民来说，移民也是一群不速之客。他们抢走了许多工作机会，带来了迥然有别的异域文化；他们往往聚族而居，在城市中出现了许多"小西西里""小华沙"之类的族裔聚居区，仿佛美国城市中的外国领土；他们也不懂美国政治规则，被视作腐败政客的票仓，小恩小惠就能收买。

对于工业时代的城市，英国历史学家阿萨·布里吉斯在对英国维多利亚时代城市的研究中提出了"震颤城市"（Shock City）的概念，将那些在工业化过程中快速发展，同时也出现了贫困、高犯罪率等城市社会问题的城市称作震颤城市，并特别指出19世纪中期的曼彻斯特和19世纪末的芝加哥是典型。[1] 这两个城市都是工业化带来的城市，它们在19世纪初还默默无闻，但因为工业企业集聚而迅速成为大城市，发展速度快，同时也积累了很多社会问题难以解决，无论成就还是挑战都震惊了全社会。美国历史学家保罗·博耶指出，"工业化、移民、家庭分裂、宗教变化，以及阶级分化的加深带来的恐惧，都集中在成长中的城市身上。社会思想家、改革家、慈善家，以及形形色色本来互不相干的人，却经常因为他们对城市的共同关注而联系在一起，更具体地说，他们都有一个共同的兴趣，那就是如何控制不断增加的城市人口的行为"[2]。

在镀金时代的急剧变化中，迅猛的城市化、高涨的移民、快速工业化的经济，以及大规模企业集团、托拉斯的存在构成了这个社会的主要特征。城市新生活、城乡间的巨大差异、劳资冲突、政治腐败等现象促使美国人开始思考种种社会问题，他们给自己贴上了进步派的标签，他们发起的种种改革

---

[1] Asa Briggs, *Victorian Cities*, New York: Harper and Row, 1965, p. 92.
[2] Paul Boyer, *Urban Masses and Moral Order in America, 1820–1920*, Cambridge, MA: Harvard University Press, 1978, p. vii.

被历史学家笼统地称为进步运动（The Progressive Movement）。这是19世纪末20世纪初一场包括政治、经济和社会改革在内的综合改革运动，涵盖了不同主题、不同范围，甚至是互相矛盾的改革，既包括禁酒运动、移民限制等具体的社会改革运动，也包括从整体上改革政治经济制度的宏观议案。19、20世纪之交是美国的改革年代，很难在改革阵营中区分谁是或者不是进步派。他们或是走进社区，身体力行地帮助困顿中的家庭；他们或是完善政治制度中的制约与平衡，呼吁创制权、复决权和全民公投；他们或是制约大企业对政治、经济和社会的影响力，致力于通过合理化改造和管理改革提高企业经济效益。用历史学家理查德·霍夫施塔特的话说："进步主义的核心词汇是爱国主义、公民、民主、法律、勇毅和良心，盎格鲁－撒克逊新教的道德和智识是进步主义的根基。"[1]整体看来，进步派人士有四个共通之处：

第一，进步主义者对工业资本和城市过度扩张感到愤怒和不满。与19世纪后期来自大平原和乡村地区的平民主义者不同，进步运动改革者关注的重点不是农业和农村，而是城市里的劳工、移民和贫困家庭，关注伴随城市化而来的恶劣的生产生活条件。虽然他们的改革分散在不同领域，但这些改革都聚焦于工业化和城市化带来的新问题，以中产阶级为主体的改革者试图通过多种多样的改良，革除城市中的丑陋现象，使现代生活更加宜人宜居，使政治经济制度满足工业化和城市化的需求。

第二，进步主义者相信社会问题是结构性问题而非个人失败的结果，个人的性格和能力不足以决定贫困或者成功，经济和社会问题应当从宏观上来理解，而不是个体的简单相加。他们重视当时方兴未艾的社会科学，认为专业知识和专家能够更高效准确地解决问题。作为公民，有必要在政治和道德层面上积极参与改革，这种参与既包括个人或团体式的参与，也包括通过一

---

[1] Richard Hofstadter, *The Age of Reform*, New York: Vintage, 1960, p. 318.

定的机制表达集体民意,通过国家强化监管和干预来解决社会问题。

第三,进步主义者的基调是乐观的,他们批评资本主义但不排斥资本主义,他们抨击城市但不否定城市,他们相信正义、公平和秩序,相信社会将无限进步下去,相信通过自己的改革,美国社会将展现出无限的进步潜力和美好的发展前景。与左翼激进派不同,他们相信民主制度能够激发经济和社会潜力,实现自己对美好社会的设想;他们拥护资本主义制度,但要求对美国资本主义的某些方面做出调整,使其更加公平合理。与19世纪上半期的反城市主义者不同,他们认可现代文明就是城市文明,相信未来的美国一定是一个城市国家。

第四,进步主义者以城市为主战场,他们与反对者的较量往往在地方和州的层面展开,联邦层面相对较少。虽然他们希望凝聚一种新的全国性的改革共识,但进步主义者关心的是城市里特有的现象,不管是渴望改善城市形象,还是乐于帮助穷人,改革家提供的不计其数的方案,主要面向城市。

进步运动不是美国独有的现象,而是一项遍及大西洋世界的改革事业。甚至在很多方面,美国落在了欧洲后面。从19世纪末开始,"进步"(Progressive)就成为北大西洋两岸共享的理念和话语。1896年,一份名为《进步评论》(*Progressive Review*)的杂志在伦敦创刊,主要报道各国的进步改革,并支持美国民主党人威廉·詹宁斯·布莱恩(William Jennings Bryan)的竞选活动。作为美国历史上最具盛名的改革,关于进步运动的研究可谓层出不穷。1915年,当进步运动行将止歇之际,本杰明·帕克·德威特(Benjamin Parke De Witt)总结了进步运动的三个主要目标——根除政府中的腐败与特殊利益集团、确保政府机构体现多数派的统治、增加政府职能以革除社会与经济弊端。德威特将进步运动视作美国民主制下斗争的延续,是一场扩大了的平民党运动,是平民主义反抗精英主义的胜利。这样的观点过多强调了美国历史上斗争的一面,并且忽视了精英阶层的角色,完全将其置于进步运动的对立面。与之相反的解释以理查德·霍夫施塔特为代表,他在《改革年代》中将进步运动界定为城市中产阶层专业人员因忧虑自身社会地位下降而发起的抗争。霍夫施塔特的解释极具影响力,将进步运动视作中产阶级为主的改革运动,这样的观点持续至今。不过也有学者注意到,在许多州,进步运动的法案得到通过,往往是因为得到了劳工等非中产阶级的支持。在新左派史家看来,进步运动则完全是精英阶层为阻止更激进的变革而做出的让步,普通民众在其中的作用被有意无意地省略了。20世纪70年代以后,随着多元主义史学的兴起,对进步运动的解释也呈现百花齐放的局面,研究者从阶级、性别和族裔等不同角度展示运动的不同面相。

二、形形色色的社会改革

黑幕揭发运动拉开了19、20世纪之交美国城市改革的序幕。尽管黑幕揭发者并非都是进步主义者,但进步主义者从前者身上学到了写作的技巧。黑幕揭发运动以杂志新闻记者、文学家为主的知识分子为主,依托蓬勃兴起的大众媒体,对准政治上的腐败、垄断资本的恶性竞争、市场上无良商贩、劳工的悲惨生活,以及城市阴暗面和犯罪等,旨在通过曝光社会黑暗来唤醒良知、促进改革。黑幕揭发者林肯·斯蒂芬斯(Lincoln Steffens)被称为"揭开地狱盖子的美国新闻人",欧洲留学回国后先后担任《纽约晚邮报》和《纽约商业先驱报》记者,又进入《麦克卢尔》杂志,最后成为自由撰稿人。斯蒂芬斯热衷于发掘商界秘闻,先后调查了圣路易斯、明尼阿波利斯、克利夫兰、纽约、芝加哥、费城和芝加哥等城市的政治状况,将政客与富商勾结的丑闻公之于众。1904年他将调查报道结集出版,这就是著名的黑幕揭发作品《城市之羞》(*The Shame of the Cities*)。另一位揭发者艾达·塔贝尔

（Ida Tarbell）从1902年11月起在《麦克卢尔》上连续发表了19篇揭露美孚石油公司不正当竞争、压榨劳工和抬高物价的行为，后来集结为《美孚石油公司史》出版。激进记者戴维·格雷厄姆·菲利普斯（David Graham Phillips）1906年在《世界主义者》上发表文章《参议院的背叛》（The Treasure of the Senate），公开点名批评二十多位参议员是财阀的代言人，称他们无耻狡诈，是叛徒和强盗。作家厄普顿·辛克莱（Upton Sinclair）则在《屠场》（The Jungle）中详细记载了芝加哥肉类行业的工作条件和堪忧的食品安全状况，举国为之哗然。黑幕揭发者激烈的言辞、充满细节又真实的描画令美国社会错愕，连改革派的西奥多·罗斯福也把他们称作"扒粪者"（Muckrakers），嘲讽他们对美好事物视而不见，眼里只有肮脏丑陋的东西。虽然不雅观，这个名字倒是为黑幕揭发者所接受并引以为傲。沃尔特·李普曼认为，黑幕揭发运动最重要的意义就是找到了人们要听的事实。他强调说："没有其他方法来解释黑幕揭发者为什么能这么快赢得赞许。他们不是荒野的呼声，也不是被石头砸死的孤独的先知。他们需要人听就有人听，需要人信就有人信……人们对社会的不满一定有其原因，否则，在美国这个以崇拜成功而闻名的国土上，不可能有那么多人对成功人士恶意相向。"[1] 黑幕揭发运动随着美国加入第一次世界大战而结束，黑幕揭发者和公众都将注意力转向战争。

除了揭露美国社会的阴暗面，也有改革者走进贫困社区，在与社区居民的共同生活中为他们提供帮助。他们在社区中开设改良会所，以开展教育、提供公共服务和调查研究等方式来缓解贫困，改善民生。美国社区改良运动先驱罗伯特·伍兹评价说，社区改良会所是"探索的前哨站，通过科学方法寻求迈向社会和谐的下一步"[2]。社区改良运动（Settlement House Movement）

---

1 Walter Lippman, *Drift and Mastery: An Attempt to Diagnose the Current Unrest*, Madison: University of Wisconsin University Press, 1930, pp. 4−5.

2 Robert A. Woods, "University Settlements: Their Point and Drift," *The Quarterly Journal of Economics*, Vol. 14, No. 1 (Nov., 1899), pp. 67−86.

的参加者主要是中产阶级知识分子，尤以刚刚大学毕业的女生居多。与19世纪的慈善组织不同，他们相信贫困源于社会不公，主张介入贫困社区，使居民摆脱困境。社区改良运动起源于英国，1884年成立的汤因比厅是英国社区改良会所的代表。汤因比厅位于伦敦东区臭名昭著的白教堂（White Chapel）地区，由教会发起成立，许多牛津和剑桥大学的学生参与其中，名字来源于1883年去世的牛津大学学者阿诺德·汤因比，他是社区改良思想的先驱。美国社区改良运动直接受到汤因比厅的影响，许多早期的改良者都曾访问或者在汤因比厅工作。1887—1888年间简·亚当斯（Jane Adams）仔细考察了汤因比厅后，回到芝加哥与志同道合者在1889年创办了赫尔会所。会所主要服务于当地来自欧洲的新移民，提供的服务包括护理、幼托、男孩俱乐部、运动、缝纫、音乐戏剧等，还有其他多种俱乐部，甚至举办政治论坛。赫尔会所的改革者深入社区，通过亲身体验和调查，收集资料，分析贫困的原因及其改善方法，撰写了许多参考价值很高的著作。亚当斯逐渐形成了自己的社区改良运动理念，即居住（Residence）、研究（Research）和改革（Reform），有意识与社区居民紧密合作，对贫困和依赖的起因进行科学研究，将贫困社区的真相报道给公众，并尽力促成立法和社会改革。赫尔会所吸引了全世界的研究者和社会工作者，他们前来了解赫尔会所为社区提供的服务，学习社区改良运动的理念和实践。社区改良运动的道德色彩与改革成效，很快吸引了更多的人投身其中。除了亚当斯，莉莲·沃尔德（Lillian D. Wald）、弗洛伦斯·凯利（Florence Kelley）都是当时有影响力的改革者。沃尔德1895年在纽约创办了亨利街改良会所，护士上门为在家病人提供服务，既节省了病患的开销，又将医院的床位留给了危重病人。她还推动红十字会成立护理中心，在乡村地区开展服务。凯利本人并不是社区改良运动的领袖，但她通过与各地的改良会所合作，推动了消费者权益保护活动的展开，并力促州和联邦层面的劳工立法。社区改良者分享着共同的理念，那就是将改良会所打造为学习基地、文化场所和社区服务中心,生活在贫困社区中的男男女女、老老少少都可以到这里来寻求建议、得到帮助,获得教育和休闲的机会,社区中的各类组织也可以在社区改良会所中协商议事。不过具体到实践中,不同社区的改良会所发挥的作用、承担的功能并不完全一样,往往是根据所在社区的具体情况,有不同的努力方向。社区改良运动的领袖"尝试着克服城市社会分化所带来的离心力,让一个失去了凝聚力的时候恢复秩序,在一个日益个人化和隐匿化的社会里重塑面对面的友谊"[1]。社区改良运动对当时和后来的社会改革产生了有力的推动作用,不但直接帮助许多贫困居民尤其是新移民在城市中站稳了脚跟,生活条件得到改善,劳动技能有所提高,更加快速地融入美国社会,运动倡导的许多理念包括公民教育、休闲体育等,也为美国社会所接受,并通过立法等形式固定下来。不过社区改良运动主要集中在东北部和中西部的大城市中,未能在全国广泛展开。

面对镀金时代的社会变迁,宗教界也没有置身事外,与社区改良大约同一时期的社会福音运动是宗教界的改革尝试,实际上,许多社区改良者本身就是社会福音的信徒。"社会福音"(Social Gospel)一词首次出现于19世纪90年代,当时一些思想开明的新教人士在佐治亚州创办了杂志《社会福音》,以此为平台呼吁和传播一种宗教界勇于承担社会责任的"新神学"思想。以俄亥俄州公理会牧师华盛顿·格雷登(Washington Gladden)、罗切斯特大学神学教授沃尔特·劳申布什(Walter Rauschenbush)为代表,他们强调基督教要在社会改良中扮演角色,宗教界在现世中努力建设"上帝的国度"[2]。与天主教不同,新教不存在严格的教阶制度,无论是主教制、长老制还是公理

---

[1] Clarke A. Chambers, *Seedtime of Reform: American Social Service and Social Action, 1918–1933*, Minneapolis: University of Minnesota Press, 1963, p. 115.

[2] David Hoeveler, Jr., "The University and the Social Gospel: The Intellectual Origins of the 'Wisconsin Idea'," *The Wisconsin Magazine of History*, Vol. 59, No. 4 (Summer, 1976), pp. 282–298.

制,地方教会独立性较强,对自身事务拥有很大话语权。正是这样的结构性特点,使得新教各派能够积极地参与改良,他们以宗教界特有的道德关怀,谴责政治腐败和社会上的丑陋现象,在济贫、住房、禁酒、禁赌和禁娼等方面发挥了重要作用。但由新教主导的社会福音运动排斥其他教派,尤其是天主教。实际上,天主教在承担社会责任方面并非无动于衷。由于长期遭受美国主流社会的排斥,天主教很早就开始向弱势群体提供社会服务。早在内战之前,天主教在东北部城市中曾开展慈善活动,尤其是对贫民窟儿童的救助,著名的孤儿列车运动就是由天主教发起的救助活动。此外,天主教也利用主日学校开设英语课程,帮助新移民融入美国社会。

随着快速城市化带来的问题越来越多,城市人越发向往自然,渴望在自然环境中躲避城市快节奏的生活和污染的烦扰,得到片刻休息,历史学家彼得·施密特称之为"回归自然"(Back to Nature)运动。[1]但"回归自然"不是放弃城市、重返自然,城市人并不想抛下城市里便捷的生活,他们只是希望在城市中也能享受自然的优势。当中产阶级意识到城市中充满了不道德现象时,他们将目光投向自然,希望通过接触自然提升人们的道德水准。自然文学、狩猎观鸟等活动在纽约、波士顿、费城等大城市流行起来。建设城市公园是许多城市共同的选择。1869年,芝加哥城市规划者着手打造6个大公园。这些公园占地广大,有河流、人行道、花园,中产阶级希望公园用来举办露天音乐会或体育比赛,但劳工阶级则希望公园用来运动。波士顿建造了环绕城市的环形公园,由一系列相互联结的公园组成,成为独具特色的大都市公园体系,将自然与城市有机地融合在一起。其中最著名的非纽约中央公园莫属。19世纪中叶,纽约市各类公共空间的总面积不超过165英亩,大多分布

---

[1] Peter J. Schmitt, *Back to Nature: The American Arcadian Myth in Urban America*, Baltimore: The Johns Hopkins Univeristy Press, 1990, pp. 3-5.

第四讲　19、20世纪之交的城市改革

在上城区并且破败不堪,在城市中建造大型公园成为各界共同的目标——富人绅士需要一个优美的大型城市公园来证明他们对高雅文化欣赏与追求,商人相信一个大型城市公园能够促进地产升值、保持经济持续增长、提升城市竞争力,中产阶级认为开放的公共空间有助于培养城市居民尤其是社会底层高尚的品德,劳工阶层则希望公园可以供他们休闲和运动。今天中央公园所在地曾经坐落着小杂货铺、农场、监狱和精神病院,在19世纪中期,这里还是远离纽约市中心的荒地。公园的规划设计由弗雷德里克·劳·奥姆斯特德(Frederick Law Olmsted)和卡尔弗特·沃克斯(Calvert Vaux)负责,他们将中央公园分成风景观赏区和娱乐运动区;在公园中规划了下沉式道路,这样人们在公园里看不到外面的交通;铺设了114英里的水管,保证公园水池的用水;此外还有专门的草坪区,用来举办音乐会和开展社交活动。中央公园在1858—1860年间陆续全部开放。

　　快速城市化也加剧了人与环境的矛盾。污染严重的工业企业坐落于城市中,人口密度提高、人口流动加快,环境负担相应加重了,疾病的传播范围也扩大了。许多新移民来自乡村,保留了乡村的生活习惯;城市政府权责有限,没有充分的能力应对环境恶化带来的挑战;开发商只想着在土地上建造更多住房,不愿留出地方给垃圾处理站。19世纪末的城市街道肮脏不堪——缺少垃圾处理设施,生产生活垃圾随意倾倒在路边;普通家庭在房前屋后饲养动物,家禽家畜啃食垃圾,这成了保持街道卫生的办法;废水直接倒在路上,或者排入河湖之中。1892年的一份《芝加哥论坛报》登载了卫生监督员的报告,富人居住的32区里街道上垃圾遍地,行人和马车都难以通行。芝加哥贫困社区的卫生状况也就可想而知了。不但城市环境遭到污染,伤寒、疟疾、黄热病等流行病也时常光顾,仅霍乱在19世纪的美国就有三次大流行,黄热病更是不时袭击城市尤其是在南部,曾经消失的天花甚至一度归来。从19世纪中期开始,美国社会逐渐萌发了公共卫生意识。首先,城市

政府在制度层面完善了对公共卫生事务的管理。专门的公共卫生机构最先在港口城市逐步建立起来，取代了以往因疫情而设立的委员会，并且享有相对广泛的权力。到19世纪末，卫生部门成为大部分城市政府的常设机构，担负着检验检疫、食品卫生和应急防疫等职责，纽约、波士顿等港口城市都在此时开始对来自国外的商品进行常规性检疫处理。此类机构的形成不但意味着城市具备了相应的制度，而且强化了对本地公共卫生的管理。在此之前，大多数城市的公共卫生事务都是由州政府承担的。由于州政府远离市民，往往忽视不同城市、不同市民群体公共卫生需求的差异，其颁布的各种法律措施往往流于形式。其次，街道环境卫生治理成为许多城市的日常工作，尤其是固体垃圾。19世纪70年代起，很多城市开始铺设污水排泄设施，同时建设净水设施。自80年代开始，许多城市先后建立街道清洁部，专门负责街道保洁工作。再次，私人企业和民间团体也开始参与环境治理。许多中产阶级女性走出家庭，她们自称"市政管家"（Municipal Housekeeper），参与社区或城市的公共卫生治理。在芝加哥，市政秩序联盟教导民众保持自己房屋的卫生干净，呼吁他们履行处理垃圾和维护环境的责任，同时要求市政府提供更为全面的公共卫生服务和经济支持。在很多大城市，受过教育的中产阶级女性组织起来，给市长写信、向报刊投稿，揭露城市环境的肮脏，印发小册子向民众宣传健康知识，寄希望于良知和美德来改善城市。在时常遭受黄热病袭击的新奥尔良，卫生部门在疫病易发季节提前对街道消毒，派出专家前往易感地区搜集数据，对来自国外和国内的到港货物进行隔离检疫。最后，全社会的公共卫生认知水平明显提高。19世纪前期，城市人面对疫病往往选择居家休养或躲到乡下，反对市政府采取强制性应对措施，在1832年霍乱流行期间，纽约甚至出现了不少公开反对防疫法规的抗议活动，暴力袭击卫生官员的事件常有发生。医学界对于疫病因何而发、因何而染也没有定论，直到19世纪末细菌理论才广为接受，隔离检疫、消毒等医学手段也就被人们认可了。值得注意的是，19世纪末的公共卫生改革并非城市各自为政，而是联邦、州与地方，以及政界与学界共同的行动。1872年美国公共卫生协会（American Public Health Association）在纽约成立，首要工作就是敦促各州成立专门的卫生机构，得到了多个州的积极回应。1879年国会成立了国家卫生委员会（National Board of Health），旨在为州和地方卫生部门提供建议，收集和发布相关卫生信息，对公共卫生问题展开调查，并从国家层面制定公共卫生计划和法规。各级卫生部门或是吸纳医学专业人员担任职务，或是与他们合作开展调查、科研、规划和立法工作。

在当时的许多美国人看来，镀金时代的城市问题归根结底是道德问题，美国人告别淳朴的农村生活，在堕落的城市中放纵。许多进步主义者担心，这些城市问题将侵蚀美国传统道德。这样的担心与面对来自非西北欧地区的移民而产生的排外思潮一起——进步主义者往往带着义愤和鄙视谈论劳工阶层的生活——促使他们强力整治不良现象，以保持社会和谐、捍卫美国价值观。因此禁酒、扫黄和教育也受到进步主义的影响。禁酒运动可以追溯到殖民地时期，一直持续到20世纪30年代，历时长达一个多世纪。19世纪中期，宗教界积极倡导禁酒，世俗禁酒组织也开始出现。一些企业家为了提高生产效率，严格劳动纪律，反对工人饮酒；中产阶级女性因为家庭暴力而支持禁酒；随着外国移民的大量涌入，饮酒、酗酒问题又与不断来到的新移民联结在一起；因此白人主流社会反对移民到酒馆酗酒的呼声日益高涨。第一次世界大战的爆发促进了世界范围的禁酒运动，欧洲参战各国纷纷开始禁酒，这给美国的禁酒运动注入了新的动力。1917年8月，国会要求自当年9月起到战争结束，禁止酒类生产商用粮食作原料生产酒类产品。战争结束后，国会进一步延长了禁酒的法令，规定自1919年5月起，禁止葡萄酒和啤酒的生产；自1919年6月30日起，禁止销售一切能使人醉酒的酒精饮料。1919年1月，国会通过了宪法第十八条修正案，禁酒正式写入美国宪法。但禁酒的实际效果非常有限。禁酒法令的执行主要依靠州政府和地方政府，用于禁酒执法的经费很少，工作流于形式。有的州甚至反其道而行之，干脆拒绝禁酒。违反禁酒的案件成倍增长，地方法院负担加重，法官对禁酒的反感情绪与日俱增。禁酒开始的几年，美国的酒类消费量明显减少，社会犯罪下降，禁酒主义者和对禁酒寄予厚望的民众对此欢欣鼓舞，庆祝禁酒给社会带来的益处。然而好景不长，饮酒者人数开始反弹。只要人们肯花美元，他们就能在街道上的五金商店买到加工蒸馏酒的器皿，使用说明书可以在公共图书馆中找到，很多城市居民通过这种办法学习酿造私酒。地下酒馆、夜总会大量出现，成为走私酒和私酿酒的销售场所，围绕酒的走私和销售出现了许多恶性犯罪案件，也成为黑帮的谋财之道。

19世纪的美国出现过多次打击取缔卖淫活动的尝试，并在19世纪末20世纪初的二十年间达到高潮，很大程度上这是因为快速发展中的城市里，卖淫现象几乎随处可见。1910年国会通过法案，允许将出生于国外的妓女以及购买、雇用这些妓女的人驱逐出境。进步主义者对娱乐行业的态度与他们对待卖淫的态度类似，将其视作威胁传统美德的洪水猛兽。20世纪初，电影是美国人普遍接受的廉价娱乐方式，平均每天观影人数超过500万，许多设施简陋的小剧场只需要5美分就能看场电影或者戏剧。这类场所往往被进步主义者视作有伤风化之地，很多城市的改革者建立了专门机构，调查娱乐场所、审查电影戏剧，谴责其中的"罪恶"内容。

进步主义者也重视教育，将改善学校教育视作培养合格公民的重要途径，特别是在汹涌而至的移民潮中，公立学校更是"美国化"的首要阵地。他们认为现行教育的内容枯燥呆板，形式单一，既无法教授新知识，也不能传播美国核心价值观。他们首先推动实施义务教育，1870—1910年间，公立学校注册人数从690万增长到1780万；相应地，师范院校的数量也有了很大的增加。同时，改革者呼吁教育行政官员应当从教育界职业人士中选拔，免

第四讲 19、20世纪之交的城市改革

受政治的影响。此外,改革者们还发起了职业培训,建立职业教育课程让少年人掌握职业技术。

在镀金时代美国城市面对的各类问题中间,住房无疑是最严峻的挑战。美国学者雷福德发现,19世纪末美国的住房市场发生了三大变化,即建筑成本增加;金融机构的角色越来越重要,为个人买房提供按揭贷款,为房地产投资提供资金支持;购买金融债券取代买房出租成为富裕人群和中产阶级的重要投资手段。[1]这样一来,房地产业得到极大发展,开发商积极地在空地上开工新楼盘,投资者关注利润高的高端住房,老房子却乏人问津。城市人口快速增加之下,租房市场供不应求,租金不断上涨;房东想尽办法改造出更多房间,本就设施老化、不足的旧房子,条件更加恶劣。住房市场分化严重,富裕人群和中产阶级到郊区买房,许多家庭为了节省房租,选择了合租公寓,一套房子里面常常住着两到三户人家。在许多进步主义者看来,住房既关乎社会公平,又关乎个人道德,良好的居住条件有利于塑造高尚的品德。恶劣的居住条件没有逃过黑幕揭发者的眼睛,他们在媒体上揭露贫困社区的真实面貌,呼吁社会关注;社区改良会所则深入贫困社区,改良者们身体力行地改善居民的生活。进步主义者从设计入手,希望建造更加宜居的住房。他们或是在各地组织展览,将恶劣的住房条件展示给公众;或是组织住房设计比赛,从中选出采光、通风等设施较好的方案并游说开发商和地方政府。他们还推动政府积极干预,呼吁立法规范住房市场。

城市住房问题以纽约市最为突出,这里的居住密度远高于其他城市,居住条件也最恶劣,也最早发展出了应对高密度人口的城市和住房规划。纽约1811年规划在曼哈顿划定了棋盘状格局,将每个街区进一步划分成长100英尺宽25英尺的地块,要求每个地块上都要有一个联排别墅或者独户住宅,供

---

1 Gail Radford, *Modern Housing for America: Policy Struggles in the New Deal Era*, Chicago: The University of Chicago Press, 1997, p. 11.

一户或两户家庭居住。这些地块面积不大，房屋间距很小，但内战以后连这样的条件都达不到了。1867年，纽约州出台《公寓住房法》，这是美国第一部综合性的住房法律。该法主要是对具体的住房条件的规定，要求房东必须给住房安装一些基本设施，包括火灾通道、室内水管和通风设施。但是该法的规定非常宽泛，执行也不严格。1879年，纽约一家杂志组织了一场廉价公寓（Tenement）设计比赛，纽约建筑师詹姆斯·威尔（James Ware）的方案在比赛中胜出，这种公寓两头宽、中间窄，因其形状而被称为哑铃式公寓（Dumbbell Tenement）；两栋公寓紧挨在一起，建筑中部恰好围成一个不大的天井。哑铃式公寓既改善了廉价公寓的通风和采光条件，又最大化地利用了土地面积，所以很快就推广开来，在19世纪最后20年，估计纽约有超过6万栋哑铃式公寓。但哑铃式公寓并没有改善居住条件，相反增加了每栋楼的居民人数，使得居住更为拥挤；两栋楼之间不大的内院很快就成为垃圾堆积的地方。1890年，纽约调查记者雅各布·里斯（Jacob Riis）深入下东区的贫民窟调查，他将拍摄的照片公之于众，引起舆论哗然，恶劣的居住条件真正引起了纽约各界的重视。1901年，纽约州通过了《廉租公寓住房法》，也被称为"新法"，要求每套公寓都要有独立的厕所，建筑占地比例可以增加到70%。为了推进该法的执行，规定只有1901年以后新建的廉价公寓才执行该法的要求，此前的老建筑可以不做大的改变，所以新法影响有限，纽约的住房条件依然十分严峻。与纽约类似，其他大城市在19世纪后期也面临着越来越严峻的住房压力。在中西部快速发展的工业城市，无力负担房租的工人成为无家可归的流浪者。许多城市甚至敞开警局的大门，让无家可归者留宿。1910年，进步主义者劳伦斯·维勒（Lawrence Veiller）推动成立了全国住房联合会（National Housing Association），游说政府支持，鼓励社会团体关注。旧金山、芝加哥、圣路易斯、费城、新奥尔良等城市的公民组织也纷纷筹办展会，介绍新的住房模式。到了1917年，美国有40个城市和11个州制定了住房建筑方面的法律和条例，要求房东为租客提供安全的住房。

大型企业也尝试通过建立公司镇（Company Town）来解决工人的住房问题。"公司镇"这一名称出现于19世纪中期，最初指的是阿巴拉契亚山脉和莫农加希拉河谷地区的采矿营地和冶炼厂的附属宿舍区，很快就为其他地区的企业所效仿。公司镇的兴起，很大程度上是实际需要。一些工矿企业位于偏远地区，远离城镇，建造公司镇是为了吸引就业。有些大型企业对于所在的城镇有很大影响力，这样的城镇，其发展建设几乎完全是为了满足企业的需要，逐渐也成为公司镇。工人在公司镇事务中的发言权微乎其微，因此这些地方的劳资冲突尤为严峻。最著名的公司镇就是普尔曼车厢公司的普尔曼城，位于芝加哥南面。普尔曼城的建设管理体现了那个年代美国大企业家的理念——他们既担心破坏性的罢工损害公司经营，又要从劳工身上压榨利润；他们既有父权制心态希望将工人牢牢控制，又致力于通过影响工人的生活塑造他们的价值观。普尔曼城的土地归公司老板乔治·普尔曼（George Pullman）所有，城里有图书馆、商店和教堂，市中心有公园、绿地和街灯；城里的居住区距离工厂不远，工人步行可达，住房安装有煤气与水电、垃圾及污水处理等各种最新的便利设备。在公司的宣传中，普尔曼城甚至不输芝加哥富人的郊区。普尔曼打算将普尔曼城塑造成一个独立的实体，工人的一应需求都可以在城中得到满足，从而限制他们与外界的联系，隔绝劳工运动对他们的影响。公司几乎控制了工人的一切，他们可以将空闲时间花在上课、看剧或读书上，但不能饮酒、赌博，这些课程、戏剧和图书也都经过了公司的筛选。公司控制着城里的所有商店和住房，物价越高、房租越贵，公司就越盈利。1893年经济萧条袭来，公司以停工、减产并且裁员来应对危机，但普尔曼城的工人还是按照原来的价格购物和支付房租，罢工很快在城中爆发，这也是19世纪末美国持续时间最长的罢工之一。最终，普尔曼城被芝加哥市兼并。

住房既是经济问题也是社会问题，住房改革的困难就在于既涉及不同利益集团的现实利益，又触及美国思想的核心也就是私有财产神圣不可侵犯。房产是房东的财产，是开发商的买卖，但拥有体面的住所也应当是包括穷人在内的每个人的权益。购买、出售和处置房产都是财产权的一部分，不能任由他人干涉；但是让囊中羞涩的人也能住进合适的住房，又是一个社会起码的公平所在。所以在住房改革上，美国政府和社会各界总是进退维谷——在物质利益面前各方难让寸步，在价值观上又不能过于激进。围绕着谁来建造住房、为谁建造住房和建造什么样的住房等问题，美国社会迟迟无法达成妥协、凝聚共识。住房改革的故事并非从进步运动的开始而开始，更没有随着进步运动的结束而结束。

三、城市政治改革

进步主义者不仅要改变城市社会，他们还要改变城市政治。在各州和城市中，改革者构成了一股强大的力量。他们一方面要赢得其所属党派的支持，同时也要超越党派分歧，迎合广泛的民意。尽管改革者动机复杂，所取得的成就在不同地区也有所不同，但他们在惩治腐败、建立高效地方政府等诉求上保持了高度一致。

19世纪的美国城市政府，从政治结构上看，大多是权力分散的弱市长暨议会制度。1820年以后，大多数城市政府照搬了联邦制结构，以选区（Ward）为单位，选举产生两级立法议会，市长经公民选举产生，主要行政部门的长官也在全市范围内选举产生。1850年以前，绝大多数城市的市长主要是礼仪性角色，在决策上只有很少的权力，很多市长甚至无权否决议会的决定。行政部门长官由于经民选产生，市长很难制约。这样的政治结构在城市规模较小、城市问题不严重的时候尚能勉强应对，但显然无法应对19世纪后期城市的快速变迁。面对城市方方面面的问题，城市政府往往通过设立各种临时性的委员会和理事会加以解决。但这些委员会和理事会的成员有些是州政府任命的，有些是市议会任命的，有些是市民选举产生的，权力和职责高度分散。城市的许多重要部门甚至由州政府负责，市长和市议会无权置喙。在纽约市，1845年组建了市警察局，全市划分为三个区域，相应的警察分局也随之建立起来。但州政府在1857年接管了城市警务，将纽约市、斯塔滕岛、布鲁克林和韦斯特切斯特县的警务合并为大都市区警察局，主要长官由州长任命，纽约市警察局随之撤销。

19世纪的美国城市政府，从权力关系上看，面临的最大外部影响因素是州政府而非联邦政府。美国是联邦制国家，联邦的权力受到很大限制。由于美国宪法对城市未置一词，在19世纪，联邦政府鲜有直接干预城市的政策出台。直到19世纪末20世纪初，联邦政府为了应对日益恶化的城市问题，才逐步出台城市政策。实际上，地方政府长期以来被视为州的创造物。[1]英属北美殖民地的城市，其城市宪章（City Charter）来自殖民地政府，美国独立后州政府而非联邦政府取代了，为城市颁发宪章。[2]这类宪章一般分为两类：一

---

[1] 美国政府包括联邦政府、州政府与地方政府三级，其中地方政府包括了城市、县、区（Borough）和专区（Special District）等类型众多的政府。本书根据上下文语境使用城市政府或地方政府。

[2] 城市宪章是城市及城市政府建立的特许法律文本。美国的城市宪章最初来自北美殖民地初期的英国移民和殖民贸易公司获得的王家特许状。以宪章的形式确定城市政府的权力与义务，其根源在于城市拥有法人身份，而创造城市法人的机关是各州议会。州政府通过向城市居民颁发城市宪章创立城市。城市宪章通常给城市以名称，确定其土地区域，规定其权利和特权，赋予其许多商业的义务，并在一定程度上授权其成立管理自己的政府。在获得宪章后，城市成为一个法人和政治实体，可以独立承担法律上的权力和义务，进而实现对城市公共事务的管理。同时，城市宪章也是城市居民实现自治的法律保障。在城市宪章指导下，城市居民选举政府官员对城市进行治理。城市宪章可以保障城市的自治权不受外部权力干预。见Pauline Maier, "The Revolutionary Origins of the American Corporation," *The William and Mary Quarterly*, Vol. 50, No. 1 (Jan., 1993), pp. 51–84; Abby G. Baker and Abby H. Ware, *Municipal Government of the City of New York*, Boston: Ginn and Company, 1906, p. 21.

是通用宪章，通过对不同城市进行分类，按照类别制定宪章，当宪章修改时也是按照类别修改，一旦修改，对此类城市全部有效；二是特别宪章，专门针对某个城市的宪章，逐一规定市政府的每一项行为。在20世纪中期联邦政府介入城市事务之前，城市与州的关系是制约城市兴衰的主要制度框架，州政府在一些关键性的地方事务中发挥着决定性的作用。除了在殖民时期就形成了较发达地方自治传统的新英格兰地区，其他地区的城市在很大程度上受到州的牵制。1868年艾奥瓦州最高法院法官约翰·福里斯特·狄龙（John Forrest Dillon）在一份判决书中写道："州立法机构为自治机构注入活力，否则自治机构便不可能存在。州立法机构可以创建地方自治机构，也可以裁撤它们……可以这么说，地方自治机构只不过是寄宿在州立法机构意志之下的房客。"在后来的一起诉讼中，狄龙又明确了城市所拥有和行使的三项权力：(1) 州法律明文规定的；(2) 明文规定的权力中必然包含的或必定附带的；(3) 对于城市执政目标的实现是必不可少的。1903年，最高法院在一起诉讼中认可了狄龙的观点。

19世纪的美国城市，从权力运行上看，政治机器（Political Machine）和城市老板（City Boss）构成了基本框架。城市政治结构的混乱导致政府权责不明，人口增多、经济发展要求政府承担更多的责任，但新设立的机构反而加剧了行政权力的分化。1820年之后，政治改革扩大了城市选民的来源，越来越多的市民包括新来的移民拥有了选举权，而社会问题、阶层分化、人口多元化等使得城市政治越来越分散，在城市政治的舞台上出现了越来越多的表演者，19世纪许多小党派纷纷涉足地方政治，围绕着劳资冲突、禁酒、社会福利等问题展开较量。在混乱的政治舞台上，扎根在社区中的职业政客和帮派分子在碎片化的政治中发挥着独特作用。这些人往往出身贫寒，有不少是第二代移民，长期混迹在街头，他们无法跻身精英阶层，缺少和上层社会的联系，但熟悉底层生活的真相，与三教九流关系密切。当选举范围扩大后，街头就成为他们政治权力来源。志同道合者联系起来，他们借助底层生活的经验和人脉网络，向社会底层尤其是新移民提供帮助，为他们解决急需的住房和就业问题，解决他们与老居民之间的矛盾。凭着这些活动，他们得到了社会底层的信任，可以轻易获得他们的选票。这样的人联合起来，就构成了从街头到市政厅的权力组织，这样的组织被外界称作政治机器，他们的头目被称作城市老板。政治机器让大小老板和他们的手下可以用公共资源换取社会底层的支持，让机器运转进入"良性循环"。

政治机器有自己的结构。在政党制度下，政治机器与政党组织是一种相互扶持的关系，甚至融为一体。政治机器可以为政党组织动员、影响和控制城市政治资源，政党组织是政治机器进入城市乃至州政治的合法渠道。政治机器的组织结构与政党组织相仿，最下层是基层选区（Precinct），一个典型的基层选区有大约500个家庭，选区头目（Captain）常驻街区，了解并解决居民的困难，在选举日动员居民给本组织的候选人投票。30—40个基层选区构成一个选区，每个选区选出一位市议员，这位市议员大多也是该选区政治机器和政党组织的负责人，可以任命基层选区头目。同一个政党的市议员选举产生该市政党组织的主席。在政治机器运转顺利的时候，政党组织的主席或者由城市老板担任，或者由城市老板操控政党实际。但政治机器的结构并不总是这么完善，或者说很脆弱。大多数政治机器实际上是一个由大大小小不同政治机器组成的联合体，需要城市老板在顶层的协调。绝大部分城市老板都是移民或者移民的后裔，他们中的大部分人又都具有爱尔兰血统。爱尔兰移民在政治竞争中具备许多有利之处，这和他们的民族传统和历史经历有关。爱尔兰人从15世纪就开始反英斗争，在此过程中形成了有强烈的民族团结感，发展出各式各样的政治组织。大多数城市老板出身社会底层，家境贫寒，深刻了解真实的社会情况，特别是城市事务。政治学家詹姆斯·布莱斯勋爵（Lord James Bryce）在《美利坚联邦》（*The American Commonwealth*）

中写道，美国的城市老板主导城市政治，权力无与伦比，未经选举产生，活动隐秘、声名狼藉，是美国城市弊病丛生的重要原因。他们要满足下级政治头目的需要，保证政治机器自上而下地顺利运转，这一过程中极易产生寻租空间。城市老板往往利用私人关系获得商界的支持，用政治权力换取商界的经济利益，比如把某些公共事业的特许权或是基础设施工程发包给商人，从商人那里得到回报。通过这样的途径，政治机器聚集了资源供给社会底层，维持着底层的支持。19世纪后期的城市正处于扩张期，所以有大量的工作岗位，分配工作成了政治机器笼络选民的资源。这些活动得到了底层市民的支持，但遭到了城市改革者的反对，他们将这种举动视作公开的行贿。

19世纪末20世纪初美国最典型的政治机器非纽约市的坦慕尼厅（Tammany Hall）莫属，坦慕尼厅老板威廉·马吉尔·特威德（William Magear Tweed）则是最具代表性的城市老板。坦慕尼厅的前身是1789年创建的哥伦比亚团（Columbian Order）。最初是一个慈善服务组织，成员大部分是技术工人和商人。随着爱尔兰移民的增加，其成员中有了越来越多的爱尔兰人，政治性也越来越强。1830年总部搬入14街新址后被称作坦慕尼厅，1839年成为民主党的纽约城市组织，19世纪中期以后通过与移民的联系加强了对议会的控制，逐渐转型为政治机器。1863年1月，特威德当选坦慕尼厅主席，在他的操控下，坦慕尼厅的领导者跻身纽约民主党高层，再通过选举控制了纽约城市政治。尽管特威德后来因为腐败被捕入狱，但坦慕尼厅从此长期控制纽约政治。从19世纪80年代到20世纪20年代，其他大小城市的政治领导人和政治组织也逐渐效仿坦慕尼厅，建立起能量不同的政治机器。在辛辛那提，乔治·考克斯（George B. Cox）以共和党组织为依托牢固地掌控了城市政治。巴尔的摩的艾萨克·弗里曼·拉辛（Isaac Freeman Rasin）、旧金山的克里斯托弗·巴克利（Christopher Buckley）和布鲁克林的休·麦克劳林（Hugh McLaughlin）依靠的是民主党组织。在堪萨斯城，汤姆·彭德加斯特（Tom

Pendergast)在1918—1939年控制城市政治达二十年之久。不过像特威德和彭德加斯特这样权势熏天的老板也不多见,城市老板在很大程度上要依靠自己的手腕操控权力,因为19世纪后期碎片化的城市政治,更有利于社区领袖和基层领导人,而不利于自上而下的政治机器。城市老板的个人能力很大程度上影响了政治机器的力量,决定了城市政府很多部门的运行在多大程度上受制于政治机器。

对于进步主义者来说,改变城市政治是一项复杂的系统性工程,既需要政治改革,也需要行政体制方面的调整。

市政体制改革在进步运动中潜滋暗长,但真正的启动带有一定的偶然性。1900年,得克萨斯州加尔维斯顿市在飓风和海啸中损失惨重,市政府无力应对。在改革力量敦促下,州议会任命五名在当地素有名望的企业家组成委员会充当临时政府。委员会将所有城市事务分为四类,每类由一名委员负责,剩下一人为市长,但地位与其他四人相同,主要负责协调各部门和其他委员的工作。委员既是行政长官,组成的委员会又发挥了市议会的功能,将立法与行政合为一体。委员会制度因效率高、实施简便而很快被其他城市效仿,委员改为选举产生。1908年,弗吉尼亚州斯汤顿市在市政府设立了一个总经理的职位,专门负责行政部门的工作,取得了很好的效果。经过多个城市的实践和完善,逐渐形成了这样的方案——选民选举产生市议会,议会负责聘请一位城市经理(City Manager,在不同城市可能有不同名称,但职责、身份相似)。城市经理往往是受过专门训练或拥有专门知识的专家,全权负责城市行政管理,负责起草年度预算,任免和奖惩行政部门官员,对市议会负责,任期由市议会决定。城市经理不是市长,许多实行经理制的城市里,市长主要负责礼仪性工作,由选民直接选出或者从市议员中选出。19世纪美国城市体制是一种弱市长制,因此有的城市从这里入手,将弱市长转变为强市长。在这种体制下,市长由选民直接选出,拥有行政全权,可以任免和奖惩行政部门长官，制定并执行预算，可以否决议会法案。与其他体制相比，市议会处于次要地位，市长拥有实际权力。20世纪30年代，在强市长制的基础上衍生出了行政次长（City Administrative Officer）制。行政次长首先出现在1932年的旧金山。这一制度的基础仍然是强市长暨议会制，在保持其基本框架和原则的基础上增设行政次长，负责处理城市行政事务，市长则集中于政治事务。行政次长的职能主要集中在四个方面：（1）在市长认可下聘任除行政部门长官之外的其他官员；（2）协调并监督市政部门的运作；（3）提出城市预算并监督执行；（4）向市长提供有关市政管理方面的专业咨询。行政次长与城市经理相似但不相同：次长由市长任命、对市长负责，经理由议会任命、对议会负责；次长制中的市长拥有强权，经理制中的市长只是个礼仪性角色。委员会制、城市经理制和强市长制的核心都在于调整政治与行政的关系，将行政事务从政治的博弈中独立出来，并尽量交由专家负责，以提高城市治理的效能。

为城市争取更大的自治权也是改革的重点，既可以提高城市应对自身问题的能力，也能够避免政治机器通过州来操纵城市。值得注意的是，狄龙规则（Dillon's Rule）虽然严格限定了城市与州的关系，但在大多数时候并没有真正实施，这并非因为州政府忽略了自身的强势地位，而是双方的互动往往上升不到需要狄龙法则来解决的高度。因此尽管城市政府在实际上享有一定自治，但州政府始终如"紧箍咒"一般存在。而且在双方的关系中，更为重要的问题是城市在州的政治版图中并不占优势。州议员许多来自农村地区，忽视甚至无视城市的利益；同时，大型财团与政党联合，它们不在城市，但通过州议会控制城市事务。为了摆脱州政府的控制，地方政府逐渐发起争取地方自治（Local Autonomy）的运动。[1] 早在殖民地时期，新英格兰地

---

1 严格说来，美国的地方自治仅指地方政府与州政府的关系，不涉及地方政府与联邦政府的关系。但为了行文方便，本书在涉及后二者关系时，也会使用地方自治一词。

区实行村镇自治,由村镇会议制定本地政策,这是美国城市地方自治的直接来源。1851年,艾奥瓦州议会颁布法令,授予城市地方自治权。但该法令是州议会制定的普通法,地方自治并未写入作为州根本法的州宪法中。1875年,密苏里州议会在州宪法中写入了圣路易斯市地方自治的条款,这是现代城市地方自治的开端。这样也就出现了与通用宪章和特别宪章不同的第三种宪章,也就是自治宪章。自治宪章由当地选民选举一个委员会负责起草,完成后交给选民投票批准,然后城市按照宪章的规定来组织和管理。加州是较早确定地方自治的州,1879年,加州议会宣布要创建新的地方自治体制,规定下列事务由自治宪章决定:(1)城市警察的设置与管理;(2)城市下属的行政机构;(3)组织市政选举;(4)城市公务员的人事管理。不过在19世纪,拥有自治宪章的城市很少,大多数州仍然采用传统两类宪章来界定州与城市的关系。只是到了20世纪中期,美国才有大约五分之四的州实行地方自治。

市政体制改革和自治运动一定程度上冲击了政治机器和城市老板。机器的运转,很难离开强有力的市议会,一旦议会的政治影响力下降,利用市议员选举而自下而上获取权力的政治机器也就难以发挥作用了。有些城市老板逐渐意识到改革的价值,他们虽然是进步主义改革者声讨的对象,但也常常为改革施以援手。特别是改革者在公共卫生、教育以及劳工立法等方面的努力为社会底层带来了切实好处,这些努力也可巩固底层对机器的支持。坦慕尼厅的蒂姆·沙利文是限制女性劳工工作时间,避免她们过长工作的支持者,乔治·考克斯则支持选举中的无记名投票和选民登记制度。当然,城市政治改革有时也会带来意想不到的问题。例如城市经理由议会提名,导致有些城市老板摇身一变成为城市经理,或是安排手下担任这一职务。更重要的是,城市改革通过将行政与政治分开提高了城市治理的效能,培养了技术官僚队伍。他们受过高等教育,在城市规划、公共工程、行政管理或者财政税收等方面拥有专业知识,面对纷繁复杂的城市事务,在决策过程中的角色越来越重要,影响力也越来越大。他们轻视市民对城市的看法,相信只有自己才能代表他们做出正确的选择,这样的倾向加快了城市政策的"科学性",但是伤害了精准性和可持续性。在20世纪初的美国城市中,技术官僚队伍和城市政策的影响尚且有限,第二次世界大战后的城市居民将会深切感受到进步运动的这一改革遗产。

进步运动在20世纪第二个十年达到高峰,1912年的四位总统候选人都或多或少地采纳了进步主义观点作为自己的竞选纲领。随着第一次世界大战的爆发,进步运动点燃的热情让位给大战激发的家国情怀。这场运动的底色是美国社会对一个城市国家的认可和对城市未来的期许,改革者将道德感与行动力结合起来,以社会科学为指南,努力创造一个公正的社会。人们深切地感受到城市面临的种种挑战,但是与19世纪前期希望抛弃城市不同,此时的美国社会已经接受了一个现代国家是一个城市国家的现实。他们开始重新认识城市,为解决城市社会问题寻求方案。改革者面对城市化快速发展出现的新现象,尝试着从多个方面入手改变现状,他们或是令人动容地揭露真实的城市生活,用真相改变世界;或是以无与伦比的力量,强烈地震撼着社会的良心;又或是以冷眼旁观的身姿,为19、20世纪之交的城市做出解释。

拓展阅读书目

Leon Fink, *The Long Gilded Age: American Capitalism and the Lessons of a New World Order*, Philadelphia: University of Pennsylvania Press, 2014.

Maureen A. Flanagan, *America Reformed: Progressives and Progressivisms, 1890s–1920s*, New York: Oxford University Press, 2007.

Robert Wiebe, *The Search for Order, 1877–1920*, New York: Hill and Wang, 1967.

Samuel P. Hays, *The Response to Industrialism, 1885–1914*, Chicago: The University of Chicago Press, 1995.

梁茂信:《美国移民政策研究》,长春:东北师范大学出版社1996年。

王旭、罗思东:《美国新城市化时期的地方政府:区域统筹与地方自治的博弈》,厦门:厦门大学出版社2010年。

第五讲　北大西洋城市世界的知识图景

19世纪末20世纪初，城市化的进程加快了，百万人口以上的大城市分布在煤铁资源丰富或是交通条件便利的地区。北大西洋世界的联系更为紧密，在历史上长期以来就存在的人员、物资和知识交流之外，彼此之间更加相信同属一个世界，真正的北大西洋世界整合完成。这个整合的世界，得益于工业资本主义的强大动力，工业资本主义也塑造了相似的景观——宁静乡村里突然出现的工业城市，日夜不停地喷涌着浓浓黑烟；令人目眩神迷的大都市里，繁荣带来的乐观伴随着不可名状的局促不安，裹挟着千万人的命运滚滚向前。一个城市化的社会成为摆在北大西洋世界里每个人面前的现实，人们需要相应的知识来接受它、理解它、适应它。

一、北大西洋城市世界的形成

20世纪以来，无论是面对十月革命后苏俄出现的红色恐慌，还是第二次世界大战期间以美英合作为基础的盟国，一种横跨大西洋的共同体意识逐渐形成。战争结束后，"大西洋世界""大西洋共同体"等概念逐渐为西方政界和学界所接受,时至今日已发展成为一个热门研究领域。在史学界,大西洋史研究方兴未艾。在传统的"地理大发现"叙事中,欧洲人向西航行及随后在美洲的殖民扩张创造了大西洋世界,大西洋史就是研究近代早期大西洋世界的史学分支领域。[1] 大西洋史认为,16世纪以来欧洲与美洲的交往日益频密,大西洋周边的欧洲、美洲和非洲共同构成了经济、文化和人员往来的区域体系,要深化对这一区域体系的认识,离不开一种整体的视角。[2] 三十余年来,大西洋史研究已取得丰硕成果,研究内容集中在物种传播、商业、移民、殖民帝国、宗教和美洲独立运动等方面。然而,以早期现代为主的大西洋史难掩大西洋世界内部的分裂,无论从政治制度、文化传统还是自然地理条件和经济发展水平,作为"大西洋共同体"的各个组成部分,其间的差异明显而深刻。即便是美国、加拿大与欧洲这样政治文化背景相似、社会经济水平相当的国家与地区,裂痕依然潜伏在水面之下。

在美国人看来,旧大陆是衰败腐朽的,托马斯·杰斐逊甚至反对年轻人去欧洲留学;宗教压迫、经济剥削和政治腐败是属于欧洲的"产品",而建立一片没有上述"产品"的乐土恰恰是美国人的使命。从18世纪末以来,美国社会在界定自身文化特征时往往将欧洲视作对立面的他者,以及可能危及自身安全的威胁。历史学家弗雷德里克·特纳的边疆假说正是呼应了美国人的欧洲观,将美利坚文明阐释为在边疆荒野与森林的砥砺中诞生的、与欧洲迥然有别的新文明。美国劳联(American Federation of Labor)主席塞缪尔·冈珀斯在1909年旅居英国时发现,"旧世界的社会问题、经济哲学、当下的政治疑虑与美国毫无关联,在国家排行榜上,美国排名第一"[3]。对于美国

---

[1] Bernard Bailyn, *Atlantic History: Concept and Contours*, Cambridge, MA: Harvard University Press, 2005, p. 3.

[2] Karen Ordahl Kupperman, *The Atlantic in World History*, New York: Oxford University Press, 2012, pp. 1–2.

[3] Samuel Gompers, *Labor in Europe and America*, New York: Harper and Brothers, 1910, pp. 286–287.

人的自我标榜，欧洲人并非全然否定。英国观察家詹姆斯·布莱斯说："在有些方面，美国走在前面，欧洲可能会沿着美国的路走。美国仿佛一盏灯，与其说是为自己照明，不如说是为后来人指路。"[1]

不过从19世纪后期开始，认为欧洲与美洲同根同源的想法同样在潜滋暗长。大西洋两岸在政治、经济和文化等方面越来越频密的联系，欧洲大陆的民主化进程，以及苏俄社会主义革命和第一次世界大战造成了共同"威胁"等因素，促使美洲与欧洲社会关注大西洋世界的同，而逐步忽视了异。美国人注意到欧洲文化与学术的先进之处，从19世纪70年代开始，几代美国学生前往欧洲留学，带回了新的研究成果和教育制度，以德国大学为模板的高等院校出现在美国的沿海与内陆；欧洲激进分子吃惊地发现，垄断在美国不断巩固，美孚石油、牛肉托拉斯等大型财团与欧洲并无二致，权力寻租与大规模劳工抗议在大西洋两岸桴鼓相应。研究者发现，到"一战"结束，"自由、民主、进步和资本主义被'发明'为英、法、美的共同传统，也成为'西方文明'的核心特质……美利坚文明不再是对欧洲历史和传统的背离，而是发源于'西方文明'的最新代表和最新阶段"[2]。这样，北大西洋世界才真正形成了。

促进整合的引擎已经运转良久。工业资本主义从18世纪后期起，持续而强烈地改造大西洋两岸传统社会。生产力的腾飞创造了更多产品，催生了新运输技术将市场网络不断向外扩张，以及新生产技术不断提升生产效率。以英国为起点，工业革命如同涟漪一般在北大西洋世界蔓延。在美国，工业资本主义的火种率先在新英格兰地区引燃，东北部和中西部相继成为制造业核心地带，分别形成了以日用轻工业和重化工业为主的经济结构。在欧洲大

---

[1] James Bryce, *The American Commonwealth*, London: Macmillan, 1889, p. 475.
[2] 王立新:《美国国家身份的重塑与"西方"的形成》,《世界历史》2019年第1期，第1—26页。

陆,威斯特伐利亚的鲁尔河谷地区集聚了大量纺织企业,被称作"迷你英格兰"(Miniature England);在中欧,瓦恩斯多夫、波希米亚和摩拉维亚等地在19世纪初迎来了机器应用的第一波风潮,纺织业更是成为布拉格的重要经济部门;经济史学家们发现,比利时瓦隆地区在19世纪30年代几乎成了可以与英国媲美的工业中心地带。19世纪中期以后,也被称作第二次工业革命的技术与生产浪潮再度席卷北大西洋世界,除了技术,管理体系和企业组织模式也发生了翻天覆地的变化。主权国家有疆界,但投资、管理、市场和技术不受制约,将大西洋两岸日益紧密地捆绑在一起,"到了19世纪末,对那些了解大西洋两岸新旧世界工业地带的人来说,印象最深的不再是区别,而是不同一般的相似了"[1]。

  工业资本主义巨大的生产力创造了全新的生活方式。北大西洋世界迎来了真正的消费时代,尽管在此之前,人们也通过消费满足自己的生活所需,但只有在工业资本主义极大提升生产力之后,消费品的种类才有了爆炸性的增长,价格也便宜到大多数人能够接受的程度。大城市开始建设公园、运动场和游泳池等休闲娱乐设施,让更多的城市居民享受现代生活。地方官员从20世纪初开始致力于建设公共体育场为职业运动队提供设施,在提升市民自豪感和热情的同时也促进了旅游业的发展。1912年波士顿建成的芬威公园就是这样,包含运动场的公园坐落在写字楼、高层公寓、两所学校以及多个零售和娱乐服务场所旁边,与周围环境融为一体。城市里有了更加完善先进的教育机构和公共文化场所,形成了新潮时尚;街灯照耀下的城市干道在夜晚如同白昼一样,火树银花与摩天大楼橱窗里的艳丽商品,一同构成了繁华都市里的风情画。1892年,理查德·沃伦·西尔斯(Richard Warren Sears)和阿尔瓦·柯蒂斯·罗巴克(Alvah Curtis Roebuck)在芝加哥共同成立了西尔

---

[1] Rodgers, *Atlantic Crossings*, p. 43.

斯·罗巴克百货公司，为伊利诺伊州的居民提供邮购服务。[1]洗衣机、吸尘器、收音机等居家电器产品进入了越来越多的家庭，种种物质生活的进步凝聚成了万千人改善社会的意愿，公众坚信进步将持续不断。事实证明，这样的理念释放出了巨大的人类能量，回荡在北大西洋两岸。

工业资本主义在北大西洋两岸创造了类似的景观。城市化的进程加快了，百万人口以上的大城市分布在煤铁资源丰富或是交通条件便利的地区，查尔斯·狄更斯笔下的"焦炭城"（Coketown）和阿萨·布里格斯所谓的"震颤城市"本质上都是同一类城市，那就是这个北大西洋世界里的工业城市。焦炭城从英国中部的"黑乡"，向东穿过法国、比利时到达奥匈帝国——20世纪初，鲁尔区的钢铁产量超过英国，杜塞尔多夫、巴门和多特蒙德成为欧洲大陆的机械制造、化工和煤炭冶炼中心；工业发展也导致人口向城市与工业中心集聚，使得城市人口占全国人口比重从36.1%增加到60%，汉堡每平方公里人口增加1628人，萨克森每平方公里人口增加150人。这一时期的德意志帝国的城市发展尤为迅速，新兴工业城市尤其是重工业城市发展最为领先，被《剑桥现代欧洲经济史》的作者视作欧洲其他国家无法相提并论的"极速城市化"[2]。西边也一样，"黑乡"跨过新英格兰的群山，延伸到五大湖南北两岸。美国宾夕法尼亚州西部的煤炭供应着从纽约、费城到芝加哥、克利夫兰的工业企业。五大湖北岸，多伦多中心地区从19世纪30年代起开始出现多家小型加工企业，水陆交通网络将其与蒙特利尔以及美国东北部城市相连。加拿大安大略省的汉密尔顿等工业城市蓬勃发展，19世纪70年代贯通的殖民地间铁路（Intercolonial Railway）为工业经济的发展提供了助力。

1　Boris Emmet and John Jeuck, *Catalogues and Counters: A History of Sears, Roebuck and Company*, Chicago: The University of Chicago Press, 1950, p. 341.

2　Stephen Broadberry and kevin H. O'Rourke, *The Cambridge Economic History of Modern Europe, Vol. 2. 1870 to the Present*, Cambridge, UK: Cambridge University Press, 2010, p. 114.

90年代后,越来越多的英国资本和美国资本涌入加拿大,甚至时任加拿大总理宣称19世纪是美国的世纪,20世纪则是加拿大的世纪。尽管加拿大城市发展速度落后于美国,但两国在小城市数量和大城市人口占总人口比重等方面存在相似之处。欧洲人忧心忡忡地讨论着"美国化",可是如果将北大西洋两岸放在一起看,所谓"美国化"更像是美国的"欧洲化"。

到了19世纪末,越来越多的人接受了一个城市美国的未来,他们告别了曾经象征着美国民主的乡村,开始重新认识城市,为解决城市社会问题寻求方案。这些努力共同制作了知识的镜头,而绝大多数的美国社会科学家、政策制定者,以及普通大众正是通过这样的镜头来看待城市的。

二、城市社会科学

城市社会科学是在18—19世纪的欧洲形成的。剧烈的社会变迁和社会动荡前所未有,远远超出了人们的经验范围,社会需要对新现象做出解释,而自然科学的发展又直接促使人们借鉴自然科学的方法对社会开展研究,社会科学就这样产生了。

城市生活与乡村生活的巨大差异是新兴的社会科学界重点关注的对象,尤为值得一提的是,德国理论家的工作为这项工作在美国的进行奠定了基础。社会学家斐迪南·滕尼斯在1887年出版的《共同体与社会》(*Gemeinschaft und Gesellschaft*)一书中提出了一种理论,即现代世界正在从基于血缘关系的社区(共同体)过渡到多个社会分层构成的城市社会(社会),城市日常生活是通过契约和非家族式联系而确定的。在滕尼斯的视野里:"共同体是古老的,社会是新的,不管作为事实还是名称,皆如此。……共同体是持久的和真正的共同生活,社会只不过是一种暂时的和表面的共同生活。因此，共同体本身应该被理解为一种生机勃勃的有机体，而社会应该被理解为一种机械的聚合和人工制品。"[1]

法国社会学家埃米尔·涂尔干（Émile Durkheim）也关注到城市化带来了社会变化，他在《社会分工论》（De la division du travail social）一书中做了澄清。涂尔干认为只有社会成员间存在一定的向心力，这个社会才会凝聚在一起，他把这种向心力称作团结，团结又分为机械团结（Mechanical Solidarity）和有机团结（Organic Solidarity）两类。机械团结是一种初级状态，广泛存在于乡村。这里的人们有共同的价值、信仰、规范，集体意识十分强烈，集体意识与个人意识没有很大的差异；社会分工较为原始，成员间的职业大多有非常相似的性质，形成了强烈的同质性，同质性就像机械一样把人们连接在一起，维持着社会的稳定。有机团结则是城市的状态，机械团结的人口增加，围绕各类资源的竞争加剧，这种竞争的压力要么需要战争去解决，要么就只能透过分工来维持社会稳定。日趋复杂精密的社会分工，将各集团的人们纳入其中。透过分工，不同集团的人亦逐渐相互依赖。人们就像身体的各个器官一样相互依赖，社会也因而转入有机团结。集体意识逐渐现实化、世俗化，个人价值凸显。每一个人都有一个需要扮演的特定角色，这样整个社会才能正常运转。在由机械团结向有机团结的转型中，部分社会成员迷失了方向，涂尔干将这样的现象称作失范（Anomie）。关于失范的原因，涂尔干认为主要有三种：一是严重削弱的集体意识，令人们看不到自身在社会中的位置和意义；二是强制的社会分工带来不平等，缺乏公正的分工丧失了合法性，令人们丧失信心；三是需求不足带来效率低下，社会的功能得不到满足，从而导致连锁反应。

---

[1] 斐迪南·滕尼斯：《共同体与社会：纯粹社会学的基本概念》，林荣远译，北京：商务印书馆1999年，第53—54页。

马克思也注意到了工业社会中城市的转变。虽然马克思并没有单独阐释城市观，但他的唯物主义和政治经济学中都涉及城市。马克思通过生产力与生产关系的变化来阐释人类历史的发展，他理解资本主义生产关系的切入点就是城市。马克思强调："一个民族内部的分工，首先引起工商业劳动同农业劳动的分离，从而也引起城乡的分离和城乡利益的对立。"[1] 与现代资本主义生产方式相伴随的是，现代大工业城市如雨后春笋般建立起来，日益替代自然形成的城市，并"使城市最终战胜了乡村"[2]。他对资本主义生产方式的批判，一个重要方面就是对资本主义条件下城市问题的批判。"资产阶级使农村屈服于城市的统治。……正像它使农村从属于城市一样，它使未开化和半开化的国家从属于文明的国家，使农民的民族从属于资产阶级的民族，使东方从属于西方。"[3] 在马克思为人类所绘制的超越资本主义的未来图景中，城市是重要组成部分。马克思指出，共产主义的理想是建立自由人的联合体，"在那里，每个人的自由发展是一切人的自由发展的条件"，而"消灭城乡之间的对立，是共同体的首要条件之一"。[4] 在马克思的政治经济学中，分工是关键，而社会分工恰恰在城市里得到最充分的表现。马克思认为，城市本身就是社会分工的产物，"物质劳动和精神劳动的最大的一次分工，就是城市和乡村的分离"。[5] 分工的不同发展阶段造就了城市发展的不同状况。"古典古代的公社所有制和国家所有制"阶段，"分工已经比较发达。城乡之间的对立已经产生"，这种所有制本身就是"由于几个部落通过契约或征服联合为一个城市而产生的"。[6] 不过唯物史观的建构更侧重历史维度，是发现历史发展的规

---

[1]《马克思恩格斯选集》（第一卷），第68页。
[2]《马克思恩格斯选集》（第一卷），第114页。
[3]《马克思恩格斯选集》（第一卷），第276—277页。
[4]《马克思恩格斯选集》（第一卷），第294、104—105页。
[5]《马克思恩格斯选集》（第一卷），第104页。
[6]《马克思恩格斯选集》（第一卷），第69页。

律，空间维度的阐释只是隐性的逻辑，这是马克思没有明确提出城市理论的重要原因。

与马克思和涂尔干并称现代社会学三大奠基人的韦伯，认为人类的社会行为过于复杂，不可能用传统自然科学的方式加以研究，因此社会科学与自然科学存在本质上的差异。[1] 长期以来，特别是国内学界，对韦伯的研究主要关注其关于现代资本主义起源的命题，以及为什么东方社会未能发展出现代资本主义的解释，主要聚焦于最早出现在《新教伦理与资本主义精神》中的那些问题。而韦伯后期的研究，特别是他对于城市和近代公民权的起源，以及与资本主义发展的关系的研究，则没有得到相应的关注。

在《非正当性的支配——城市的类型学》中，韦伯首先在最宽泛的意义上对城市做了一个社会学的界定："城市是个巨大的居住密集的聚落。"[2] 接着区分述说了经济学意义上的城市、政治和行政意义上的城市以及要塞和市场合一的城市。韦伯对城市的经济学定义与马克思的看法差别不大，城市聚落在经济结构上都与乡村地区产生了明确的分化，并且城市居民能够通过当地市场，满足自身大部分的日常消费之需。但韦伯的不同之处在于他关注城市的政治维度，他认为城市的成长不可能只是依靠自然地理环境和自发的经济活动，必定需要人为地主动干预，而其中最重要的就是政治权力的作用。他所阐释的西欧城市的独特性，集中表现在政治方面。从古代到中世纪的欧洲政治权力体制，在纵向结构上一直没有形成能够趋于自我完善的中央集权制度，在中世纪表现为封君封臣制度。在这样的社会政治结构中，城市成为一种相对独立的存在。到了中世纪中后期，首先在英国，城市成为一种"法

---

[1] John K. Rhoads, *Critical Issues in Social Theory*, Pennsylvania: Penn State University Press, 1991, p. 40.
[2] 马克斯·韦伯：《非正当性的支配——城市的类型学》，康乐、简惠美译，桂林：广西师范大学出版社2005年，第1页。

人"自治实体。法人是一种依据法律创设的行使权力、承担义务的主体。城市是一种公法人,也就是在一定范围内得以行使公权力之团体。城市的法人地位是抽象的,形态也多种多样,但城市的独立和自治却是实实在在的。这种独立和自治表现在许多方面,拥有自主或专门适用的宪章,有自主的财政,一般还有自主的军事力量。更重要的是,城市居民与庄园农民不同,他们具有自由人的身份,不依附于土地,不依附于庄园主,不依附于封建制度中的各类封君,有能力承担作为市民的法定义务,行使作为市民的法定权利。从这里出发,韦伯看到了西方城市的独特性,也就是"城市共同体"和相应的"市民身份资格"或"市民权"。西方城市的特征就在于出现了一个拥有城市治权的市民团体。但并非所有历史上的城市都是城市共同体。在韦伯看来,城市共同体以及相应的市民概念只存在于西欧,世界其他地方都不曾出现。

韦伯与马克思相似,都把城市作为批评资本主义的出发点和落脚点。1904年韦伯应邀访问美国,游历了纽约等超级大都市,让他产生了强烈的困惑感,那就是资本主义给人类带来了什么。韦伯认可现代资本主义,将资本主义视作理性精神的产物;但他同时激烈地反对理性化的结果,认为资本主义的发展最终会让所有人认可和接受工具理性而放弃价值理性,财富使人们将对来世的狂热寄托放眼于现世,创造资本主义的清教精神被功利主义取代。资本主义社会的政治组织、经济组织和社会组织也向着理性化的方向演进,个人越来越困于自己的角色,表面上看来拥有了传统社会无法想象的自由选择机会,实际上却越来越像资本主义这部大机器中的一个小零件,在严密组织的官僚科层制里循规蹈矩地运转,他把资本主义对人的控制称作"为自由人装上了铁的锁链",也就是马克思所说的"异化"。

欧洲城市研究从整体上影响了美国,19世纪后期欧洲是世界学术的中心,美国的顶尖学者大多有欧洲留学的经历,他们将欧洲大学的教学科研模式和基本理论方法带回了美国。欧洲社会学家赫伯特·斯宾塞、格奥尔格·齐美尔（Georg Simmel）等人，直接影响了后来芝加哥学派（Chicago School）的社会学家如罗伯特·帕克（Robert E. Park）、乔治·米德（George H. Mead）等人。普林斯顿大学历史系教授丹尼尔·罗杰斯《大西洋的跨越：进步时代的社会政治》就以大西洋共同体为蓝图，勾勒一百多年之前两岸互为纽带，传播社会改革思想的过程。罗杰斯认为，美国之所以在进步改革时代能够与欧洲国家的社会政策取得共鸣，是因为一大批远赴德国留学的美国知识精英将欧洲的观念引入美国。他们不但将"进步"的理念带回美国，也将欧洲知识精英对城市的认识带回美国，用来分析美国城市的巨大变化。

三、美国城市社会科学的开端

美国社会学是从芝加哥大学发端的。类似于曼彻斯特之于恩格斯的意义，芝加哥被19世纪末20世纪初的美国社会科学家看作当代资本主义工业城市的典型。制造业实力雄厚，铁路网四通八达，拥有期货交易所和大型商业中心；半数以上人口来自国外，拥有美国第一批钢架混凝土结构的摩天大楼。同时这里人口密度高、犯罪率高、贫困率高，1904年韦伯访问芝加哥后写道，"像一个被剥光了皮的人，你可以看见他的肠子在蠕动"[1]。19世纪的最后几十年里，芝加哥人口与经济的急剧增长带来了大量社会问题，如恶劣的生活条件、酗酒和谋杀。芝加哥学派早期的社会学家查尔斯·亨德森指出："虽然社会学的元素可以在更小的社区进行研究……现代社会最严重的

---

[1] 转引自周晓虹：《理论的邂逅：社会学与社会心理学的路径》，北京：北京大学出版社2014年，第77页。

问题都出现在大城市,因此必须按照它们在大量人口中出现的具体形式对这些问题进行研究。在世界上没有哪个城市像芝加哥这样具有更广泛的典型社会问题。"[1] 就是在这样的环境里,芝加哥大学的社会学家以芝加哥作为城市社会研究的实验室,将社会问题的产生和特点与所在城市区域的特殊环境联系起来。他们被称作芝加哥学派,在当时指的是芝加哥大学社会学系教师共同体,不过直到20世纪50年代才得到学界认可。他们从人类生态学(Human Ecology)的角度理解城市,认为人类社会组织和动植物种群一样按照时间和空间分布,个体在城市中竞争经济和空间资源,这样的竞争既决定了城市整体的空间组织形态,也带来了城市内部空间的分化。一般认为,芝加哥学派活跃在1915—1935年间,但他们在城市社会理论研究领域对美国学术界的影响持续到了20世纪末。

一个学术流派的形成,一般包括观点相近、有所传承的研究者,共同的学术理念,相对固定的研究领域,有影响力的经典作品,以及作为支撑的机构和平台。芝加哥大学的立校目标就是引领美国的社会科学研究,在首批首席教授中就有一位社会学家阿尔比恩·斯莫尔(Albion W. Small)。斯莫尔主修神学和历史学,此后转入社会学研究,但他的主要成就并不在学术研究,而在于杰出的学术组织,他对社会学的贡献主要在于学科体系建设方面——他在芝加哥大学建立起世界上第一个社会学系,逐渐开设了内容广泛的课程,培养了大量博士生,很多人成为美国社会学的领军人物;1895年,斯莫尔创办了《美国社会学杂志》(*American Journal of Sociology*),这是世界上第一本社会学学术期刊,今天仍然是顶尖的权威期刊;斯莫尔牵头成立了美国社会学学会(American Sociological Society),后来成为美国社会学协

---

[1] Charles Richmond Henderson, "Applied Sociology (Or Social Technology)," *American Journal of Sociology*, Vol. 18, No. 2 (Sep., 1912), pp. 215–221.

会（American Sociological Association），这是美国社会学界的权威学术组织。

"一个科学共同体应该围绕着一个知识上的克里斯玛型领袖组成一个整体，拥有调查研究经验现实的一套范式。范式的核心是由共同体的奠基者、领袖提供的，但一个完全成熟的范式应当是集体智慧的结晶，由领袖与其核心跟随者共同塑造。"[1] 在芝加哥学派中，威廉·托马斯（William Thomas）、乔治·米德和罗伯特·帕克就是"知识上的卡里斯玛"。托马斯奠定了移民研究的基本理论和方法，也是当代社会学符号互动理论的先驱。托马斯在1886年毕业于田纳西大学，短暂留校任教后留学德国，主攻心理学和民族学。留学期间他接受了赫伯特·斯宾塞将人类社会视作生物体的理论。后来的芝加哥学派社会学家罗伯特·法里斯这样评价托马斯："他是一个充满力量、精力充沛、富有创新精神而且成果丰富的人，因为他不受陈规限制，追求完美。他能够超越任何学术禁锢，他对美国社会学的贡献比他在早期芝加哥大学的任何同僚都要大。"[2] 米德的贡献主要在社会心理学。他是杜威实用主义哲学的拥趸，是芝加哥大学最早的教授之一，开设社会心理学课程。米德的理论前提在于社会的建构性，即社会不是先于个体的，而是在个体的互动与适应性调节中产生的。他相信，人类个体无论心智还是体能都无法单独存在，因此只能依靠与他人的合作；当这种合作关系成为常态，人类个体和集体中那些有助于合作的因素会保存下来，成为个体的生存能力。芝加哥学派最具影响力的奠基人普遍被视作罗伯特·帕克。帕克的职业生涯颇具传奇色彩。从密歇根大学哲学系毕业后，他有11年的时间从事新闻工作，之后前往德国留学，然后返回哈佛大学读书，毕业之后投身美国南部的黑人民权活

---

[1] Edward A. Tiryakian, "Evaluating the Standard: An Introduction to Sociological Metrology," *Contemporary Sociology*, Vol. 20, No. 4 (Jul., 1991), pp. 506–510.

[2] Robert E. L. Faris, *Chicago Sociology, 1920–1932*, San Francisco: Chandler Publishing Company, 1967, p. 13.

动，年近五十才走上大学讲坛。帕克对城市的观察借鉴了自然科学，他将城市视为一个生命有机体，竞争和隔离导致了自然区域的形成，每个区域都有单独而独特的道德秩序，城市是"可以触及但是不相互渗透的小世界构成的马赛克"[1]。帕克还指导博士生围绕城市问题与城市日常生活开展了多项研究，形成了大量个案研究成果。可以说，芝加哥学派社会学的两个分支——社会心理学和城市社会学——主要是由他们搭建起框架的。

简单地说，芝加哥学派围绕一个核心主题，聚焦四个基本领域，凝练两种主要方法。

人口和城市的互动是芝加哥学派城市研究的核心主题。如同芝加哥这般快速增长的工业城市，新移民如何适应从乡村到城市、老居民如何应对熟悉环境变得陌生、城市本身如何变化，都是芝加哥学派关注的问题。

芝加哥学派第一个基本领域是新移民的适应性，对此，托马斯的五卷本巨著《身处欧美的波兰农民》做了开创性研究，该书探讨了波兰农民来到城市中的适应性问题。1809—1913年托马斯访问了欧洲许多国家，调查波兰本国和包括美国在内的其他国家波兰移民社区的情况。托马斯广泛收集来自波兰农民群体的书信、有关新闻报道数据、庭审记录、祷文、小册子等材料，以作为自己研究的资料。托马斯将自己的方法称作"实践的社会学"（practical sociology）[2]通过这些材料，托马斯描绘了经历从故国乡土生活到欧美城市生活这样重大变迁的波兰农民，在社会态度和行为上的变化。该书是芝加哥学派中经验研究与理论研究相结合的第一部代表作，引领了后来的城市社会学家。

---

[1] Robert Park, Ernest W. Burgess, and Roderick D. Mckenzie, *The City*, Chicago: The University of Chicago Press, 1925, p. 40.

[2] William I. Thomas and Florian Znaniecki, *The Polish Peasant in Europe and America*, Boston: The Gorham Press, 1918, pp. 1–8.

人口增加不但推动城市地域范围扩大，也重构了城市内部的土地使用方式，城市空间结构的变化就成了芝加哥学派的第二个基本领域，即关注不同人群和机构在城市空间中的分布。在这一问题上，欧内斯特·伯吉斯（Ernest Burgess）提出了工业城市空间的同心圆模式，这是芝加哥学派理解城市空间的核心概念，并且深刻影响了此后的城市社会科学研究。这个同心圆可以从静态和动态两个角度理解。从静态方面来看，它表示了一个城或镇的空间分布情况，描画出现代城市中空间分布的基本形式，即城市功能分区以同心圆的形式环环相扣，嵌套在一起。城市中心是繁华的中央商务区（Central Business District），交通便捷、位置优越，需求量大因而地价高，只有那些利润较高、用地紧凑的职能机构才能负担得起，发展成为城市的金融区和商业区。中央商务区周边是贫民窟、仓库、工厂、舞厅、妓院、赌场等"退化地区"，这里随时可能被中央商务区的企业买下，地价高，房东无须规整房产，是混合了商业与居住功能的过渡地带（Zone of Transition），也是城市犯罪高发的地区。再往外部的第三圈是工人阶级居住区（Working-class Residential Zone），以工厂工人和商店职员为主，一般为移民的第二代居民，他们从贫民窟中向外逃离，分化出自己的聚居区。第四圈是中产阶级居住区（Middle-class Residential Zone），这里是白领工人、职员和小商人的居住区，相对第三圈较为高档，由一些高级的公寓楼房，或是一些排外性的独户住宅组成。最外围的一圈即通勤区（Commuter Zone）在城市的边界之外，这里是郊区卫星城镇，一般距离市中心有三四十分钟的车程。从动态方面来看，城市空间总的变化趋势是每一个圈层向外扩张，通过侵入毗邻的外层区而扩大自己的范围。伯吉斯认为城市地价是一个决定性的动力因素，再加上劳动分工的影响，便自然分化形成不同的经济团块和文化团块，各个团块都占据了一定的位置，最终构成了城市的总体形式和特征。伯吉斯借用生态学中的"入侵"概念来表示城市空间不同圈层的扩展形式，最终达到"替代"或者

"继承"。城市正是在竞争和共生的作用下,呈现出由中心向外围扩散的圈层结构。芝加哥学派的同心圆模式揭示了工业城市里人类及其活动分布的社会经济规律。

城市与乡村之间存在着诸多不同,芝加哥学派的第三个基本领域是生活方式的差异,特别是后起之秀路易斯·沃思(Louis Wirth)。沃思认为,城市是一个相对而言大规模的、密集的、由社会性质不同的人长久居住的地区,由此塑造了不同于乡村的全新生活方式。按照他的观点,城市不是一个封闭的地理或物理范畴,而是一个动态、开放的文化范畴和社会关系的互动范畴,辨识它的重要标志就是城市生活方式。这种城市生活方式表现在:(1)人口的集中加剧竞争,竞争导致社会分工趋于细密,人们相互间的依赖性加强了,但对某个人的依赖性减弱了;(2)城市人际关系往往是短暂的、表面的,有时甚至是敷衍的,难以塑造以情感为基础的信任和认同,人们更多地依据理性而非情感行事,世俗性变得更强;(3)社会行为、价值观的标准化;(4)人群之间差异巨大,人们更愿意与自己相似的人比邻而居,城市里出现了各种同质性社区;(5)社会流动性高,这种流动性为城市注入活力,并给个人带来了改变命运的希望和信心。

在城市社会的剧烈变迁中,必然有人抓住机遇、改变命运,也有人丧失财富、堕入底层,后者引起了芝加哥学派的关注。在帕克等人的推动下,芝加哥大学社会学系的师生走出象牙塔,对芝加哥城的各个区域尤其是过渡区进行实地研究,撰写了许多关于移民、无家可归者、少数族裔隔都区、未成年人犯罪帮派、自杀等社会群体和现象的分析报告,这也构成了芝加哥学派的第四个基本领域。他们发现,高犯罪率的社区往往位于或紧邻重工业地带、人口快速衰减的地区、低收入人群聚集区以及外来移民和少数族裔云集的地方。因此犯罪等社会问题与人口结构变迁有关,也就是人类生态学的"入侵""支配"和"继承"等过程。当新定居者"入侵"城市中的特定地区时，该地区已建立的社会关系和自然组织就会受到严重削弱。随着初始人群的缩减，居民对传统社会关系和自然组织的认同感就下降了，社区对年轻人控制力衰退，业已存在的一些社会组织趋向分裂，随之而来的就是未成年人犯罪、帮派活动频繁等现象。伯吉斯认为，城市的快速扩张伴随着疾病、犯罪、混乱、恶习、精神病和自杀的激增，这些现象主要发生在过渡地带。就芝加哥而言，这个区域包括了犹太人居住区、唐人街以及其他移民的集中区，此外还包括住满了单身移民男性和非洲裔美国人的公寓。

芝加哥学派在研究过程中，形成了两种主要方法。其一是经验研究，也就是通过直接的、间接的观察或者经验获取知识的方式。在经验研究中，研究者通过外在观察生成经验，由此提出问题。所以问题是来自经验的，而不是来自文本。在提出问题后，通过一系列因果推断，结合观察得出的经验和事实来证实或者证伪，最终形成一种具有普遍性的解释理论。在研究者看来，经验研究不受研究者及其所在情境的限制，托马斯就认为，情境的界定尽管是主观的，但其结果却是客观的，"人们一旦被情境所限定，他们的行动也就随之确定"[1]。托马斯是芝加哥学派经验研究的先驱，包括帕克在内后来的研究者，也都是经验研究的推崇者，甚至有观点认为芝加哥学派与理论无关，只是在城市社会底层、犯罪与帮派等问题上贡献了基本的经验工作。值得注意的是，芝加哥学派的经验研究重视情境，每一项社会事实都是情境性的（situated），被其他的、情境的事实包围，并且经历了一个与过去的情境相关的过程。简单地说，如果不理解特定社会行动者在特定时间和地点的安排，就无法真正理解社会生活。[2] 芝加哥学派的经验研究并非止步于论证社会事实发生在情境之中，而是分析了事实与情境的互动。这种互动可能是

---

[1] William I. Thomas and Dorothy Swaine Thomas, *The Child in America: Behavior Problems and Programs*, New York: Alfred A. Knopf, 1928, p. 122.

[2] Andrew Abbott, "Of Time and Space: The Contemporary Relevance of the Chicago School," *Social Forces*, Vol. 75, No. 4 (Jun., 1997), pp. 1149-1182.

时间性的,也可能是空间性的。对于前者,芝加哥学派称为自然史(Natural History),强调事件的发生遵循其内在的逻辑;后者则被称作"自然区域"(Natural Areas),即"一个有感情、传统和自身历史的地点(locality)……每一个地点的生命都有它自己的某种动能"[1]。哈维·佐尔博(Harvey W. Zorbaugh)的《黄金海岸与贫民窟》(*The Gold Coast and the Slum*)是情境分析的典范。该书以芝加哥近北区为空间对象,揭示了该地区在较长的时段的经济和人口结构变化、几十年间的社区"入侵"与"继承",以及短期的居民流转等不同过程,探讨了整体上近北区与整个城市的依赖关系,也分析了该区域内部不同功能分区的相互依赖。该书是芝加哥学派经验研究的代表,佐尔博除了利用官方和教会等组织的档案外,还挨家挨户走访交谈,并重点选择了一些老居民长谈,记录典型个人的详细经历。情境的方法提醒研究者注意,了解社会事实不能只聚焦其自身演化的过程,而必须研究一个相互交织的过程的网络。

对于事实与情境之间的互动,芝加哥学派提出了人类生态学的分析方法,这是其第二种主要方法。人类生态学是一门关于人类适应时间环境、空间环境和社会环境的理论。芝加哥学派认为,城市绝不是一种与人类无关的外在物,也不只是建筑物的组合,相反,"城市是一种精神状态,是各种习俗和传统构成的整体,是这些习俗中所包含并随传统而流传的那些统一思想和感情所构成的整体。换言之,城市绝非简单的物质现象,绝非简单的人工构筑物。城市已同其居民们的各种重要活动密切地联系在一起,它是自然的产物,尤其是人类属性的产物"[2]。既然如此,人类属性如何塑造了城市空间就

---

[1] Robert E. Park, "The City: Suggestions for the Investigation of Human Behavior in the Urban Environment," in Robert E. Park, Ernest W. Burgess, and Roderick D. McKenzie, eds., *The City: With an Introduction by Morris Janowitz*, Chicago: The University of Chicago Press, 1967, p. 6.

[2] Park, "The City: Suggestions for the Investigation of Human Behavior in the Urban Environment," in Park, Burgess, and Mckenzie, eds., *The City*, p. 1.

成了帕克、伯吉斯和麦肯齐要回答的命题。在此，帕克等人提出了人类生态学的概念，他们将人类生态学定义为："研究人类在其环境的选择力、分配力和调节力的影响作用下所形成的在空间和时间上的联系的科学。"[1]人类生态学尤其注重研究区位，它在时间和空间两个维度上对人类联结方式和人类行为活动产生的影响。首先，城市与生物世界一样都具有共生现象，即独立的个体同时又相互依存。工业城市的劳动分工越精细，每个机构提供的服务越趋单一，个体之间的依赖度就越高。其次，人类与其他生物一样，在谋生逐利本能的驱使下寻求对土地的最优利用，具体到一个城市的层面上，不同人群围绕有限的城市土地展开了激烈竞争，并且随着新因素的介入，人口流动和进一步的竞争不断发生，这被芝加哥学派视作决定城市空间结构的最重要因素。通过借鉴生态学中的"竞争""适应""侵入""集中""分散""隔离""继承"等概念，芝加哥学派分析了城市空间结构的形成和变化过程，揭示了城市社区的分类、分布、发展、消亡过程，社区的内部结构和社区组织的整体状况，这个过程的结果就是城市及其周边地区的不同经济和文化群体出现了明显的差异，塑造了城市及其周边地区不同地域的不同特色。[2]

芝加哥学派最主要的成员是帕克、伯吉斯和他们指导的博士生，他们的调查研究构成了芝加哥社会学派最主要的代表作。芝加哥学派的成员走向芝加哥的各个街道和街区，运用从人类学田野调查到私人档案的文本研究等不同的方法，形成了数量惊人的案例研究，使得芝加哥成为这个国家中被研究

---

[1] R. E. 帕克、E. N. 伯吉斯、R. D. 麦肯齐：《城市社会学——芝加哥学派城市研究文集》，宋俊岭、吴建华、王登斌译，北京：华夏出版社1987年，第63页。

[2] 在帕克、伯吉斯和麦肯齐之后，人类生态学得到进一步的发展，主要形成了以沃尔特·弗雷（Walter Firey）为代表的社会文化人类生态学和以阿摩司·霍利（Amos Hawley）为代表的新正统人类生态学两个路向。前者将文化从经济中独立起来，建立起文化与生态的互动网；后者认为人类的适应过程是一种集体行动而非个人成就，研究重点从人类生态学的空间结构变迁转向了集体为适应资源而做出的组织调整。

最多的城市。一般认为，芝加哥在20世纪30年代逐渐走向衰落。不过40年代后，芝加哥学派仍然汇聚了不少美国社会学的领军人物，包括欧文·戈夫曼（Erving Goffman）、霍华德·贝克尔（Howard Becker）和莫里斯·贾诺威茨（Morris Janowitz）等，在此后的二十年里仍然续写着芝加哥学派的辉煌。

芝加哥学派是美国城市社会科学的里程碑，深刻影响了美国社会学的发展。在此之前，从未有大学建立社会学系，社会学的学科体制化不但凝聚了一批志同道合的研究者，塑造了共同的研究主题，更培养了后继者。芝加哥学派的观点长时间主导了美国的城市研究，尽管批评者和修订者不在少数，但大多是在芝加哥学派基础上的小修小补，并未跳出他们划定的范畴。[1] 更重要的是，芝加哥学派赋予社会学以经验和实践的品质，这种倾向改变了原先欧洲社会学的思辨和理论偏爱，使得社会学真正成为一门实践的科学。但这也正是芝加哥学派的弱点，重视实践使得芝加哥学派忽视了理论建设，虽然有人类生态学理论，但他们的主要工作还是集中在解释芝加哥这样的美国工业城市中出现的种种社会问题。美国社会学家柯林斯认为，芝加哥学派所代表的美国早期社会学，"十分突出地关注'社会问题'，而不是发展和验证解释性理论"[2]。芝加哥学派没有涂尔干、韦伯那样宏大的、对社会整体的省思，也没有马克思那种付诸实践的品质。在具体研究中，他们虽然以经验研究的

---

[1] 同心圆模式出现后，得到了其他学者的发展。最著名的是两种：霍默·霍伊特（Homer Hoyt）的扇形模式（Sector model）、昌西·哈里斯（Chauncy Harris）与爱德华·乌尔曼（Edward Ullman）的多核心模式（Multiple nuclei model）。霍伊特是芝加哥的地产商，在罗斯福新政期间成为全国住房经济学家。他在1939年发表了基于同心圆理论的扇形理论，认为大部分城市的扩张是基于阶层的扇形扩张，芝加哥的富人区和穷人区都在向外扩张，但它们之间泾渭分明，形成了扇形格局。多核心模式同样基于芝加哥，该模式认为，尽管一个城市可能已经有了一个中央商务区，但其他较小的中央商务区也会在城市郊区附近的更高价的住宅区发展，以缩短从城市郊区通勤的时间。这会在城市除中央商务区以外的其他部分创造节点或核心，因此称为多核心模式。

[2] Randall Collins, *Four Sociological Tradition*, Revised and Enlarged Edition, New York: Oxford University Press, 1994, p. 42.

方法采用了大量材料，但很难说得上是定量研究。有社会学家指出，"从20世纪20年代到50年代的'芝加哥传统'与实地定性研究联系在一起，是一种不那么严格的方法论，也是一种缺乏整合的理论"[1]。当"二战"前后新一代社会学家向芝加哥学派发起理论攻击的时候，他们会如此不堪一击。哈佛大学、哥伦比亚大学等重视理论色彩的社会学科系也很快超过了芝加哥学派，成为美国社会学的引领者。不过在今天，芝加哥学派轻视理论、重视实践的风格再度焕发魅力。当下的社会学沉浸在变量、历史力量和理论抽象的程序化世界中，追求抽离了时间和空间的普遍性，忽视现实社会而致力于建构风格化的社会世界，作品缺少芝加哥学派那样的情感和省思，也没有情境分析所特有的洞察力。

除了芝加哥这类大型大都市区之外，20世纪20年代的社会学家还对中小型城市中的日常生活进行了调查研究。这些工作中最著名的就是社会学家罗伯特·林德夫妇（Robert S. Lynd and Helen Merrell Lynd）在1924—1925年间对印第安纳州曼西的研究，在1929年出版《中镇：现代美国文化研究》（*Middletown: A Study in Modern American Culture*）。与芝加哥学派不同的是，林德夫妇的研究对象是社会分层，他们旨在选择一个能够代表现代美国文化的城市，通过经验研究的方法开展研究。所以在确定研究案例时，他们提出了七个标准：气候适中、有足够的增长率、具备现代工业文化、不是纯粹的工业城市、有多种类型的本地活动、规模中等、位于美国中西部。最终他们选择的是印第安纳州的曼西，这是一个3万人的小镇。通过观察，林德夫妇发现小镇居民大约有400种职业和谋生方式，包括会计师、银行职员、书店职员、电工、工程师、昆虫学家等。他们按照谋生方式将小镇居民分为两个

---

[1] Barney Glaser and Anselm Strauss, *The Discovery of Grounded Theory: Strategies for Qualitative Research*, Chicago: Aldine Transaction, 1967, p. vi.

阶级，生产阶级和经营阶级。前者以物为对象，使用物质工具来生产产品或者提供服务；后者以人为对象，销售或者推广产品和服务。同时，林德夫妇将小镇居民的日常活动分为六类，包括谋生、建立家庭、教育子女、休闲、参加宗教活动和参加社区活动。他们发现，两个阶级在以上六类活动中有很大差异，从而揭示了社区内部在政治经济利益方面的巨大冲突。

类似的对社会分层的研究还有劳埃德·沃纳（W. Lloyd Warner）主编的《扬基城》(*Yankee City*)，其研究略晚于林德夫妇，在20世纪三四十年代展开。与林德夫妇相比，沃纳和伦特没有选择阶级这个带有激进意味的概念，而是使用了身份。根据身份，扬基城被划分为上中下三个层次，然后每个层次再分成两个，上上层和下上层，以此类推。上上层是当地的名门望族，在当地已经生活了两三代的时间，形成了贵族式的家族，财富多，构成了当地上流社会的主体。下上层是新的富裕家庭，大多是社会变迁中的新兴业主。上中层主要是中等企业所有者、专业人员，他们居住在郊区。上上层、下上层和上中层构成了社区的上层，与其他三个阶层有很大差别。下中层主要由白领员工、技术工人、神职人员等构成，他们拥有住房但财产不多，住在城市里相对较好的地段。上下层是半技术或无技术的工人，他们收入有限，主要用来支付房租和购买必需品，很少有钱用来休闲娱乐。下下层包括失业者和没有固定工作的人，他们不但收入低，而且道德堕落，被普遍认为是懒惰、无能、没有上进心的人群。沃纳和伦特对扬基城社会阶层的划分，远比林德夫妇更为复杂，但他们都没有完全以财产为标准来划分，并没有把社会划分为有产者和无产者两类，阶层之间存在流动性，不是界限分明的，而是模糊的。

无论在欧洲还是美国，19世纪末20世纪初的城市社会科学有一个共同点，那就是把已经和正在逝去的社会视作一种类型，把正在或即将来临的社会作为另一种类型，也就是把过往的人类社会历史简单划分为传统社会和现代社会两种几乎对立的形态，分别对应着乡村和城市。这样的两分法和对待两者的价值倾向是研究城市社会的基本范式。所以，这一时期的城市社会科学紧盯着城市里的种种社会问题，目的在于对这些问题提供基本的解释框架。这些解释大多是经验性的，是定性的，不重视理论与方法这些形而上问题的探讨。

四、反城市主义

所谓反城市主义（Anti-urbanism），是指贬低和排斥城市这一空间载体以及人口和资源集聚在城市中所塑造的生活方式。反城市主义是美国社会思潮中一条绵延不断的线索，虽然若隐若现，但在美国社会对城市的认知和理解中，始终是最鲜明的底色之一。即便当下大部分美国人都生活在城市或者大都市区中，但对于远离城市喧嚣的宁静的乡村生活，仍抱有美好的期待。美国社会对城市的反感在殖民地时代就已经存在了。建国初期，反城市主义的主要代表人物是托马斯·杰斐逊。早在1787年，他在《弗吉尼亚纪事》中就表达了对大城市的憎恶，将其比喻为"脓疮之于健康的身体"[1]。美国社会常常将欧洲与美国对立起来，杰斐逊所代表的这种反城市情绪，与当时许多人对欧洲的反感是联系在一起的，他们认为新生的美国是健康的，而欧洲是堕落的，这种堕落体现在欧洲的城市与工业上，因此拒绝大城市、拒绝工业，主张把美国建成一个农业共和国。

美国人相信，民主是美国的立国之本，也是美国文化的核心。正是民主，让美国与腐朽的旧大陆区分开来。美国的民主扎根于社区。托克维尔在

---

[1] Thomas Jefferson, *Notes on the State of Virginia*, Boston: Wells and Lilly, 1829, p. 173.

他的观察中,尤其注意到"美国的英裔移民一开始就形成许许多多不属于任何共同体中心管辖的小社区,而且每个小社区都自行管理自己的事务,因为它们不属于任何一个理应管理它们和可以容易治理它们的中央当局"[1]。特别是在新英格兰地区,村镇自治孕育了浓厚的社区共同体意识,"人们将自己组织起来,为自己的利益、情感、义务和权利而努力奋斗。在村镇内部,享受真正的、积极的、完全民主和共和的政治生活"[2]。作为美国政治文化核心要素的人民主权原则,"在各地的人民大会中,尤其是在[村]镇的政府中,秘而不宣地发生作用"[3]。民主与社区,是美国精神的重要组成部分。恰恰是在这里,反城市主义者们表达了对城市的不满。

在反城市主义者看来,城市生活意味着社区精神的消退,最终将削弱美国的民主。在19世纪的快速城市化进程中,形形色色的移民进入城市,文化背景不同、经济地位不同、种族肤色不同的人们共同生活在城市的街区里,这是一个有别于传统村镇的陌生人社会,匿名性取代了曾经温情脉脉的亲密社会关系,疏离感取代了小社区里的凝聚力与归属感。许多美国人相信,现代城市无法构成社区,无法培育共同体意识这一美国民主的土壤。因为城市人彼此之间以及与周围环境的联系越来越少,人们虽然可能是触手可及的近邻,但相互之间知之甚少,很难谋求基于所在地的共同利益,做出集体决策和采取集体行动也就变得越来越困难,而这些都是民主治理的核心。社区共同体意识的淡化威胁着美国的民主制度,因为民主制度的运行离不开选举,而选举是以地理为单位展开的。人们在城市里选举市议员、市长等地方官员,城市也常常是州和联邦官员的选区单元,结果就是一种脱节——城市人

---

1 阿列克西·德·托克维尔:《论美国的民主》(上册),董果良译,北京:商务印书馆1989年,第462页。
2 托克维尔:《论美国的民主》(上册),第45页。
3 托克维尔:《论美国的民主》(上册),第62页。

根据知之甚少、缺乏认同感的地理环境来选举政府官员。这种对城市将伤害民主与社区的担忧，是反城市主义者的深刻关切，他们正是基于这样的关切对城市开展批评的。杰斐逊在考虑新首都选址时考察了巴黎、伦敦等欧洲国家的首都，发现这些首都都整合了强大的政治、经济和文化能量。他希望美国的首都坐落在自然地理条件不适合城市发展的地方，这样首都就只能发挥政治中心的作用，而不会成为一个人口众多、社区精神淡漠的地方。一些有影响力的文学作品，通常都对乡村特性和文化习俗进行了浪漫化处理，从而为城市生活戴上了冷漠的面纱。爱默生在游记中写道："一个人是一座城市的抗衡力，一个人的力量比一座城市的力量更强大，他的离群索居比一群人的协调一致更具有优势和益处。"[1] 尤其是在精神层面上，"乡村生活远远优越于那种矫揉造作、支离破碎的城市生活"[2]。《纯真年代》的作者伊迪丝·沃顿同样不喜欢美国城市，她指出城市的困境源于民主受到危害，因为涌入城市的移民缺少基本的教育、礼仪和行为规范。

19世纪中期以后，西进运动已经推进到太平洋沿岸，而西部的开发离不开东部资本的投入。东部财团通过投资西部的土地、基础设施建设等攫取财富，令西部居民深感疑虑以至不满。尤其是在19世纪中期的几次经济萧条期间，西部反对东部财团的抨击之声不绝于耳，认为东部资本控制了西部经济，对西部的投资实际上是一种变相的掠夺。这些财团以城市为据点，而感到被剥削的西部农场主、小商人和工匠则大多生活在小城镇或者乡村中。后者在对东部财团的批判中，往往以杰斐逊式的淳朴小农、小业主自居，相信

---

[1] Ralph Waldo Emerson, "Journal," in Edward Waldo Emerson and Waldo Emerson Forbes, eds., *Journals of Ralph Waldo Emerson*, Vol. 5, London: Constable and Company Limited, New York: Houghton Mifflin Company, 1911, p. 474.

[2] Ralph Waldo Emerson, "Nature," in Ralph Waldo Emerson, *The Complete Works of Ralph Waldo Emerson*, Vol. 3, New York: Houghton Mifflin Company, 1903, p. 171.

自己才是美国民主的根本，城市则是腐朽专制之所在。对于城市威胁民主的论调不时见诸报端。平民党领袖威廉·布赖恩就将"城市的困境"归咎于财团云集的华尔街，批评那里的腐败。在波士顿长大的亨利·亚当斯非常痛恨他的故乡波士顿，他认为城市里的"人类就像处于紧张状态的蚊蝇一样死去，波士顿突然间变得破旧、憔悴、萧条"。城市里的种种问题，更是给了反城市主义者抨击城市的有力论据。

当然，尽管反城市主义是一股绵延不绝的社会思潮，但随着城市化成为不可扭转的趋势，随着人们逐渐习惯并乐于享受城市生活的便捷之处，美国社会对待城市的态度也在悄然变化，反城市的论调在减弱，认可城市的声音在增强。早在19世纪20年代，许多美国本土和来自欧洲的记者、作家和神职人员等就已经开始以城市为主题进行写作，他们的观察并不都是批评性的，许多人意识到城市正在孕育全新的社会经济机遇，那些有胆有识之人足可利用城市里的种种机遇，实现阶级跃升。小霍雷肖·阿尔杰（Horatio Alger, Jr.）的作品就是如此，尽管研究者早就意识到小阿尔杰创作的"衣衫褴褛的迪克"（Ragged Dick）夸大了19世纪美国的社会流动性，用令人动容的故事掩盖了镀金时代的阶层分化，但往往忽视迪克生活在城市里，小阿尔杰其实是借虚构的迪克表达了自己对美国城市的积极看法。中西部和西部城市中的振兴主义者更是城市的坚定支持者。建筑师路易斯·沙利文（Louis H. Sullivan）从蓬勃发展的工业城市中寻求灵感，景观规划师弗雷德里克·劳·奥姆斯特德相信城市可以与田园结合起来。1907年威廉·詹姆斯在一封写给亨利·詹姆斯的信中写道："如果你在这儿待的时间不超过36个小时，就如我过去二十年那样，那么，纽约给你的第一印象便是嫌恶，嫌恶它的喧闹、无序和经常性的地震状况。但是这一次，当我在哈佛俱乐部的时候，我置身于旋风的中心，触摸这台机器的脉搏，跟上它的节奏，同它握手，我发现，这儿只不过是如此宏伟壮丽……与记忆中那像一个小乡村的旧纽约相比，它现在完全是一个新纽约，有全新的面貌和精神。"[1]进步主义者也是城市的支持者，进步改革的前提就是承认一个城市美国的生成，目的就是让美国社会接纳一个更好的城市世界。

无论是反城市主义的静水流深，还是支持城市论调的潜滋暗长，都说明城市在19世纪末20世纪初已经成为整个美国关注的焦点。社会福音运动领袖约书亚·斯特朗在1885年的一部书中写道："城市是美利坚文明的神经中枢，也是美国社会的风暴眼。"[2]这部书被命名为《我们国家可能的未来和当下的危机》。

拓展阅读书目

Daniel T. Rodgers, *Atlantic Crossings: Social Politics in a Progressive Age*, Cambridge, MA: Harvard University Press, 1998.

Steven Conn, *Americans Against the City: Anti-Urbanism in the Twentieth Century*, New York: Oxford University Press, 2014.

Robert E. Park, Ernest W. Burgess, and Roderick D. McKenzie, eds., *The City: With an Introduction by Morris Janowitz*, Chicago: The University of Chicago Press, 1967.

何雨：《社会学芝加哥学派：一个知识共同体的学科贡献》，北京：社会科学文献出版社2016年。

洪文迁：《纽约大都市规划百年：新城市化时期的探索与创新》，厦门：厦门大学出版社2010年。

---

1 Henry James, *The Letters of William James*, Vol. 2, Boston: The Atlantic Monthly Press, 1920, p. 264.
2 Josiah Strong, *Our Country: Its Possible Future and Its Present Crisis*, New York: Baker and Taylor, 1885, pp. 179-180.

第六讲　浮华岁月里的城市新风

20世纪20年代，也就是从第一次世界大战结束到大萧条（Great Depression）爆发的这十年，往往被人们称作爵士时代或汽车时代。这一时代以其特有的摩登女郎、地下酒馆和股市暴涨而留名历史，工厂源源不断地生产出标准化的消费商品，各类广告充斥在全国各地。保守主义主导了国家政治，激进主义似乎已从美国政治中被彻底清洗出去，又似乎在社会文化领域一展风采——新型大众文化以一种反19世纪道德规范的形式，经由收音机和电影在全国各地传播。无论南方还是北方，无论大洋沿岸还是内陆平原，所有美国人看上去穿戴着相似的衣服，他们在周末走进电影院欣赏同一部电影、迷恋着同一个具有传奇色彩的大明星。这十年里，美国社会的底色如同《了不起的盖茨比》里的盛大派对，人们沉浸在喧嚣、狂热、绚丽多彩的气氛中，因此也被称作"咆哮的二十年代"（Roaring Twenties）。20年代的美国社会看起来像一个漫长的社交聚会，但实际上，大部分美国人并未参加这场聚会，他们在为自己的生计奔波。

一、经济繁荣与城市膨胀

　　20世纪20年代是美国历史上一段独有的时光——经济发展迅速，政府与商业之间亲密合作，商业价值得到广泛的认可和分享。第一次世界大战后美国成为全球经济霸主，19世纪末已经集聚的工业实力在经历了1920—1922年短暂而剧烈的战后经济衰退之后是近十年的经济繁荣，直到1929年大萧条突然爆发。美国经济繁荣也赶上了"好时候"，此时传统欧洲大国还没有从战争的伤痛中走出来，主要国家的经济仍然处于萧条状态。不但要依靠美国资本的援助尽快重建，也需要美国商品满足本国的生产生活之用。美国企业的海外投资持续增长，美国从国际贸易的债务国变成了债权国。在这十年里，航空、化工等新兴产业蓬勃发展，食品、汽车、钢铁等传统行业采纳了亨利·福特发明的流水线生产方式，也极大提高了产量。在这十年里，企业兼并迎来的是自1890年以来发展最快的时期——仅1929年一年时间里就发生了1200起兼并事件。兼并使美国出现了一批巨型企业，如通用汽车公司、杜邦公司等。在这十年里，美国经济中最重要的发展趋势是新的职业经理人的出现，企业的创办人不再直接干涉产品价格、工人工资以及产量等具体问题，经济生产的微观领域由专业人士掌管。为了使企业雇员的工作更富有效率，职业经理人沿用并发展了弗里德里克·泰勒在"一战"前确定的生产模式。他们使用秒表计时来计算标准时间，同时还引进了退休金制度，在工厂中建立了娱乐设施、自助餐厅，为工人提供带薪休假和利润共享等计划。类似的制度有效遏制了劳工组织的活动。

　　在20世纪20年代，许多美国人的生活水平有了提高，但分配不均也在增长，这也埋下了十年后经济萧条的种子。1923—1929年间，工人的平均工资增长了21%，但企业利润却增长了66%，工人虽从财富增长中获得了利益，但极其有限，大多数美国工人家庭的收入甚至仅能维持温饱。占人口5%的富有阶层占有财富总额的三分之一，而最富有的1%人口支配着接近20%的财富。调查显示，一个普通的美国家庭需要2000—2400美元来维持基本体面的生活，但每年收入低于2000美元的家庭有1600万个。大部分家庭没有存款，据估计有40%的人口处于贫困之中，无法参与和分享正在兴旺发达的消费经济。超前消费预支了很多家庭的购买力，尤其是住房分期付款超出了很多家庭的支付能力。经济繁荣影响了工人。技术进步使得工厂不再需要那么多劳动力，20年代制造业就业总量减少了5%，这是美国首次出现制造业岗位的下降。新英格兰部分地区已在经历由去工业化引起的严重失业的问题。面临来自南部工厂低工资的竞争，这一地区的工厂纷纷倒闭，或被迫迁移到南部，利用那里的廉价劳动力。农业遭受的冲击更为严重，大多数的美国农民完全没有分享到20年代经济繁荣的成果。美国农业在内战后一度陷入萧条，直到19世纪90年代才逐渐从低谷中走出来。随着工业化的推进，欧洲国家的农业劳动力持续下降，需要从世界其他地区大量进口粮食，美国农业的国际化程度提高了。得益于农业技术的进步和交通条件的改善，美国农业的专业化水平也有所提高——大平原以小麦为主，中西部有大片的玉米田，远西部则以谷物、水果为主。农业黄金时代的出现，一方面是城市化扩大了农产品市场，城市居民不但需要糊口的基本农产品，对于经济作物和高品质农产品也有较高需求；另一方面则是"一战"期间，为满足军事要求刺激了农业的增长。但黄金时代很快就结束了。为了扩大生产，很多农场主都借贷购买土地和机械。但战争结束后，对农产品的需求减少了，价格也随之跌落。收入减少了，很多农场主还不上贷款，用来抵押的土地也就成了银行的财产。欧洲国家经济逐步复苏，农产量提高，成为美国农业在世界市场上的竞争对手。20年代，农场和农场主的数量出现了美国有史以来的第一次衰减。1921年，小麦价格下跌了40%，玉米价格下跌了32%。在20年代初的经济萧条期间，农业总收入从1000万美元下降到只有400万。很多农村人口涌入城市，1900年，40%的劳动力从事农业生产，到1930年这一数字下降到21%。早在20世纪30年代之前，美国的乡村已经置身于一场经济衰退之中了。到20年代末，这些因素与经济运行的内在问题交织在一起，终于引发了美国历史上空前的经济大危机。

1920年美国人口普查局的调查数据显示，超过50%的美国人口已经是城市人口，这意味着美国城市化初步完成，美国已经成为城市国家。经过19世纪的城市化历程，美国各区域形成了各具特色的城市格局。西海岸尤其是加州的城市承担着西部港口的功能，并通过横贯大陆铁路与中西部和东部相连；西部内陆地区和南部出产原料和农产品，将其运往中西部和东北部的制造业城市中加工成产品，再经过东海岸城市出口海外。中西部成为美国制造业的心脏地带，有综合性的大型工业城市如芝加哥，也有专业化城市如托莱多、底特律。东北部城市与中西部类似，同样是美国制造业的核心区域，只不过与中西部相比，东北部城市兴起的时间早，在第一次工业革命时期甚至更早的时代，这里就已经出现了达到一定规模的城市，凭借着濒临大海的优越地理条件以及与欧洲的密切往来，东北部城市在海外贸易中发挥着重要作用。同时，西部内陆地区和南部虽然在城市化水平上低于东西海岸和中西部，但也出现了一批规模较大的城市，并形成了本区域的核心城市和专业化城市。在西南部，塔尔萨、俄克拉何马城和休斯敦是著名的石油城；在东南部，迈阿密旅游业蓬勃发展，成为享誉全美的休闲城市和娱乐中心。南部也兴起了一些工业城市，尤其是阿巴拉契亚山两侧的城市，凭借低廉的土地价格和劳动力以及与资源的便利联系成本吸引了工业企业落户。亚拉巴马州的伯明翰成为南部钢铁制造业中心，被誉为"南方的匹兹堡"。

城市除了在水平面上扩大地域范围，在垂直面上也向高处发展，许多城市的中央商务区都建起了摩天大楼，塑造了全新的天际线。摩天大楼的建设，首先得益于技术的进步，特别是建筑物的钢制框架结构和电梯的发明。

1852年，美国人伊莱沙·奥的斯（Elisha G. Otis）改进了电梯，在世界博览会展出中大获成功。电梯解决了高层建筑的通行问题，钢制框架结构的发明，则使得建筑物突破了传统石质和砖制建筑的极限。框架结构是由梁和柱共同组成的框架来承受房屋全部荷载的结构，框架结构中的石或砖墙只是起到围护和分隔作用，除负担本身自重外，不承受其他荷载。世界上第一幢摩天大楼是1885年建于芝加哥的家庭保险大楼（Home Insurance Building），它有10层楼138英尺，约42米，1890年时增加到55米。虽然相较今天的建筑，家庭保险大楼并不高，但由于它首先采用了全新的钢制框架结构，所以被人尊为摩天大楼之父。1931年，该大楼被拆毁，成为世界建筑界的永恒记忆。此外，混凝土材料、玻璃、电弧焊接法及日光灯管等技术的问世，也推动了摩天大楼向更高高度发展，并降低了成本。凭借高大的身姿、压迫性的气度、高昂的成本和复杂的技术，摩天大楼成为各大城市竞相建造的新型建筑。一栋摩天大楼的建成，也往往意味着所在城市有了新的地标，象征着城市乃至国家旺盛的生命力和超强的经济实力，同时也隐喻现代人对财富、权力的强烈欲望。城市建造摩天大楼，往往带着几分你追我赶的竞争意识。美国大城市之间在19世纪末开展了建造摩天大楼的比赛，许多纽约建筑师否认家庭保险大楼的摩天大楼之父的身份，主张纽约的平等大厦才是真正意义上的第一座摩天大楼。直到芝加哥市政府出台建筑物限高令为止，两座城市之间的摩天大楼之争才告一段落。一些不大的城市如达拉斯、塔尔萨、孟菲斯等，也出现了高层建筑。

在美国城市网络中，纽约无疑发挥着龙头作用。19世纪末以前，所谓的纽约市实际上只是今天的曼哈顿，并不包括其他地区，今天的纽约市是在19世纪末通过与周边四个城市和县合并形成的。1895年，曼哈顿与布鲁克林、昆斯、布朗克斯和斯塔滕岛合并而为大纽约，成为全世界仅次于伦敦的大城市。制造业在纽约经济中占有很大比重，尤其是印刷、成衣制造和纺织业，是纽约制造业的三大支柱。在1860—1910年的半个世纪中,纽约制造业产值从1.59亿美元增加到15亿美元,这一增长主要是在20世纪的前十年中实现的。1900—1930年,纽约人口翻了一番,与此同时,纽约商业也迎来了发展高峰。曼哈顿聚集了美国顶尖的企业财团,巨贾云集的华尔街掌控着美国经济的命脉,分布着美国最大的银行、最重要的股票交易所,以及最昂贵的律师事务所和最受欢迎的广告公司,那里"已不仅仅是条街道,而是一个全国性的机构。华尔街对美国商界,就如同华盛顿特区对美国政界一样……影响力遍及全美各个角落"[1]。1903年梁启超来到纽约,他发现"(纽约)迨十九世纪之中叶,骤进至七十余万。至今二十世纪之初,更骤进至三百五十余万,为全世界中第二之大都会(英国伦敦第一)。以此增进速率之比例,不及十年,必驾伦敦而上之"[2]。从20世纪初到"一战"爆发,得益于工业和商业实力以及金融体系的完善,纽约迎来了新一轮经济繁荣。纽约是全球第二大城市,人口数量超过仅次于它的芝加哥、费城和圣路易斯的人口之和。[3] 工业化和人口增长推动了城市空间结构的转型更新。一方面,城市在横向上扩大地域范围。从19世纪90年代开始,纽约逐渐超出曼哈顿一地,兼并布朗克斯、布鲁克林、昆斯和斯塔滕岛,成为今日的纽约市;另一方面,城市在纵向上寻找更多空间,曼哈顿中城的摩天大楼商业区就在此时初具规模。虽然存在着各式各样的问题,但20世纪前三十年的纽约市呈现出蒸蒸日上的活力,人口迅速增加,不仅是曼哈顿,大纽约五区乃至纽约大都市区郊区地带的人口都在增加。制造业和人口向外扩散虽然在世纪之初规模有限,但却在潜滋暗长,

---

[1] Joanne Reitano, *The Restless City: A Short History of New York from Colonial Times to the Present*, New York: Routledge, 2010, p. 106.

[2] 梁启超著,李雪涛校注:《新大陆游记》,北京:社会科学文献出版社2007年,第32—33页。

[3] United State Census Bureau, "Population of the Largest 75 Cities: 1900 to 2000," https://www.census.gov/statab/hist/HS-07.pdf, 2024年8月17日查询。

预示着新的城市发展路径、人口分布模式和通勤方向。地铁沟通南北，桥梁连接东西，城市交通正在奋力赶上纽约人的步伐。睹而思之，梁氏不禁提笔写下："街上车、空中车、隧道车、马车、自驾电车、自由车，终日殷殷于顶上，砰砰于足下，辚辚于左，彭彭于右，隆隆于前，丁丁于后，神气为昏，魂胆为摇。"[1]

20世纪20年代的美国城市里，除了经济腾飞和社会生活的变化，人口结构也经历了剧烈的变迁，少数族裔尤其是南部的非洲裔大量北迁。从20世纪初起，非洲裔开始了城市化的进程，城市中的非洲裔数量不断增多。美国历史上非洲裔有两次大迁徙，其中第一次大迁徙起于第一次世界大战，战争期间及战后美国北部工业的繁荣发展，南部农业长期以来的萧条以及该地区种族主义的猖獗，是南部大批非洲裔农业人口背井离乡的最重要的动因。非洲裔向北部大迁徙往往是居家而为，通常都是家中的年轻男子首先迁移到北方，然后再将他们的妻儿老小接去。北上之路并不轻松，许多非洲裔家庭都承受着巨大的压力。1916—1929年，共有约150万非洲裔从南部农村迁徙到东北部和中西部城市，深刻地改变了美国北部城市的种族地理，被美国史学界称为"发生在美国黑人历史中继解放之后最重要的事件"[2]。

黑人大迁徙的原因，首先与他们在南部的生活状况有关。内战摧毁了法律意义上的奴隶制，在现实中的奴隶制却顽强地扎下根来，依旧残存在政治经济与社会生活的方方面面。从经济领域看，大型种植园经济保留了下来，只不过劳动力从奴隶变成了因陷入贫困而实际上被剥夺了自由选择权的廉价劳动力，其中大部分是非洲裔，租佃制成为南部农业的主导。南部租佃制主要分为分成雇农制（Sharecropping）、分成佃农制（Share Tenancy）和租金

---

[1] 梁启超：《新大陆游记》，第50页。
[2] Carole Marks, *Farewell—We're Good and Gone: The Great Black Migration*, Indianapolis: Indiana University Press, 1989, p. 1.

制（Cash Renting）三种形式。在第一种形式，分成雇农向种植园主租种一小块土地，但他没有生产资料，全部生产资料需由种植园主或其代理人提供，所得收入平均分配；在第二种形式，分成佃农拥有部分生产资料，如耕畜、农具等，他向种植园主租种一小块土地，只需向种植园主缴纳收入的四分之一或三分之一；在第三种形式，租金农自备耕畜、农具、种子等，完全独立地经营从种植园主那里租得的土地，并向后者缴纳固定地租，可以是现金也可以是实物。除了上述三类租佃农之外，南部种植园地区还间杂许多自耕农和农业工人。租佃制下的非洲裔佃农终年辛劳，但劳动所得除了交付地租和偿还债务外，几乎连维持自己的生活都不够。年复一年债台高筑，越来越多的非洲裔陷入债务罗网，被紧紧束缚在土地上，实际上成了终年服役的农奴。实际上，内战后南部种植园经济的基础从奴隶制转变为租佃制，这样的经济制度兼有资本主义雇佣制、租佃制和奴隶制残余，土地所有者和租佃者的关系类似于主仆关系。南部工人的收入也不高，1860—1900年，他们的收入几乎没有变化。从政治领域看，南部非洲裔享受不到平等的政治权利，法律规定流于一纸空文，白人以暴力相威胁，法院也不支持非洲裔的权益。内战结束后非洲裔一度表现出强烈的政治热情，数百名非洲裔进入州议会，甚至当选州长和国会议员。但很快南部各州纷纷出台法令，以种种名义——例如文化测验、人头税等——实际上剥夺了非洲裔的选举权。社会生活中的不平等比比皆是，非洲裔受教育程度低，享受不到平等的公共服务，处处遭遇排挤和歧视。可以说，非洲裔虽然获得了名义上的自由，但实际上不但没有摆脱贫困状态，而且被牢牢地束缚在不属于自己的土地上，作为低于白人的"二等公民"生活在南部社会的底层，也缺少政治机遇来谋求改变。从内战结束到20世纪初，南部非洲裔的大多数处于经济上贫困、政治上无权、公共生活中无尊严的地位，他们没有机会也没有能力离开家园、寻求未来。1860年时，非洲裔人口已达450万人，其中南部仍占90%。这一分布比例一直持续到1910年。[1]

19世纪末以来，随着美国棉花在世界市场上的竞争力下降，南部种植园经济遭遇寒冬。种植园主纷纷减少棉花产量，许多租佃制农民失去了租种土地的机会。对于南部非洲裔来说，北部尤其是北部城市意味着自由、繁荣与希望。北部城市的优越条件对非洲裔的诱惑力很大。1916年，南部非洲裔日平均工资为0.5—1美元，北部非洲裔日平均工资则为2—4美元。在芝加哥、底特律、圣路易斯和密尔沃基等大型工业城市，一个非洲裔劳工一周的工资比南部非洲裔一个月的收入还多。此外，北部城市中的教育、交通等公共服务以及休闲娱乐等丰富多样的城市生活也都吸引着南部非洲裔。他们前往北部工业城市的主要目标是寻求就业机会和新的机遇。对于他们来说，北部城市就是他们实现美国梦的地方，他们认为，在那里可能会拥有一座带院子的独立大房子，子女们能够接受更好的教育，甚至还能在股票市场上发一笔财。南部非洲裔饱受经济转型之苦，而在他们看来，没有哪座城市的经济机会比底特律更多，因此成千上万非洲裔涌入汽车城，这里很快就出现了占地广阔的隔都区（Ghetto）。他们满怀希望，以为在南部城市码头上、矿山里和仓库中的吉姆克劳制度，在这座繁荣的城市里将不再与他们为敌。非洲裔之多，让许多观察者将底特律称作"最靠北的南部城市"，或者是"美国最大的南部城市"。相比真正的南部城市，非洲裔在底特律有投票权，可以和白人一起搭乘有轨电车和公交车、在同一个公共饮水池喝水、在同一间澡堂洗澡。[2] 进入20世纪第二个十年，南北部经济环境的变化促使南部非洲裔走上了迁徙之路。在北部，"一战"期间的征兵、工业的发展以及欧洲移民的减

---

1 "Table 13," in Department of Commerce Bureau of the Census, *Negro Population 1790-1915*, Washington, D.C.: Government Printing Office, 1918, pp. 43-45.

2 Bruce Nelson, "Organized Labor and the Struggle for Black Equality in Mobile during World War II," *The Journal of American History*, Vol. 80, No. 3 (Dec.,1993), pp. 952-988.

少，带来了劳动力匮乏的压力。欧洲移民受到战争影响和20年代的限制移民法案，人数锐减。1914—1915年，来到美国的欧洲移民从120多万减少到大约30万，1918年移民数量进一步减少到11万人。战后，1921年《移民紧急限额法》和1924年《移民法》对外来移民的数量做出了严格限制。农业灾害则使南部经济深受其害，是非洲裔迁移的直接原因。1915、1916年南部连续出现病虫灾害，棉花收成受到很大影响。1915年夏，亚拉巴马和密西西比发生水灾，许多非洲裔遭受重创。

据估计，1910—1920年迁移到北方的非洲裔已有50万。1910—1920年大西洋沿岸南部各州非洲裔减少了16.19万人，南部的中东部各州减少了24.63万人，南部的中西部各州减少4.62万人，而大西洋沿岸中部各州净增17万人，北部的中东部各州净增20万人，北部的中西部各州增长了4.3万人。大多数非洲裔移民都没有一技之长，他们涌入芝加哥、纽约、圣路易斯、底特律等大城市寻找工作机会，能够适合的只有重体力劳动。1916年，福特汽车公司只有50名非洲裔劳工，到1920年人数增加到2500人，1926年达到1万人；芝加哥非洲裔的数量从1910年的4.4万人增加到1930年的23.4万人，克利夫兰非洲裔的数量则增加了8倍。

非洲裔大量北迁，满足了北部工业发展的需要，尤其是战争对国防工业的需求极大，黑人大迁徙补充了国防工业的就业岗位。非洲裔来到北部城市后，一部分开始经营商业、服务业、生活用品制造业，收入增加，非洲裔中产阶级开始出现。同时，随着经济收入的增多，非洲裔接受教育的程度也加深。许多受过教育的非洲裔进入社会后，成为教师、牧师、律师、记者和医生等，由此出现了一批非洲裔知识分子。大量南部非洲裔涌向北部城市亦带来了乡土文化、黑人文化与城市文化的融合，促进了美国文化的发展。20世纪风靡美国的爵士乐即起源于南部黑人文化与城市文化的融合。20世纪初，随着北部城市非洲裔数量的增加，作为乡土文化、黑人文化与城市文化的融合,爵士乐渐渐在北部流行。

除了非洲裔,墨西哥移民在20世纪前期也迅速增加。20年代大约有50万墨西哥人移民美国,而之前十年里来到美国的墨西哥移民总共才3.1万人。来自墨西哥的农业工人通常住在简陋的帐篷里,卫生条件十分恶劣。墨西哥人也移民到美国的一些工业城市,如底特律、圣路易斯和堪萨斯城,北方的一些公司招募他们并且付给他们交通费。

二、政治保守与城市躁动

20世纪20年代美国政治最大的变化,就是进步运动的解体。大众对于政治的热情消散了,人们不再关心政治,甚至不再关心投票,保守的政治态度不仅主导了国家政治议程,也成为美国社会的基本态度。林德夫妇在曼西的调查发现,相对于地方政治,当地居民更关心休闲活动和消费。尽管一些工人的生活变得富裕,但工人组织的成员数在最困难时期也不断下降。一些大企业主通过种种许诺来吸引工人脱离工会,同时劳工联合会的领导层在这十年间变得日益保守,他们对发起大规模运动并不感兴趣。从19世纪末开始,大企业在国家政治与经济生活中的作用越来越显著,20年代,商业和政治进一步捆绑在一起,不但影响着选举,许多商人还进入政府,决定着联邦内政外交的走向。

20世纪20年代是共和党的时代。沃伦·哈定曾经是俄亥俄州一家报社的编辑,他在芝加哥的一家旅馆里和共和党内几位大人物进行了一夜会晤之后,最终被提名为共和党总统候选人。1921年哈定就任总统,他向选民承诺,在经历了进步运动和大战之后,要使美国回归常态。哈定才能平庸,作风腐败,对政治不感兴趣。虽然正值禁酒运动,但他对烈性酒的喜好从未受到影响；白宫的衣帽间里挂满了手工定制的衬衫，袖口缝制了他的名字。内阁中既有与大企业关系密切的才干之士如赫伯特·胡佛，也不乏贪腐之徒；哈定本人就身陷丑闻指控。

哈定的继任者卡尔文·柯立芝曾担任过马萨诸塞州州长，1919年因动用州国民警卫队对罢工的波士顿警察实施镇压而扬名全国。他的个性和政治实践几乎成了20世纪20年代美国政治的隐喻。他是一个表情严肃、寡言少语的人，但却处处展现着诚实可信的作风，对于很多人来说，柯立芝身上体现了新英格兰乡村地区的价值观、朴素的宗教信仰和个人的正直廉洁，他的政府也的确没有传出任何丑闻，这与他的前任哈定形成鲜明对比。柯立芝继续实施前任的自由放任政策，甚至有过之而无不及，尽最大可能地减少联邦政府对社会经济的干预。柯立芝宣称，美国人的事业就是实业，他认为政府的主要任务就是要尽可能少地干涉商业和人民生活。甚至20年代的美国外交，很大程度上也是通过私人关系而不是政府参与来展开的。无论是道威斯计划还是杨格计划，提出者都是美国金融家。

美国社会一向反感激进分子和试图推翻美国生活方式的团体。天主教徒、摩门教徒、人民党成员、非欧洲移民乃至持不同政见者都曾被视作非美国者，并不断遭受攻击。美国共产党组织规模不大，只有不到4万人。工人参加共产党组织的也不多。但是"一战"结束后出现的罢工和抗议浪潮，让美国社会觉得共产主义似乎成了一种迫在眉睫的威胁，出现了美国历史上的第一次红色恐慌。红色恐慌指的是对布尔什维克主义和无政府主义的广泛恐惧，也包括对激进劳工运动的不满，以及由此产生的激烈反应。1919年4月28日，在一个寄往西雅图市长家里的邮包中发现了一枚炸弹；第二天，在佐治亚州一位参议员的家里，女用人在拆包裹时引爆了藏在其中的炸弹；6月发生了连环爆炸；7月又发生了几起邮寄炸弹案件，包括寄给司法部长米歇尔·帕尔默（Mitchell Palmer）的包裹在他位于华盛顿的寓所门前爆炸。随着20世纪20年代后美国政治日趋保守，对激进政治运动的反感达到了更高的层次。从1919年11月起，司法部官员在各个城市同时展开行动，共逮捕250名俄国工人工会成员，同年12月，249名外国侨民被驱逐出境。实际上，这次搜捕并没有发现多少激进分子，也是美国历史上最严重的践踏公民自由权的运动之一。红色恐慌催生了多个如美国军团（American Legion）这样的保守组织，他们强烈地捍卫美国传统价值观，在变动不居的20年代里，这样的组织也成了排外的先锋。

但在整体的保守氛围之下，美国城市却躁动不安，孕育着冲突，这样的躁动情绪主要是因为少数族裔的持续增加，尤其是大量南部非洲裔的到来。"黑人大迁徙"也将黑白种族关系的紧张与对立带出了南部，带到了北部、中西部、西部的城市之中。大量非洲裔移民的到来，不仅扩大了城市中的非洲裔社区，而且对白人劳工的就业形成了竞争的压力，也导致地方和城市政府、社区等在住房与公立教育方面制定出针对非洲裔等有色人种的种族歧视规定，歧视程度甚至相比南部有过之而无不及。随着种族歧视与种族隔离蔓延到南部以外，黑白社区的冲突在全国不同城市的频繁发生。尤其是在北部的工业城市中，越来越多非洲裔隔都区扩大，加剧了种族间的紧张关系，并时常会暴发暴力冲突。最严重的一起种族冲突发生在1919年的芝加哥，6月一个炎热的午后，一名年轻的非洲裔男子在白人的游泳区溺水而死。很多非洲裔声称该男子被白人用石头袭击，但是警察拒绝逮捕任何白人。愤怒的非洲裔袭击了警察，冲突持续了4天。年轻的白人男子开车闯入芝加哥的非洲裔聚居区，从车窗向非洲裔开枪，非洲裔进行了还击。这场冲突造成几十人死亡，数百人受伤。冲突结束后，种族之间的紧张局势并没有得到缓解。20世纪20年代早期，几乎没有几个城市能够避免种族冲突。

在种族骚乱中，第二次三K党运动应声而起。第一次三K党是1865年美国南部邦联老兵组成的种族仇恨组织，是奉行白人至上主义和基督教恐怖主义的民间组织，目标是在美国南部恢复民主党的势力，反对联邦政府在南方强制实行的改善非洲裔待遇政策，1871年被共和党政府取缔。第二次三K党运动始于1915年，一位名叫利奥·弗兰克（Leo Frank）的犹太裔工厂主管被指控杀害了一名少女，因而被处以私刑，三K党运动随之再生。到20世纪20年代中期，三K党声称已拥有300万成员，他们几乎都是美国本土出生的白人新教教徒，许多人还是社区内德高望重的体面人物。它声称美国文明遭遇到各种敌对势力的威胁，威胁不仅来自非洲裔，也来自移民（尤其是犹太人和天主教徒）和其他的力量（女权主义、工会、不道德，有时甚至也包括巨型公司在内），它们都对"个人自由"造成了威胁。与第一次不同，第二次三K党运动主要发生在城市里，尤其是西部和北部的城市，甚至一度成为印第安纳州最大的民间组织，还控制了该州的共和党。

随着城市中非洲裔数量的增加，种族隔离成为普遍现象，房产中介公然在住房租售中排斥非洲裔，非洲裔也无法从银行得到与白人相同的服务。南部各州甚至制定了根据种族和肤色的隔离法律。20世纪20年代，种族限制性契约成为城市种族隔离的一种普遍采用的手段，即禁止将房产出售、出租和转让给非洲裔的私人协议或合同条款。与公然的种族暴力和地产商、银行等机构对非洲裔的歧视不同，限制性契约是一种看起来合法的、隐蔽的手段。这类契约首先出现在"一战"期间的芝加哥，开发商在合同中规定，禁止将地产出租或出售给非洲裔，20年代后种族限制性契约被开发商广泛采用，芝加哥房地产商联合会甚至在1927年出台了一份模板。限制性契约分为两种，一种是由白人社区的地产协会主持，并由房主之间签订私人协议，规定在一定的期限内，禁止将房产出售、出租和转让给非洲裔，只要有一定比例的业主签字即可生效；另一种是地产商在新建住房的出售合同中包含的禁止未来白人户主将该地产转售、出租和转让给非洲裔的条款。在北部的大城市如芝加哥、密尔沃基、底特律等，限制性契约覆盖了城市社区相当大的部分。限制性契约不是一种偶然现象，而且得到了行业协会、联邦机构以及州和地方政府的支持。美国房地产商联合会在1909年举行的第一届全国城市规划会议上制定了一份限制性契约，禁止将地产出售或出租给"高加索人种以外的任何人"[1]。联邦住房管理局承认，"为某一种族或民族为目标而开发的地产，其任何地块上的任何住宅都不得由该种族或民族以外的人使用或占用"[2]。司法系统对于限制性契约也持有宽容态度。在面对地方的隔离立法时，司法系统往往以违反宪法第十四条修正案的平等保护原则为由加以制止，但在限制性契约中，司法系统认为，第十四条修正案的目标是限制州政府的行为，而不是私人行为，因此限制性契约并不违宪。广泛的支持使得种族限制性契约几乎成为一项制度化的歧视举措，尤其是最高法院在1926年的科里根诉巴克利案（Corrigan v. Buckley）中的判决，进一步推动了此类契约的扩展。科里根诉巴克利案发生于哥伦比亚特区，一位白人地产主巴克利试图阻止另一位白人地产主科里根将其地产卖给一位非洲裔妇女，该交易违反了该邻里所有业主所签署的一项种族限制性契约。哥伦比亚特区法院认为该契约有效，并发布了强制执行令。案件上诉到哥伦比亚特区的上诉法院，该法院维持了原判。最后，联邦最高法院做出终审判决，认为地产主可以签订限制性契约，约束自己、继承人和其他签约人，在一定的时期内不可使地产由非洲裔购买、租用或占用，并支持特区法院发布的强制执行令；对于州法院的判决是否意味着在限制性契约上的州政府行为，最高法院予以否定，因此不违反第十四条修正案。[3] 对于刚刚来到北部城市的非洲裔来说，限制性契约极大地限制了他

---

1 Andrew Wiese, *Places of Their Own: African American Suburbanization in the Twentieth Century*, Chicago: The University of Chicago Press, 2004, p. 41.

2 Harold I. Kahen, "Validity of Anti-Negro Restrictive Covenants: A Reconsideration of the Problem," *The University of Chicago Law Review*, Vol. 12, No. 2 (Feb., 1945), p. 205.

3 R. D. L., "Restraints on Alienation—Restrictive Covenants—Racial Discrimination," *Michigan Law Review*, Vol. 24, No. 6 (Jun., 1926), p. 843.

们的居住选择，只好挤进本来就已拥挤不堪的街区里。不但居住环境进一步恶化，而且抬高了租金，使得本就贫困的非洲裔家庭更加困难。

种族限制性契约的合法性，直到1948年才得到扭转。在此期间，非洲裔活动家和白人支持者从未停止从法律层面攻击限制性契约的努力。在美国，土地是私有财产，地产开发商对土地的处置受到宪法的保护，居民在自愿基础上达成的协议也有其合法地位。因此围绕限制性契约的法律战争，主要在于宪法第十四条修正案，也就是州法院在诉讼中对限制性契约的支持，算不算州政府的行为？对于这一点，最高法院在科里根诉巴克利案中予以明确否决。但在1948年的谢利诉克雷默案（Shelley v. Kraemer）中，最高法院改变了自己的态度。谢利诉克雷默案发生在圣路易斯。1911年，当地一个社区39位房主中，有30位签署了一项限制性契约，规定五十年内其房产不得由非洲裔或亚裔使用或占用。然而1945年，一位签约的白人房主将其房产出售给谢利一家，于是其他签约房主提起了诉讼，要求按照限制性契约将非洲裔逐出。密苏里州初等法院认为，该项限制性契约规定所有房主都签署，因此并没有生效，房产可以出售给非洲裔。次年，州最高法院推翻了初级法院的判决，认可契约生效。[1] 大约同一时期，还有三个类似案件在州级最高法院得到了相同的判决。这四个案件都上诉到最高法院并被接受，最高法院的谢利诉克雷默案，就是指的这四个案子。这一次，最高法院完全改变了在科里根诉巴克利案中的态度，州法院的行动属于州政府行为，应该受到宪法第十四条修正案的限制，密苏里州、密歇根州和哥伦比亚特区的法院判决剥夺了上诉人的平等保护权，因而无效。而且最高法院还特别提醒，宪法第十四条修正案的基本目标就是要确保"所有的人，无论是有色人种还是白人，在州法律

---

[1] William R. Ming, Jr., "Racial Restrictions and the Fourteenth Amendment: The Restrictive Covenant Cases," *The University of Chicago Law Review*, Vol. 16, No. 2 (Winter, 1949), p. 212.

面前地位平等，而且就有色人种而言，该修正案的保护是首要的设计目标，确保其不会因其肤色而受到法律的歧视"[1]。最高法院同时指出，种族限制性契约也违反了1866年民权法，该法规定"在美国的每个州和每个地域，所有公民都享有平等权利，如同那里的白人公民一样享有继承、购买、租用、出售、拥有和赠予地产和个人财产的权利"[2]。

不过值得注意的是，尽管非洲裔的大迁徙在"一战"前夕就开始了，20世纪20年代北部大城市的非洲裔数量已经明显增加，种族冲突时有发生，但真正的变化是从50年代起逐渐发生的。1900年之前，虽然非洲裔聚居区已经出现并且往往是城市中条件最恶劣的社区，但他们的生活状况相比同样处于社会经济底层的其他族裔，并没有显著不同。对非洲裔的歧视集中在工作场所和公共领域，居住方面的歧视并不严重，很多对于个案城市非洲裔社区的研究都发现了这样的现象。查阅20世纪初美国大城市的地图也可以发现，居住在聚居区中的非洲裔往往不到城市非洲裔总数的30%，而且这样的聚居区在空间上也不是连续的。南部城市中同样没有明显的居住隔离，甚至程度低于北部城市。可以说从内战结束到"二战"结束，尽管城市非洲裔遭遇了严重不公，但在居住方面，他们与白人和其他少数族裔并没有严格的界限。城市中有非洲裔聚居区，但非洲裔聚居区里并不只有非洲裔，也不是所有非洲裔都住在里面。即便是在居住隔离程度相对较高的印第安纳波利斯、芝加哥等城市，大多数非洲裔居住的社区里有90%左右是白人。[3] 这种低程度的居住隔离以及非洲裔数量相对较少，使得他们与白人之间保持着频繁且整体上平

---

1 William R. Ming, Jr., "Racial Restrictions and the Fourteenth Amendment: The Restrictive Covenant Cases," *The University of Chicago Law Review*, Vol. 16, No. 2 (Winter, 1949), p. 214.

2 Alfred E. Cohen, "Racial Restriction in Covenants in Deeds," *The Virginia Law Register*, Vol. 6, No. 10 (Feb., 1921), p. 740.

3 Stanley Lieberson, *A Piece of the Pie: Blacks and White Immigrants since 1880*, Berkeley: University of California Press, 1980, pp. 266-288.

稳的交流。戴维·卡兹曼发现，城市非洲裔的领袖往往是本地出生长大的非洲裔中产阶级，他们与白人精英之间也培育了较好的人际关系网。[1]

种族冲突不仅发生在白人和非洲裔之间，美国社会对待来自亚洲和欧洲的移民的敌意也越来越明显。从1875年开始，不同种类的移民被排斥在美国的大门之外，包括妓女、智力发育不全者以及那些传染病患者。20世纪20年代，要求全面限制移民的呼声已经发展成为一种无法抵抗的强大压力，连大企业主也不再反对向移民施加限额。1921年，一项临时法律将欧洲移民的人数限制在每年35.7万人，相当于第一次世界大战之前年移民人口数的三分之一。三年之后，国会永久性地将欧洲移民人数限制在每年15万人之内，这些人数将通过一系列的国籍定额来分配，这个定额对从南欧和东欧来的移民数量做了极为严格的限制。但为了满足加利福尼亚州那些大量使用墨西哥季节劳工的大农场主的要求，1924年法律对西半球的移民没有做出任何限制。

三、文化转型与城市新风

20世纪20年代美国社会的快速变化，塑造了全新的文化风格，族裔多元化、新的都市生活方式和传统价值观的崩解，让20年代看起来异彩纷呈、充满新意。中产阶级和摩登女郎享受着新文化，另一些人却对社会的变化感到震惊。整体上看，20世纪的文化新风呈现出两极的态势———一面是对19世纪传统文化的极度反叛与逃离，另一面是对新文化、异域文化的极度不宽容。两者共同构成了20年代文化转型与城市新风的底色。

---

[1] David M. Katzman, *Before the Ghetto: Black Detroit in the Nineteenth Century*, Urbana: University of Illinois Press, 1975, pp. 135-174.

基督教原教旨主义的复兴成为全国性的运动。原教旨主义者都认为圣经是信仰的来源，反对世俗主义、宗教多元论、社会福音论以及任何具有改革倾向的思想意识。他们支持禁酒运动，成功地降低了对酒精的消费、公共场合的醉酒现象以及与饮酒相关的疾病，他们将现代城市文化视为堕落的生活方式，对于天主教徒、少数族裔移民乃至科技进步都保持警惕和疑虑，顽固地捍卫19世纪带有浪漫色彩的美国乡村生活，在20世纪20年代的文化和政治中扮演了重要角色。1925年田纳西州的猴子审判案体现了原教旨主义对现代文化的仇视。案件的主人公约翰·斯科普斯（John Scops）是田纳西州一所公立中学的教师，因在课堂上讲授达尔文的进化论，违反了该州的法律，从而遭到逮捕。美国公民自由同盟为斯科普斯聘请了辩护律师，反对方是世界基督敏原教旨主义联合会。这次审判引起了媒体的广泛关注，通过无线电向全国广播。最终法庭宣判斯科普斯败诉，但田纳西州最高法院以程序不正义为由推翻了判决。此后，原教旨主义者从公共教育的战场中撤出，他们建立了自己的学校，在那里按照他们自己认为合适的方式教育学生，直到在20世纪末重新成为一股重要的政治力量。

反传统的新文化与不宽容的保守文化旗鼓相当。现代生活方式逐渐流行，不同人群的传统家庭与社会角色被彻底改变了。电力的广泛使用改变了美国人的生活方式。20世纪前二十年，电力基本取代蒸汽成为最主要的动力来源，1907年只有不到10%的美国家庭用上了电；到了1929年这一比例超过了三分之二。电力的广泛使用使许多节约劳力的机械设备走进了美国的千家万户，洗衣机和电熨斗的使用逐渐减少了妇女的洗衣时间，吸尘器、电冰箱和缝纫机的使用减轻了家务劳动。年轻人可以借助汽车摆脱父母的监护，他们开车去聚会、娱乐和恋爱，去享受现代的生活方式。中产阶级女性的生活以家庭为中心，购物是一件耗时耗力的事情。汽车普及后，女性有了更多闲暇，而且凭借汽车可以到很远的地方购物。有的女性甚至说，"我宁可不穿衣服、不吃饭，但我离不开汽车"[1]。随着生活圈子的扩大，女性有了更多与外界接触的机会，她们对性别关系的认识发生了变化，并更加注重自己的生活体验，生活的自由度大大提高了。许多妇女走出家门，她们进入职场，尝试着像男性一样获得工作的自由。虽然"没有人否定汽车给人们带来的便利，但是随着越来越多的人以汽车出行取代了家庭围坐客厅的聊天，家庭便陷入了危机"[2]。汽车也极大地拓展了美国人的活动范围，人们可以住在郊区，依靠汽车在工作地点与家之间通勤，郊区化的速度大大加快了。

美国社会是驾驶着汽车进入消费社会的。相比大部分日用产品，汽车价格高昂，尽管亨利·福特的T型车大大降低了价格，但仍然是很多家庭的一笔巨大开支。为了购买汽车，银行和商店推出了分期付款的消费方式。1919年，通用汽车成立了首家消费信贷机构，购买通用旗下的汽车可以通过这里贷款。汽车销售模式的变化，带动了通过信贷提前消费的风潮。到20世纪20年代末，汽车消费中有60%是信贷消费，据统计1919—1929年这十年间，所有消费中有15%是分期付款。[3]这样一来，美国社会在19世纪所提倡的节俭、勤奋和储蓄的品质逐渐让位于先消费后挣钱的理念。消费社会里不仅消费方式发生变化，消费的场所也有所不同。20年代占主导地位的零售业态是大型百货连锁商店，成立于1859年的太平洋和大西洋茶叶公司，到20年代已在全国各地建立了超过3000家分店。超级市场的出现被称作美国零售业的革命。超市将流水线生产方式运用到购物中，消费者可以自选商品。一些大型购物中心出现在远离市中心、靠近交通要道的地方。这里地价较低，方便建设规模庞大的商店。1923年，密苏里州堪萨斯城开发商尼克尔斯建造了乡村俱

1　Charles A. Beard and Mary R. Beard, *The Rise of American Civilization*, New York: Macmillan Company, 1964, p. 47.

2　James Flint, *The Automobile Age*, Cambridge, MA: The MIT Press, 1988, p. 161.

3　Stanley Buder, *Capitalizing on Change: A Social History of American Business*, Chapel Hill: University of North Carolina Press, 2009, p. 159.

乐部广场（Country Plaza Club），集中了100多家商铺，各类商品应有尽有。在洛杉矶，地产商罗斯选择了威尔希尔大道一段长约1.5英里的路段进行开发，在这里规划了商店、写字楼和酒店等，被称作"神奇一英里"（Miracle Mile）。

除了驾驶汽车和购物，20世纪20年代流行开来的现代生活方式还有通信的便捷。晶体管收音机在20年代逐渐进入美国人的家庭，广播成为这个十年中最重要的娱乐方式之一。美国第一家商业用广播电台出现在1920年夏天，秋天就播报了总统大选。次年，纽瓦克的一家电台通过广播解说美国职业棒球世界大赛。仅1922年，美国就涌现了超过500家电台，播放广告、体育、音乐和新闻等各类节目。1927年成立的哥伦比亚广播公司是美国第一家无线电广播网。通信技术的进步让人们的联系更加方便，也塑造了全国性的体育和演艺明星。再加上20年代繁荣的经济推动了城市休闲娱乐行业的崛起，在闲暇时间享受娱乐行业带来的新式生活方式成为美国人，尤其是城市居民日常生活的一部分。体育运动、电影和音乐活动几乎出现在每一个城市里。1923年，纽约洋基队与巨人队之间的比赛吸引了超过30万观众；1926年费城举办的重量级拳击比赛也有超过13万观众欣赏。体育成了吸引全社会关注的大事件，大型体育赛事数量增多了，越来越多的城市为了争夺赛事主办权一掷千金，或是竞相邀请知名球队的主场落户。电影也成为城市居民的娱乐方式之一。1922年，每周有4000万人到电影院看电影，到1929年，这一数字超过了1亿，洛杉矶附近的好莱坞在20年代中期成为世界电影之都。很多电影演员成为家喻户晓的明星，如卓别林、葛丽泰·嘉宝、黄柳霜等。第一部有声电影《爵士歌手》在1927年问世。20世纪初的电影曾在好几个美国城市中制作，第一次世界大战开始之前，电影制作人被吸引到洛杉矶的好莱坞地区，这里有开阔的空间，有可供户外摄影的终年不断的阳光天气以及各种不同的外景，20年代好莱坞的电影中心地位已经得到巩固。从全球电影业来看，"一战"前法国电影公司占据主导地位，到1925年，美国电影的全球发行量已经是法国的8倍，曾经执法国电影牛耳的百代公司和高蒙公司甚至放弃了自己的电影制造业，转行做起了在欧洲发行美国电影的生意，这是一笔更为赚钱的买卖。

更加反传统的是摩登女郎，她们也是20世纪20年代新文化的标志性形象。摩登女郎也称为飞来波女郎（Flappers）或轻佻女士，飞来波的意思是"刚刚会飞的小鸟"，可以追溯到菲茨杰拉德的小说《尘世乐园》（*The Side of Paradise*），1920年他开始在明尼苏达州报纸上发表有关飞来波女郎的短篇小说。被公众看作化浓妆、留短发、饮烈酒、驾驶汽车等轻视社会和性别习俗的人，是20年代浮华与享乐生活的代言人。但她们也是年轻的新一代的美国人，不满19世纪末社会对女性的限定与偏见；她们有血有肉，自力更生，不受家庭和社会的监控；她们成长在物质丰富的城市，是处于萌芽状态的大众消费社会中的一员。飞来波女郎是20年代的隐喻，这个时代的富庶与贫困、放纵与焦灼都集中在她们身上——她们将自己视作旧秩序的破坏者，但仍然是精英人士打造的潮流消费品；她们尝试着成为新规则的参与者，但仍然生活在男性权威人士对女性的界定中；她们想方设法控制自己的生活，但与传统价值观与伦理道德观的决裂，令她们很难再回归传统家庭。飞来波女郎也成了20年代许多反传统女性的效仿对象。

同样反传统的还有黑人文化，而黑人文化正是在城市中孕育的。纽约市北部的哈莱姆在19世纪中期成为富裕的白人中产阶级的居住区。铁路和哈得逊河畔的码头开发使这里逐渐成为纽约的制造业地区，富裕人群也逐渐离去。取而代之的是刚刚抵达纽约的移民，尤其是来自东南欧和意大利的犹太移民。[1] 从20世纪初开始，非洲裔数量在哈莱姆有了大幅度增加。这一方面

---

1 Jonathan Gill, *Harlem: The Four Hundred Year History from Dutch Village to Capital of Black America*, New York: Grove Press, 2014, p. 100.

是因为南部非洲裔不断向北部移民，以及哈莱姆的工业创造了许多技术含量不高的就业岗位；另一方面，也是因为非洲裔房地产商小菲利普·帕顿（Philip Anthony Payton, Jr.）在这里进行房地产开发，为非洲裔居民提供了合适的住房。[1] 20年代已经成为非洲裔聚居区，但也是一个具有活力的黑人文化社区，在20世纪初就被视作"黑人反抗运动的精神家园"[2]。这里的非洲裔知识分子与纽约主流文化圈保持着密切联系。他们的作品由白人出版社出版，百老汇有史以来第一次推出了担任重要角色的非洲裔演员。哈莱姆的戏剧影院也迅速增长，为非洲裔作家和演员提供了舞台。这场黑人文化运动被称作哈莱姆文化复兴，背后是非洲裔民族主义的觉醒。哈莱姆文艺复兴的主将们批判《汤姆叔叔的小屋》所树立的那种老实的、服从白人的黑人大叔形象，表达和宣扬一种新黑人的精神和形象。哈莱姆文艺复兴主要集中在纽约的哈莱姆，但是许多来自非洲和加勒比海殖民地的讲法语的非洲裔作家也深受影响。对于白人来说，哈莱姆塑造了一种特殊的文化。这里充满了异域风情，还有数量不清的地下酒吧，他们来到这里猎奇，享受一种冒险家的感觉，这种"到贫民窟猎奇"的活动也出现在其他美国城市的贫困社区中。

1929年股市危机宣告了20年代的繁荣画上了句号。尽管20年代留给后人富庶与浮华的印象，但财富分配不均、农业的长期低迷以及过度和超前消费削弱了20年代的经济基础，并在1929年随着股市崩盘而一并粉碎，整个国家也陷入大萧条之中。当然，这并不能否定20年代是一个繁荣的年代，尽管有许多人并未分享财富；也不能否定20年代是一个现代化的年代，新技术和新产品广泛应用到普通人的日常生活中去，新的生活方式也得以培育和传播。也许因为如此，20年代既纷繁复杂，又充满魅力。

---

1 "Negro Districts in Manhattan," *New York Times*, November 17, 1901.
2 Layhmond Robinson, "New York's Racial Unrest: Negroes' Anger Mounting," *New York Times*, August 12, 1963.

20世纪20年代似乎是所有愿望都能实现的时代，买一辆汽车，建一栋房子，开创一番事业，投资一片土地，买卖股票，发一笔财，这似乎成了人人都有的梦想，成了人人都能实现的愿望。20世纪20年代是一个充满深刻的社会对立的十年——乡村和城市的对立、老居民和新移民的对立、能够参与欣欣向荣的消费文化的人与那些不能完全分享新繁荣的人之间的对立，到1929年经济大萧条袭来，所有的对立都在惊恐中毁灭。

拓展阅读书目

Isabel Wilkerson, *The Warmth of Other Suns: The Epic Story of America's Great Migration*, New York: Vintage, 2010.

Kenneth Whyte, *Hoover: An Extraordinary Life in Extraordinary Times*, New York: Vintage, 2018.

Michael A. Lerner, *Dry Manhattan: Prohibition in New York City*, Cambridge, MA: Harvard University Press, 2008.

Scott L. Bottles, *Los Angeles and the Automobile: The Making of the Modern City*, Berkeley: University of California Press, 1987.

F. 斯科特·菲茨杰拉德：《了不起的盖茨比》，姚乃强译，北京：人民文学出版社2004年。

第七讲　大萧条与战争中的美国城市

作为现代历史上最为严重的经济危机，被大萧条改变了的不止一代美国人的命运。大萧条并非一个经济持续低迷的时段，大萧条的杀伤力也没有立刻被美国社会感知。从1929年10月底股市崩盘，到1941年美国正式加入第二次世界大战，美国经济呈现波动态势，宏观经济时好时坏。而在1929年最后两个月里，大多数美国人以为，自己只是遇上了又一次周期性的经济危机。胡佛政府依然延续着20世纪20年代的思路应对危机，直到富兰克林·罗斯福就任总统，才开始以突破传统的勇气尝试新方法。大萧条和新政重塑了城市和城市人的生活方式，城市政府也转变了与联邦的关系，这样的变化是本讲的主题。

一、大萧条袭来

几乎没有人预见1929年秋天股市的崩盘，而且即使在股市崩盘后，也没有人预料到美国经济会完全陷入失控状态。20世纪20年代的繁荣虽然是实实在在的现象，但受益者只是一小部分人。农业长期低迷，工人收入减少，财

第七讲 大萧条与战争中的美国城市

富分配日渐不公，消费者的实际购买力下降。但超前消费却是广为接受的生活方式，汽车、住房、收音机，人们用信用卡购买生活用品。1926年前后，经济问题开始显现。加州的地产投机泡沫破裂，连带银行破产，土地得不到开发。汽车和家庭日用品的销售额开始下降，由于联邦政府的高关税政策，美欧贸易受到影响，加上欧洲国家经济复苏，欧洲市场对美国产品的需求减少了。美国社会对经济前景的盲目乐观推动了股票市场虚高不下，最终在1929年暴跌。股市暴跌使得许多人一下子失去了信心，从而引发了恐慌性抛售。

在对于大萧条的分析中，赫伯特·胡佛总统似乎成了替罪羊。与后来的罗斯福新政相比，他的不干预政策被视作助长了经济危机。但实际上，胡佛的改革与罗斯福新政之间，连续性至少不输断裂性。如果回到1928年就会发现，几乎没有人比他更能代表20年代的美国政界，也几乎没有人比他更适合应对大萧条。胡佛于1874年出生在艾奥瓦州，是斯坦福大学的第一批学生，在亚洲、非洲和欧洲不同国家担任过工程师。年轻的胡佛曾经来到中国，义和团运动期间在天津为领馆修筑工事。第一次世界大战期间，胡佛成功领导了比利时救济委员会，两年内为900万战争受害者分派了约250万吨食物。美国参战后，他又受命负责国内的粮食调配。他的工作大获成功，这为他赢得了国际声誉。在当选总统之前，胡佛曾先后在哈定和柯立芝两任政府中担任商务部长。

胡佛在经济领域的基本主张是经济合作主义，就是美国政府部门与私营企业合作，鼓励和推动企业自愿调节生产和分配，从而在一定程度上实现政府干预经济的目的。这种合作主义的提出，缘于从19世纪末以来大企业与联邦政府之间越来越"不匹配"。一方面是大企业通过兼并等方式不断扩大规模，为了提高管理效能，纷纷采用科学管理方法，聘请职业经理人和应用新技术，提高了企业的生产效率和应对风险的能力；另一方面是联邦政府相对弱小，虽然20世纪初的伍德罗·威尔逊、西奥多·罗斯福在执政期间扩大了联邦政府的权力，但整体上联邦政府在社会经济事务中的作用不大，在很多问题上鞭长莫及，特别是进步主义的热情退潮后，20年代的共和党总统更没有意愿插手社会经济。经济合作主义的目的，就是通过建立大企业与联邦政府的合作关系来解决问题。胡佛希望通过各个行业的同业公会等企业组织和社团，对美国的经济和社会进行科学管理，建立一种合作与协调的社会秩序。胡佛在"一战"期间的救灾活动和20年代主导的商务部，都是践行经济合作主义的尝试。在合作中，联邦政府的职能有所扩大。在胡佛的主持下，商务部有力推动了全国范围内产品的标准化，这些产品小到螺丝螺钉，大到汽车设备。在胡佛的努力下，哈定政府在1921年召开了解决失业问题的会议，标志着联邦政府首次承认对失业问题负有责任，会议敦促州政府和地方政府以及商业组织在志愿的基础上合作以促进问题的解决。就任总统后，合作主义依然是胡佛管理国民经济的出发点。农业是胡佛尤为关注的领域，1929年4月他敦促国会通过了《农产品购销法》，设立了5亿美元的周转基金，专门用于资助农场主组建销售合作组织，确定最低销售价格。

与传统的经济自由放任主义相比，胡佛的经济合作主义是一种进步而不是倒退。1929年经济危机爆发后，胡佛加大了联邦政府的干预力度，采取了多种果断的反危机措施。胡佛政府在当年11月发起了三项举措：(1) 通过联邦储备银行降低贴现率[1]，以保证企业获得必要的投资资金；(2) 稳定工资以保护民众的购买力；(3) 扩大建筑和维修工程开支，增加就业。同时，胡佛不断约见州长和市长，督促他们推进公共工程项目——他在职期间的公共工程建设数量超过了过去三十年的总和。1932年，国会授权成立了复兴金融公

---

[1] 贴现率是一种基本货币政策，简单地说，就是商业银行向中央银行借贷时，中央银行向商业银行收取的利息。换言之，当商业银行需要调节流动性的时候，要向央行付出的成本。

司,为银行、保险公司、农场抵押公司等金融机构和铁路公司提供贷款;成立了家庭信贷公司,帮助失去抵押贷款权的房东赎回房产。但胡佛依然倾向于用他熟悉和认可的合作主义来解决危机,因此这些措施并没有强制执行,而是要靠企业的合作。胡佛拒绝联邦政府直接介入市场,反对任何形式的农产品补贴,也不同意对地方政府的公共工程予以资助。胡佛坚信,他所成立的这些新机构不是为了执行政策,而是为了促进政府与企业间的合作。他设立了很多机构,但采取的是建设性的合作行动,而不是诉诸政府强制。复兴金融公司在胡佛时代主要向金融机构提供贷款,罗斯福则允许这个机构直接向企业放贷。结果,当经济危机日益严重,企业界拒绝合作时,胡佛并没有也无力迫使它们就范。面对前所未有的经济困境,胡佛并未丧失他对经济合作主义的信仰,反而是坚定了这一信仰。

城市政府在大萧条来袭之时一度束手无策,但有些城市很快开始采取紧急措施。辛辛那提市政府在1929年底成立了委员会,负责调查大萧条对城市企业和居民的影响,研究如何开展就业培训和救济;底特律、费城等城市还为贫困家庭提供了救济金;休斯敦、丹佛等地政府则强制实施紧缩预算。由于城市政府长期以来权责有限,对大萧条的回应首先来自企业和社会组织。在费城,设立费城失业救济委员会(Philadelphia Committee for Unemployment Relief)来帮助贫困家庭;在匹兹堡,阿勒格尼县应急协会(Allegheny County Emergency Association)的公共改善工作项目负责组织大企业资助公共工程,创造就业岗位。全国社团基金会联合会(National Association of Community Chests and Councils)协同174个城市的地方组织,筹集了8300万美元来救援。

大萧条对美国经济与社会的冲击极大,尤其是发生在看起来繁荣并且人人皆可致富的20世纪20年代的末期。经济危机在刚刚爆发的一年内,看起来只是一次周期性的经济低迷,但很快就演化为现代史上最为严重的萧条。

"一战"的退伍军人来到华盛顿游行,呼吁联邦政府提前支付退役补贴,他们在城外安营扎寨,建立起被媒体称作补贴城(Bonus City)的窝棚区,向白宫示威。失业者大军也加入了老兵的队伍,在白宫、国会前的空地上搭起帐篷,称为胡佛村。城市的情况最为严重,尤其是那些人口众多的大城市。公园里住满了无家可归者,失去工作的人不得不排队领取救济粮。1930年,克利夫兰的失业者发起一场暴动,抗议者甚至打出了共产主义的旗号。

可以说,胡佛利用联邦政府的力量来规范、刺激和促进美国经济的发展,但他认为企业和地方积极主动的行为才是解决问题的关键。他虽然不是国家垄断资本主义的引路者,但也不是自由资本主义的守门人,而是一个处于过渡阶段的人物。他始终无法理解,为什么退伍军人宁可到华盛顿游行示威、讨要吃食,也不愿意回家勤勉工作、自力更生。在20世纪20年代末30年代初的转型时期,在我们习惯上所说的自由资本主义向垄断资本主义过渡的时期,胡佛身上集中体现了转型的复杂性和艰难。对于旧时代的人,胡佛站在了前列;可对于新时代的人来说,胡佛却落在了后面。

二、罗斯福新政

富兰克林·罗斯福来自纽约州一个富有的家族,先后担任过海军部助理部长和纽约州州长。在州长任内,他曾采取措施降低电价,并且是首个支持政府采取措施救济失业的州长。但他上任时并没有一套事先设计好的应对大萧条的政策方案,他的想法主要来自关系密切的知识分子,包括弗朗西斯·珀金斯(Frances Perkins)、哈罗德·伊克斯(Harold Ickes)和路易斯·布兰代斯(Louis Brandeis)等。他们大多与进步主义有所关联,认为竞争性的市场已经成为过去,大型公司需要由政府来经营和指导,而不应被拆散和分解。他们的观点在"第一次新政"期间占了上风。

第一个方面是尝试解决银行危机。银行倒闭风潮是罗斯福面临的首个危机，他就职后下令银行业停业4天，在此期间国会火速通过了《紧急银行法》，赋予总统广泛的处理金融事务的权力。在随后的几个月里，国会又陆续通过了一些补充法案，给予联邦政府更多制定规章的权力，包括《1933年银行法》，强化了联邦储备体系；还有《节俭法》，将政府行政人员的工资削减15%。

第二个方面是助推工农业复兴，这是第一次新政的核心部分。1933年通过了《全国工业复兴法》，建立了全国工业复兴管理局。该局延续了胡佛式的经济合作主义，通过与商业领袖合作来制定产业标准，对产量、价格和工作环境等进行规范。农业早在经济危机爆发前就已处于萧条状态，20世纪30年代初，中西部的农场主甚至开始谈论革命或者暴动。国会在1933—1934年间陆续通过了多项与农业相关的法案，其中最重要的是《农业调整法》。法案通过给予农场主补偿的方式，限制主要农业区的小麦、棉花、玉米、生猪等大宗农产品的产量，目的是将农产品恢复到第一次世界大战前的平均价格，以此来提高农场主的收入。该法引起了很大争议，以强迫减产的方式提高农产品价格来维持其收入，让很多人不满。特别是农业部为了控制产量甚至铲除了1000万亩棉花，宰杀了超过600万头生猪，更是让社会和学术界议论纷纷——人们不禁质问，在数百万人流离失所、缺衣少穿的时候，这样的行为不仅不合适，而且不道德。该法确实提高了某些农产品的价格，但却仅使大农场主获益，而小土地所有者和小佃农则成了牺牲品，原因在于土地所有者在削减耕种面积时通常会解雇一些雇农。

第三个方面是社会救济。1933年调查显示，将近150万美国人处于颠沛流离之中，很多失业者甚至扒火车到乡村谋生。为了避免失业贫困带来社会动荡，罗斯福成立了联邦紧急救济署，由国会拨款5亿美元，用于资助各州和城市的社会救济。不久后白宫成立了国内资源保护队（Civilian Conservation Corps），这既是保护环境的手段，也是为失业者提供救助的方法。国内资源保护队采用了与其他部门合作的方式，没有从上到下组建自己的专属机构，只是由一个委员会负责协调。保护队的人员招募由各州的失业救济部门负责，名额由劳工部确定。成员工资为每月30美元，其中25美元直接寄到其家人手中。国内资源保护队以营地为单位，每个营地有不超过200名员工，实行军事化管理，建有营房、餐厅、医院和教学楼。其主要任务是种树，也涉及多项其他工作，如森林灭火、建设露营地和公园、保护野生动物和修筑大坝等。对失业青年而言，国内资源保护队的项目为其提供了就业机会和收入来源，户外作业和军事化管理也有助于塑造健康的体魄；对地方政府来说，保护队的项目既可以缓解当地的失业压力，也可以改善其自然环境和公园设施，同时每个营地每月可为当地经济提供5000到1万美元的消费。1942年，国内资源保护队解散。1933年还成立了民政工程署（Civil Works Administration），用来解决就业问题。民政工程署对州和地方政府有很大帮助，后者利用工程署项目雇用工程师等职业人士为公共工程建设服务。但在短短的一年多时间里，这一机构就组织新建和修复了50万英里的道路、4万多所学校和大约1000座机场，雇用了5万名教师到农村支教，开展继续教育。民政工程署雇用的全部失业者中有20%来自纽约市，并且开展了约4000项工程改善纽约市的公园、街道和运动场。

第四个方面是开建公共工程。《全国工业复兴法》授权成立了公共工程管理局（Public Works Administration），由内政部负责，在全国各地开展大型公共工程。公共工程管理局资助的工程分为两个层级——在联邦层级，管理局为大型水利设施提供了大笔经费，科罗拉多河上的胡佛大坝以及田纳西河流域管理局的许多小型水库都拜其所赐；在地方层级，公共工程管理局接受州和地方政府递交的工程项目规划,进行审核并经由罗斯福批准后为其提供资金援助。公共工程管理局在美国各州均设立了分支机构,并力求平衡在各州的投资,因此管理局以各州失业人口占总人口的比重为主要依据来分配资金。从成立到1936年,公共工程管理局共为1.9万个工程项目投资;从1938年起又资助了7583个项目。1939年,罗斯福将公共工程管理局并入公共工程振兴署(Works Projects Administration)。

第一次新政期间快速通过的法案,缓解了美国社会对大萧条的悲观和恐惧情绪,美国经济在1933年底迎来了短暂复苏,股票价格有所回升,工业产量也增长了11%。但大萧条并未结束。罗斯福的反对者也在积聚力量,保守派认为罗斯福正在将国家引向社会主义方向,左翼激进派则批评他对穷人的救助不够彻底。1935年,罗斯福开始调整施政方案,将应急性的救助措施转向更深刻的改革,旨在保障所有美国人不再受失业和贫困的困扰,第二次新政开始了。

1935年成立了工程振兴署(Works Progress Administration),主要目的在于通过开展公共工程建设为失业者创造工作机会,共雇用了数百万失业人口、主要是非技术工人从事建设工作,日平均工资男性劳工为5美元,女性为3美元。与上述其他机构不同的是,工程振兴署也资助文化教育事业——雇用女性劳工从事教育工作,在农村地区的学校中充任教师或在城市教授家政学;有专门的作家计划、戏剧计划等扶持文化事业活动,尤以联邦作家计划(Federal Writers' Project)最为著名,聘请人文学者为州、市撰写概览,介绍其历史和文化。1935—1943年,工程振兴署共创造了超过800万个工作机会。1939年,工程振兴署更名为公共工程振兴署,重心转向国防工程建设,1943年撤销。

1935年还通过了《国家劳资关系法》,也就是《瓦格纳法》,该法明确了劳工具有集体谈判权和组织工会的权力，并成立了劳资关系委员会。该法没有硬性规定工人必须加入工会，但它使联邦政府成为劳资关系的协调者，至少是一股中立势力存在。

1935年通过的《社会保障法》影响更为深远。自从进步主义时代以来，一批社会工作者和革新人士就致力于建设国家层面的医保制度、老年人养老金以及失业保险制度。但直到20世纪30年代，美国依然是几个主要工业国中唯一缺乏此类制度的国家。经过几番妥协和博弈，《社会保障法》建立了针对老年人、儿童、失业者和残疾人的全国性救助体系，但放弃了全国性的医保体系。该法的思想并不完全是原创的，而是吸收了进步主义者的许多主张，最终的结果是构建了一个联邦、州与地方交叉的社会保障体制。虽然救济是全国性的规定，但具体操作却是由州政府和地方政府掌控，州政府负责划定救济资金的分配等级。因此哪些人得到多少额度的资助，在各州并不一致。《社会保障法》开启了美国式的福利社会，与当时欧洲的类似制度相比，它是一种极度分权式的制度，牵涉到两级政府的公共支出，而且覆盖的公民人数相对较少。《社会保障法》代表了联邦政府在功能上与传统做法的一次的巨大分离，此后，美国联邦政府将以提供经济保障为名，不仅监管临时的救助，而且也将监管永久性的社会保障体制。由此，联邦政府承担了一项责任，即保证所有美国人拥有一份生计工资，保护他们在遭遇经济和个人不幸时能得到救助，自此联邦政府从未彻底放弃过这项责任。

除了上述改革，罗斯福在第二次新政期间还对大企业加强了控制，限制公共事业领域的巨型企业；在农业方面，成立了农村电气化管理局，资助偏僻农村地区的电力工程。在1936年大选中，罗斯福连任美国总统，但随着战争威胁的临近和反对新政力量的强大，改革步伐逐渐停顿。1937—1938年间被有些学者称作"第三次新政"，通过了新的《农业调整法》，直接从国库拨款补给农户。城市住房改革也是第三次新政的重要内容。

三、住房改革

联邦政府的住房改革不限于新政期间。进步运动时期，住房是改革者着力的领域，提出了许多方案。但进步运动主要发生在州和地方政府层面，联邦政府首次参与住房改革试验是在"一战"期间。长期以来城市住房的短缺在战争期间更为严峻，一项对178个城市的调查报告显示，房租在1914年7月至1924年6月间上涨了85%。[1] 尤其是美国参加大战后，国防工业开足马力生产，但国防工业工人同样面临住房短缺的情况。1917年，国会讨论如何解决国防工业工人的住房问题，启动了两项计划：即紧急舰队公司住房项目和美国住房公司住房项目。到大战结束时，两个项目共完成55个住房工程，可满足约5万人的居住需求。这些住房的设计和建筑质量相对较高，接近住房市场上的中产阶级住房。

20世纪20年代，经济繁荣和超前信贷消费刺激了房地产行业和建筑业的膨胀，但普通家庭的住房条件并没有得到显著改善。大萧条首先重创了金融市场，资本密集型的房地产业很快被波及，新房建设量由1929年的100万套下降到1930年的9万套，到1933年也未能超过10万套。[2]

第三次新政期间，国会在1937年通过了《美国住房法》，该法规定：成立美国住房署，专门负责低收入阶层的住房问题；明确联邦、州与地方在公共住房计划上的资助额度、分工与管理权限；规定公共住房计划的建设成本、选址、设计等；规定公共住房租户入住资格、收入限制等。这些住房由政府出资建造和管理，向低于一定收入水平的居民出租，租金低于市场价

---

[1] Roy Lubove, *Community Planning in the 1920's: The Contribution of the Regional Planning Association of America*, Pittsburgh: University of Pittsburgh Press, 1963, p. 19.

[2] Jon C. Teaford, *The 20th-Century American City: Problem, Promise and Reality*, Baltimore: The Johns Hopkins University Press, 1986, p. 75.

格,这样的住房被称作公共住房。与社会保障体系一样,《美国住房法》构建的公共住房体系是一个联邦政府、州政府与地方政府交叉的网络,联邦政府的职责主要是提供资助,公共住房工程的建设与管理则由州政府和地方政府负责,同时也要提供一定的资金和免税支持。公共住房针对的是低收入群体,其收入不超过租金的5倍。1937年《美国住房法》通过后,全美许多州政府和城市政府迅速响应联邦政策,地方公共住房管理局如雨后春笋般建立。1937年时美国仅有46个地方公共住房管理局,但一年后就增加到214个,到1941年更增加到622个。"二战"爆发初期,全美前30个大城市中有25个向住房署提出住房资金申请。自1939年开始,国会开始拒绝延长公共住房计划的提议。"二战"爆发后,美国民众注意力迅速转向战争,公共住房建设开始让位于战时住房建设。在美国参战之前,国会于1940年6月通过决议对1937年《美国住房法》做出修改,10月又通过了《拉纳姆法》。《拉纳姆法》授权联邦拨款1.5亿美元为军事工业中心建造住房。同时,战前的新政公共住房计划都必须被重新评估,观其能否转入国防计划。公共住房在其启动的初期就出现了一系列问题。首先,住房设计风格过于单调一致,普遍是方正的红砖房,楼层高,占地面积小,社区配有花园,这样的风格被城市规划专家们认为不够人性化,而且与城市整体风格不匹配。其次,公共住房所需资金巨大,在大萧条和战争期间,国会难以提供充足的经费支持。再次,公共住房是运用公共资源支持的、仅面向社会部分人群的住房计划,这样的工程极易引起争议。

需要注意的是,"一战"期间联邦政府建设公共住房和新政的公共住房政策,两者存在着本质的差别。前者明显服务于战争需求,因此只是为国防工业工人提供住房,并且由紧急舰队公司负责相当一部分,随着战争的结束这项住房项目也就结束了。公共住房并非以行业为界限而是面向低收入人群,也不是战争或紧急情况下的应急举措。

除了公共住房，联邦政府在激活住房市场、激励中产阶级买房等方面也有所举措，主要体现在新设的两个机构上。第一次新政期间，联邦政府成立了房主贷款公司（Home Owners Loan Corporation），那些在银行借了住房抵押贷款的房东，当房产即将被银行收回时可以申请获得房主贷款公司的帮助，由贷款公司归还银行贷款，再以长期低息贷款的形式发放给房东。也就是房东从银行的债务人，变成了房主贷款公司的债务人。相比之下，贷款公司的利息更低，还款时间也更长，同时房产也不会被银行收走。但房主贷款公司很快发现自己遇到了新问题——在有些地区，房主贷款公司帮助房东还上了银行贷款，但房东却还不上公司的贷款。为了确保贷款的安全性，房主贷款公司开始在全国范围内调查要发放贷款的住房及其所在社区的情况，主要是社区居民的收入状况、职业和社会地位。房主贷款公司对全国239个大中城市不动产投资的安全程度进行了调查。评估师精心设计了调查问卷，涉及居民的职业、收入和种族，以及住宅的房龄、建筑类型、价格范围、出售要求和整体维修状况。评估结果分为四等，在地图上将社区用不同的颜色标出，其中红色部分安全性最低，即不建议发放贷款的社区，主要是非洲裔聚居区；最高级为绿色，多半为新建小区，居民同质化高，几乎是清一色的白人，工作体面、收入高；中间两等为蓝色和黄色。这是一套较为完善的评估体系，但却令人意外地变成了种族居住隔离的催化剂，这与罗斯福成立的另一个机构有关。1934年罗斯福政府成立了联邦住房管理局，接过并拓展了房主贷款公司的职责，既可以为借贷者提供25—30年的低息住房抵押贷款，也可以为借贷者向银行借款买房提供担保。管理局的住房贷款利息低，但只面向收入不高的人群；提供担保则意味着，当银行向购房者发放抵押贷款时，由联邦住房管理局为这笔贷款提供担保，购房者只需承担较低的风险，一旦发生违约，管理局承担损失，不过购房者要向管理局支付担保服务的费用。联邦住房管理局在发放贷款和提供担保时也参考了贷款公司的评估图，并且进一步完善：一方面，制定了通用的《承保指南》，社区的种族构成是贷款和担保的重要指标；另一方面，管理局编辑了详细的报告和地图，标出了城市里今后非洲裔家庭最有可能迁入的区位。评估图虽然是联邦机构的内部材料，但不可能不被银行等金融机构获知，它们也以其为参考决定是否发放贷款。从贷款安全性的角度来看，评估图无可厚非，但在实际执行中却等同于联邦政府以种族为标尺，在全国范围内对城市社区进行了等级划分，这就是住房领域中的红线政策（Redlining）。在红线政策之下，联邦住房管理局的担保和贷款绝大部分流向了郊区的白人社区，而"黑人"等少数族裔居民难以得到帮助成为房东。不仅是住房，其他以贷款方式提供的经费，无论用于城市再开发还是企业资助，都受到红线政策的影响。1935—1939年间，圣路易斯大都市区内有241个住房得到了管理局的担保，其中91%位于郊区。肯尼斯·杰克逊指出："房主贷款公司和联邦住房管理署更像为郊区而非市区服务的机构。"[1]

为消费者提供抵押贷款担保，以及为低收入群体提供公共住房，这是新政以后联邦政府在住房领域的主要措施。通过长期抵押贷款成为美国消费者购买房产的主要手段，在联邦住房管理局的支持下，美国从一个以租客为主的国家，变成了一个以房东为主的国家。

新镇（New Town）建设是新政的又一个尝试，既是以公共工程的方式创造就业岗位，也是疏解大城市人口和功能的方法。与自然生长的城市不同，新镇是经过规划的、几乎完全由联邦政府一手选址、投资、建造和管理的城市，先是由农业部负责，继而转归再安置署。对于新镇，联邦政府提出了这样的目标：获取一大片土地，土地及其上的房屋的所有权由联邦政府转交给一个公司，房屋出租但不能出售；设计土地使用规划，使得新镇的经济

---

[1] Jackson, *Crabgrass Frontier*, p. 215.

活动与其周边地区的经济体系相匹配；在这里建设中等收入社区，周围环绕绿带，租金与税收与居民收入相衬；成立一个市政府，提供与相邻地区相似的公共服务。[1]

1935年，罗斯福总统批准了8个新镇建设计划，总需投入6800万美元，但国会实际划拨资金只有3100万美元，所以这一计划被减少到5个城市，随后又有2个城市被否决。因此最终建成的只有马里兰州的格林贝尔特（Greenbelt）、威斯康星州的格林代尔（Greendale）以及俄亥俄州的格林希尔斯（Greenhills）三个新镇。其中格林贝尔特占地2100英亩，建成独栋住房、高层公寓和多户住房共885套，城市中心是商业、市政和娱乐设施。格林贝尔特建成之后，共收到了5000多份居住申请，最终入住的居民全都是白人，从收入看是中等收入群体中较低的部分，工作主要在本地解决。其他两个新镇与之类似。新镇几乎完全由联邦政府负责，将市场机制排斥在外，这引来了很多争议，甚至有媒体称其为美国的共产主义城镇。新镇理念并不是美国的原创，而是来自英国规划家埃比尼泽·霍华德（Ebenezer Howard）的田园城市。当时的英国城市也面临着人口拥挤、环境恶化等问题，霍华德畅想将城市与乡村、社会与自然相融合的新型城市图景。理想中的田园城市是在6000英亩的土地上安置3.2万居民，大体上呈同心圆形，设有开放空间、公园和6条37米宽的林荫大道。田园城市均匀地分布在大城市周边，以田园风光式的景观疏解大城市的人口和功能。田园城市理念在20世纪初来到北美和澳洲等地，在落地实践的同时也启发了当地规划理念的变迁，欧美规划界相继提出了光辉城市、《雅典宪章》等规划原则。

新镇是罗斯福新政这一特殊时期的产物，一种城乡交融、工作与生活相

---

[1] Joseph L. Arnold, *The New Deal in the Suburbs: A History of the Greenbelt Town Program, 1935−1954*, Columbus: Ohio State University Press, 1971, pp. 84−85.

结合的规划理想，在联邦政府的强力推动下短暂地成为现实。但是在财政压力和反对者的争议之中，这三个新镇都由联邦政府出售给地产开发公司，成为企业的房产项目。当时的媒体与规划界，对于新镇的评价褒贬不一。今天，当人们驾车穿行在295号国家公路上的时候，在华盛顿特区附近可以看到一块纪念碑，上面写着："这里是美国政府在富兰克林·罗斯福政府期间所建设的三座田园城市之首。它是新政社区规划的实验，为全世界的城市规划师所关注。一些后建的社区已成为这座城市的一部分，最初规划好的社区是另一部分。"

地方层面的住房改革也在展开。与其他大城市相比，纽约市的公共住房政策不但先于全国，而且数量多、投入大。早在1934年，纽约市就成立了住房管理局（New York City Housing Authority）负责公共住房的建设和管理。在1937年《美国住房法》出台前，纽约市已建造2330套公共住房，到1941年美国正式参加"二战"前夕，又有10648套公共住房完工。这一数字不仅远远超出同期其他美国城市，而且也大大超过纽约市住房管理局在同期建造和翻新的其他类型住房。大萧条和"二战"期间，纽约市主要利用联邦拨款推进贫民窟清理和建造公共住房，1936年完工的第一住宅（First House）是首个项目。其规划方案一经公布便得到多方肯定，下东区多个老旧街区的居民甚至主动要求住房管理局在这里开发新的公共住房项目。该项目将新建与旧法租屋的改造相结合，按照每三幢住房拆除一幢的标准在原有的高密度街区中形成了大片空地，作为居民活动的开放空间。1944年纽约市住房管理局进一步宣布将在战争结束三年内解决3.6万个低收入家庭的住房问题，为此向联邦政府提出了建设16个公共住房社区的方案，经费总额高达2.6亿美元。20世纪上半期，纽约在改善贫民窟、为中低收入群体建造可负担住房方面最具代表性的活动是兴建斯泰弗森特城（Stuyvesant Town）。

斯泰弗森特城位于下东区，所在地区人口密度高，有大约3100个家庭，

500个商店和小型工厂，以及一个大型燃气储运站，占地18个街区。1943年2月，纽约市政府与大都会人寿保险公司签署合作开发协议，大都会人寿承诺将最大限度地出资购买土地，无法购买的土地由市政府使用征地权征得后转售给公司；斯泰弗森特城项目范围内的街道的土地由市政府赠予大都会人寿，而项目建成后的街道则由公司赠予市政府；市政府对项目的税收，按照开发前的市场价格征收，并保持二十五年不变；市政府出资在斯泰弗森特城附近建设一所新的学校，以取代被拆除的旧学校；在项目投入使用后的前五年间，月租金固定在每个房间14美元。《纽约时报》刊发评论称："如果有人相信私人企业将在城市再开发这盘大棋中出局，而且未来属于政府，那么斯泰弗森特城标志的大型保险公司进入该领域就具有突出的重要性了。"[1] 1946年6月大都会人寿首次张贴房屋出租广告后，第二天就收到325封求租信，一天之后又收到大约7000封。前来参观住房的人络绎不绝，大都会人寿甚至不得不雇用保安，全天执勤维护秩序。斯泰弗森特城既不是公共住房，也不是给低收入者建设的住房，而是面向中产阶级的住房项目，目的是将中产阶级留在城市，同时也是清理贫民窟、改善城市衰败社区的尝试。斯泰弗森特城也是政府与企业合作进行城市再开发的尝试，这种合作模式使得政府在成本低、利润低的情况下撬动私人资本投入城市改造，政府将一定权益让渡给私人资本，这使得私人资本在城市公共政策制定中所扮演的角色前所未有地放大。

作为纽约市中心的大型住房项目，斯泰弗森特城给纽约人带来的是惊喜和争议，吸引了整个美国的瞩目。尽管从建筑风格、租户规定和开发模式引发了不同利益集团的激烈争论，并多次走上法庭，但并没有任何一方质疑斯泰弗森特城的必要性，各方争议的焦点在于其方式和形态。这一规模巨大

---

[1] "Topic of Times," *New York Times*, June 5, 1943.

的贫民窟清理和重建项目让城市问题专家、住房改革者、政府官员和私人资本意识到了公私合作进行城市再开发的能量和意义，也意识到了再开发带来的利与弊。实际上，如果把斯泰弗森特城放在美国历史的坐标中考察可以发现，如果向前追溯，斯泰弗森特城是美国政府以政策性优惠来刺激私人资本投入公共事业的一个环节和延伸，在此之前，联邦政府先后有联邦住房管理局、房主贷款公司等机构支持银行业为购房者提供贷款，虽然解决了很多美国人的住房需求，但也带来了城市横向增长的弊端。如同这些政策一样，为吸引大都会人寿保险公司投资清理和重建贫民窟，公共利益做出让步恐怕也是不得已之举，如果说放松监管和税收减免只是纽约市的损失，那么容忍种族歧视和风格单调的高层超级街区就是整个美国为其支付的社会成本。私人资本的逐利冲动最终塑造了斯泰弗森特城的外在风格面貌和内在社会结构。如果向后延伸，斯泰弗森特城与1949年之后席卷美国各大城市的城市更新运动有诸多相似之处，可谓一脉相承。两者都是以公私合作的方式实施城市再开发，其目标也都是清理和重建贫民窟。因此透过斯泰弗森特城这一案例，或许可以看出美国城市再开发的些许共性与特点。一方面，斯泰弗森特城式的城市再开发改变了贫民窟所在地区的街区面貌，更新了城市形象，为中产阶级及富有居民提供了舒适体面的住房；但另一方面，种族歧视和贫民窟居民的再安置困境等不公平性也在相当程度保留了下来，为战后的城市更新所继承。

四、联邦与城市关系的变化

美国宪法并没有特别提到城市，建立城市政府的宪章是由州政府颁发的。城市受到州政府控制，很少与联邦政府发生直接联系。长期以来，城市被视作州的创造物，州议会对除财产以外的其他地方事务拥有绝对处置权，包括城市的创建和裁撤。1868年的狄龙规则进一步强化了州对城市的控制，1907年最高法院认为州政府在对城市事务进行管理时可以置当地居民的抗议于不顾。弗兰克·古德诺（Frank Goodnow）在1904年出版的《美国城市政府》被广泛用于政治学教科书，他在书中提醒大众，城市与联邦政府毫无关系。[1]

大萧条爆发之时，美国城市化比例早已超过50%，大部分人口生活在城市中，联邦政府必须考虑城市的需求，大城市的市长也积极寻求联邦政府的援助，共同挽救城市经济。由于州议会中来自乡村地区的议员往往多于城市地区的议员，因此州政府更重视乡村地区的利益。为了与联邦政府更好地开展合作，1932年6月初，底特律市长弗兰克·墨菲（Frank Murphy）发起市长会议，84个人口超过10万的城市的市长参加。这次会议成立了美国市长大会（U.S. Conference of Mayors），成为市长合作的平台。会议结束后，墨菲等7位市长前往华盛顿，游说联邦政府给予援助。市长得到了国会的支持，但国会通过的援助法案却被胡佛总统否决。但他们的努力没有白费，在市长的劝说下，复兴金融公司同意直接援助城市，仅底特律就在半年左右时间里得到了金融公司的五笔贷款。历史学家西德尼·法恩这样写道："不足为奇，在经历了这个事件之后像墨菲这样的市长在寻求处理市政问题的帮助时，将更多的目光投向了华盛顿而不是他们的州政府。"[2] 到1937年，超过80个城市成立了专门机构，负责与联邦相关机构对接。[3] 历史学家马克·盖尔芬德在《一

---

1 Frank Goodnow, *City Government in the United States*, New York: Century Company, 1904, p. 69.
2 Sidney Fine, *Frank Murphy: The Detroit Years*, Ann Arbor: The University of Michigan Press, 1975, p. 370.
3 Mabel L. Walker, *Urban Blight and Slums: Economic and Legal Factors in Their Origin, Reclamation and Prevention*, Cambridge, UK: Cambridge University Press, 1938, pp. 328-330.

个城市国家：1933—1965年的联邦政府和美国城市》一书中这样写道，市政官员将目光放在国家政府上的决定成为美国城市历史中的一个转折点。[1]城市中出现了积极与联邦政府合作的新一代政治领导人。他们中的第一个是菲奥罗拉·拉瓜迪亚（Fiorello La Guardia），在1934—1945年间担任纽约市长。尽管是共和党人，但拉瓜迪亚是新政对城市经济干预的坚定支持者。此外还有密尔沃基市长丹尼尔·豪、芝加哥市长爱德华·凯利等。

在拉瓜迪亚的努力下，纽约市成为新政期间最为积极拓展同联邦政府合作关系的城市。拉瓜迪亚是意大利移民的后裔，1882年生于纽约格林威治村。当选市长前，拉瓜迪亚曾在国务院工作，被派驻意大利及克罗地亚，两度当选国会议员，积累了丰富的人脉和从政经验。虽然是共和党人，但他是罗斯福的支持者，协助成立了民政工程署。墨菲等人到访华盛顿时，拉瓜迪亚还是国会议员，正是在他的努力下，国会通过了援助大城市的方案。他上任后与联邦政府合作，在纽约发起了多项公共工程，涵盖休闲公园、住房、机场和公路桥梁等多个方面，把纽约变成新政援助城市和公共工程的典范。历史学家罗纳德·巴尔认为拉瓜迪亚"不仅是新政在国会和市政厅中最早的支持者，而且还是新政在各个城市中最主要的倡导者"[2]。根据纽约市1942年的统计，公共工程管理局针对纽约市的专项拨款高达人均58美元，相比之下，费城只有18美元，底特律为19美元，而全国平均值为人均33美元[3]；公共工程振兴署为纽约创造了超过25万个就业岗位[4]。

---

1 Markz Gelfand, *A Nation of Cities: The Federal Government and Urban America, 1933-1965*, New York: Oxford University Press, 1975, pp. 66-67.

2 Ronald H. Bayor, *Fiorello La Guardia: Ethnicity and Reform*, Arlington Heights: Harlan Davidson, 1994, p. 127.

3 Mason B. Williams, *City of Ambition: FDR, La Guardia, and the Making of Modern New York*, New York: W. W. Norton and Company, 2013, pp. 184-185.

4 Francois Weil, *A History of New York*, New York: Columbia University Press, 2004, p. 221.

与地方政府在城市更新中影响力趋强的态势相反,州政府的影响力和话语权却在下降。19世纪,州政府在二元政府体系中居于主导地位。在19世纪美国的政治文化中,州政府因其与联邦政府相比更贴近公民而更受重视,托马斯·杰斐逊甚至设想将美国划分为5—6平方英里的小行政区,自行决定其重大事务。宪法中对联邦权力的规定相当严格,除列举的几项特定权力之外,其他权力都归州政府所有。虽然由于社会经济的发展、全国性统一市场的延伸以及交通网络的扩张,许多跨越州界和州际事务需要联邦政府的协调和管理,但州政府仍然处于决策的中心,这也被美国政治学家丹尼尔·伊莱扎称为"无中心的联邦体系"(Noncentralization Federal System),即作为全国性政府的联邦政府并非居于政府体系的中心位置,也不具备中心功能。[1]而且州政府的功能也有所扩张,不但基础设施建设、教育、原住民事务等传统领域,而且外交、国防、货币政策等方面也活跃着州政府的身影。与此同时,在涉及城市事务时,也是州政府而非联邦走在前列。然而随着联邦政府与城市的关系日益紧密,州政府在政府间关系中的主导地位被弱化了。新政期间联邦直接向城市提供经费和就业机会,市长通过美国市长大会等机构与白宫建立了沟通渠道。从城市与州的角度来看,19世纪后期越来越多的城市发起自治运动并成功获得自治宪章,进入20世纪以后,州政府完全不能再遵照狄龙规则来全面监管城市,城市自我管理的权限变大了,这也在客观上削弱了州在政府间关系中的影响力。在共和党执掌白宫的50年代,州政府的作用一度有所增强,白宫和国会发起了多个委员会调查和分析政府间关系,并着手调整联邦、州与城市间的关系,并于1959年成立了跨党派的政府间关系咨询委员会(Advisory Commission on Intergovernmental Relations)。然而州

---

[1] Daniel J. Elazar, "The Shaping of Intergovernmental Relations in the Twentieth Century," *The Annuals of the American Academy of Political and Social Science*, Vol. 395, No. 1 (May, 1965), pp. 10–22.

政府影响力的回潮只有短短数年，从1961年民主党重回白宫开始，州政府的地位再度减弱，联邦对地方事务的干预不仅随着城市更新运动向社区层面下沉，而且许多大都市区事务也由联邦政府直接处理。这一趋势一直持续到70年代初，州政府不但不再居于主导，反而受到联邦政府的极大压制。

对于联邦与城市在新政期间形成的新型关系，美国学术界进行了许多研究。多数学者相信大萧条期间的城市从中受益良多，得以减缓困境甚至走出危机。菲利普·法尼吉尔洛认为，这种新型关系始于大萧条的巨大冲击，虽然联邦政府缺乏连贯的城市政策，但城市从中获益匪浅。肯尼斯·杰克逊认为，这种关系深刻影响和塑造了当代的美国大都市区。罗杰·洛钦探讨了"二战"期间联邦国防开支与城市的关系，认为军事工业对城市经济复苏发挥了巨大作用。乔丹·施瓦茨认为，这种新型关系有力地推动了西南部和远西部的经济发展。[1] 国内学者也意识到了这种联邦和城市新型关系的重要性，肯定了大萧条期间联邦资助对城市复苏的正面意义。但是，这种新型关系也冲击了城市的原有地位和地方自治传统，使联邦政府的权力深入城市政治层面上。尽管城市需要联邦政府的救济和帮助，但这并不意味着地方自治的消失，更不能证明城市心甘情愿地接受联邦政府的控制。丹佛市长在1932年呼吁各大城市自行应对危机，不请求联邦政府援助。里士满市长在密尔沃基的会议上建议城市以自己的财政收入渡过萧条，并认为这可以促进城市形成良好的开支习惯；而锡拉丘兹市长直言，联邦援助意味着联邦对城市的独裁统治。成立于20世纪初的美国市政同盟（National Municipal League）同样担忧联邦援助将破坏城市的自治地位。新政期间，的确有不少城市反对联邦的干预。联邦住房管理局将联邦资助与城市土地区划捆绑起来，要求城市根据联

---

[1] 李文硕：《美国联邦政府与地方政府的干预和反干预——以公共工程管理局第129号命令为例》，《世界历史》2018年第4期，第67—76页。

邦规定调整区划方案,这引发了部分城市的反对。在洛杉矶,除非遵守住房管理局的区划要求,否则不能得到联邦政府担保的贷款,这引起了城市的不满。美国社会对国家权力的扩张始终保持警惕,当联邦政府的权力超出美国人所能认可的界限时,必然引起反弹。

20世纪之前,联邦是否干预了城市?联邦能否干预城市?以美国国土的广袤和地域性的差异,联邦与城市的关系也不存在单一的模式。大西洋沿岸的大城市历史悠久,在殖民者的建设之下,成为与欧洲贸易的节点,继而凭借工业化的快速启动成为规模较大的城市。西部内陆地区城市的发展则完全是另一条道路。美国学者埃里克·莫瑟尔以一座中西部的小城市拉克勒斯为例,探讨了联邦、领地和州政府在城市发展过程中所扮演的角色。拉克勒斯位于威斯康星西部,在其早期历史上,联邦政府设置的军事堡垒保障了定居点的安全,领地政策、原住民政策、土地政策划定了城镇开发的基本路径;州政府的交通建设方便了移民从东部来到这里定居,并通过州法律制约铁路公司的土地投机,规范商业活动和劳工组织,在城市宪章里划定了城市政府的权限。作者认为,联邦和领地、州政府的作用主要体现在,维持区域和平、确保移民定居、成立地方政府、塑造商业环境等方面。在拉克勒斯的故事里,莫瑟尔告诉我们,散落在广袤西部腹地的城市,并不完全是自然资源和市场机制的产物,它们也出现在华盛顿、州议会和市政厅官员的记事本和发言稿上。

在美国联邦体系中,城市并没有明确的定位和独立的地位。尽管州政府和城市政府是明确的单一制政府体制,但联邦与城市的关系始终缺乏清晰的界定。因此,理解城市在美国政治结构中的地位和功能,不仅要关注州与城市关系的变迁,联邦与城市的关系同样值得注意。从城市的视角出发,联邦与地方关系的研究中容易被忽视的因素得以重新展现,以便于我们更深地理解美国政治制度中的联邦制和地方自治以及城市发展的内外部机制。

拓展阅读书目

Ira Katznelson, *Fear Itself: The New Deal and the Origins of Our Time*, New York: Liveright, 2013.

Kiran Klaus Patel, *The New Deal: A Global History*, Princeton: Princeton University Press, 2016.

Lizabeth Cohen, *Making a New Deal: Industrial Workers in Chicago, 1919-1939*, New York: Cambridge University Press, 2008.

Mason B. Williams, *City of Ambition: FDR, La Guardia, and the Making of Modern New York*, New York: W. W. Norton and Company, 2013.

Roger Biles, *The Fate of Cities: Urban America and the Federal Government, 1945-2000*, Lawrence: University Press of Kansas, 2011.

第八讲　丰裕社会中的城市世界

1954年，52岁的雷·克罗克（Ray Kroc）已经干了30年推销员，在别人眼里他只是一个亲善但没多少成就的普通人，但在这一年，他却改变了几乎每个美国人的生活。克罗克有敏锐的商业触角，当他第一次见到奶昔搅拌机时，马上被这种机器迷住了，他相信奶昔将大举进入美国市场。此后的17年中，克罗克不知疲倦地在全美各地推销搅拌机，却收效甚微。直到克罗克自己觉得要退休的时候，他遇到了麦克唐纳兄弟和他们的快餐店。理查德·麦克唐纳（Richard J. McDonald）和莫里斯·麦克唐纳（Maurice McDonald）在加州圣伯纳迪奥经营着一家汉堡快餐店，克罗克与兄弟俩签署了一项长达99年的协议，使用他们的商标经营连锁店，也就是今天遍布世界的麦当劳。通过采用标准化管理等方式，麦当劳取得了巨大成功，到1964年已累计出售超过4亿个汉堡和1.2亿磅薯条。麦当劳的成功是战后繁荣年代的缩影，麦当劳的金拱门让人们感受到一个充满希望的未来，激励着美国人向着这样的未来努力工作。

一、丰裕社会来临

随"二战"结束而来的是一个资本主义的黄金时代。在这个时代里，经济增长、物价稳定、失业率低、生活水平持续上升。1946—1960年，美国国内生产总值增加了一倍以上，经济增长的大部分成果以工资增长的形式为普通公民所分享。在每个可用数据测量的方面，无论是食物结构、住房质量、工资收入、教育还是娱乐消遣，大部分美国人都过得比他们的父辈和祖父辈要好许多。

"二战"后美国主导了世界工业，钢铁、汽车和飞机制造等主要工业产品行销国际市场。美国生产了全世界一半的产品，普通美国人也买得起。大多数家庭已经拥有了汽车、电视、冰箱、洗衣机、吸尘器。但20世纪50年代是美国工业化时代的最后十年。从此之后，美国经济迅速向服务业、教育、信息产业、金融和娱乐业转型，而制造业的就业率却不断下降。1956年，白领工人的数量在美国历史上第一次超过了作为蓝领工人的数量。这些新白领赚的是固定薪水，不是计时收入，他们中有公司经理、办公室文员、销售员和教师。社会学家赖特·米尔斯（Wright C. Mills）把50年代白领工人的兴起视作美国社会结构的革命性变化，认为美国的旧中产阶级——处于社会中间地位的小农场主、小店主——在大萧条之后快速消亡，这是因为大型农业公司和大型超市挤压了他们的生存空间。取代这一旧中产阶级的是被他称作白领的服务业从业者，米尔斯笔下的白领是一个比较宽泛的职业构成，包含企业经理、高层技术人员、政府机关和企业办事人员、商店普通销售员等。米尔斯阐述了白领这一社会阶层的特征：（1）依附于庞大机构，专事非直接生产性的行政管理工作与技术服务；（2）不对服务机构拥有财产分配权；（3）靠知识与技术谋生，领取较稳定且丰厚的薪水；（4）思想保守，生活机械单调，为维持其体面与其地位相称的形象而拒绝流俗和粗鄙的大众趣味。斯隆·威尔逊（Sloan Wilson）的小说《灰衣一领万缕情》（*The Man in the Gray Flannel Suit*）描绘了中产阶级夫妇汤姆和贝西的故事，他们共同在商业世界中打拼，但缺少人生目标；他们在忙碌中寻求满足感，但只能沉浸在物质生活的享受中打发时间。这是50年代白领中产阶级的共同画像。富裕的中产阶级人群，构成了郊区的主要居民，他们的生活方式和审美情趣，很大程度上决定了郊区的人口构成、生活和精神面貌。

赖特·米尔斯等社会科学家以及斯隆·威尔逊这样的文学家共同建构了美国式的中产阶级形象，他们生活富足、乐于享受，沉浸在大众消费社会中；他们没有明确的意识形态，缺乏工人阶级的斗争精神，对政治保持冷漠。但正因为如此，庞大的中产阶级队伍充当了官僚主义和平民主义之间的稳定器，取代了资本与劳动两大阶级的对立。他们既是丰裕社会物质进步的产物，也是丰裕社会的建设者。中产阶级强大的消费能力推动了经济增长。

技术也改变了20世纪50年代的美国。战争刺激了军工行业的发展，其中不乏高科技产业，"冷战"继续了国家对高科技产业的重视和投入，1950年成立了为基础科学研究提供资金的国家科学基金会，军用产品也在加快转型为民用消费品。30年代发明的电视在"二战"后走入千家万户，改变了美国家庭的生活方式。电视取代了报纸成为人们获取公众事件信息最常用的渠道，看电视也成为全国首要的休闲活动。20年代全家聚在一起的活动是听收音机，50年代就是全家围坐一起看电视了。电视塑造了新一代明星，20世纪美国最重要的文化人物"猫王"埃尔维斯·普雷斯利正是通过电视走红的摇滚明星。电视甚至催生了新的饮食习惯。位于北达科他州斯旺森食品公司推出了冷冻晚餐，称作电视晚餐，由三个隔间的铝制托盘，分别放着火鸡切片和配菜，后来又增加了牛肉和鸡肉套餐。电视晚餐经过加热后可以直接食用，方便人们一边看电视一边吃饭，1954年售出了超过1000万份。

财富改变了生活方式，也改变了女性在家庭中的角色。战争期间，男性走上战场，女性也走出家门参加工作。战争结束后，退伍军人回国，男性重新占据了工作岗位，而女性则被要求回归家庭。但并不是所有女性都欢迎重回家庭的生活，战争期间的经历让她们乐于在工作中获得收入、尊重和独立。20世纪50年代婴儿潮的到来意味着美国家庭有了更多的孩子，因此女性更倾向于照顾孩子、从事家务，尤其是郊区的中产阶级家庭。随着服务业在美国经济中的地位越来越高，新生的岗位比如文秘、打字员、售货员等更适合女性，很多工作的女性往往是单身、寡居或者贫困妇女，她们为了生计不得不工作。这些新生的岗位许多都由非洲裔女性来填补，到1960年，超过三分之一的非洲裔女性就职于这类岗位。虽然工作女性的数量缓缓上升，但相比于前几十年，成为职业女性的妇女更少，成为母亲被视作美国女性最正确的选择。

20世纪50年代美国经济与社会生活的巨大变化，被哈佛大学经济学家约翰·加尔布雷斯写入了他的名著《丰裕社会》中。该书于1958年出版，被兰登书屋现代图书馆列入100本非虚构名著。本书指出了美国社会经济的悖论，即在私营部门创造着越来越多财富的同时，公共部门的资源持续减少。作者认为，亚当·斯密、大卫·李嘉图所代表的经济学的核心传统——必需品生产是社会经济的基本动力——已经不适应当下的美国，因为在斯密和李嘉图生活的年代，社会普遍贫困，而战后美国是一个普遍富裕的国家，生产的动力是满足欲望和对奢侈品的需求。这种对于欲望和奢侈品的需求不是必需的，而是由广告所创造的；这种创造出来的需求由私人企业满足，无须公共部门的投入。加尔布雷斯把这一现象称为依赖效应（Dependence Effect），即满足需要的过程同时也在创造新的需要。[1] 作者认为，美国经济需要经历一场结构性转变，公共投资取代私营经济成为国民经济的主要驱动力，为此加尔

---

[1] John K. Galbraith, *The Affluent Society*, New York: Houghton Mifflin Company, 1998, p. 259.

布雷斯提出了三项建议：消除贫困、政府出资建设学校，以及培育一个以教师、医生等公共事业部门员工为主体的新阶级。

"二战"后美国经济的持续发展，与自由主义下的国家干预密不可分。自由主义以凯恩斯经济学的国家干预市场为基础，主张运用政府的力量解决美国的经济与社会问题，创造就业岗位，保障社会福利，用肯尼迪总统的话说，就是关注"人民的福利——他们的健康与住房、他们的学校与工作、他们的公民权利与公民自由"[1]。20世纪60年代，婴儿潮一代已经步入成年，他们相信政府应为全体人民谋利益，赞成政府有责任帮助那些无法自立的人。在这样的思潮中，从肯尼迪的"新边疆"（New Frontier）到约翰逊的"伟大社会"，在进步主义运动与新政的基础上更进一步，成为20世纪美国社会改革的最后一波浪潮。

肯尼迪的继任者林登·约翰逊与肯尼迪走的是完全不同的路。约翰逊出身贫寒，在得克萨斯州贫瘠的山谷长大，成功对他来说需要经过近乎残酷的竞争才能获得。约翰逊政治野心大，办事效率高、喜欢操纵他人，作为参议院领袖牢牢掌控着立法机关，时刻为成为总统做准备。约翰逊在肯尼迪死后继任总统，他运用高超的政治技巧，成功促使国会批准了美国历史上范围最广的改革计划。他的传记作者罗伯特·达莱克说："他有绝对的自信，相信自己的方案是正确时间提出的正确方案，而他自己是让它们成为法律的唯一人选。"[2]

如果说接替肯尼迪完成剩下一年多任期时，约翰逊利用全国对已故年轻总统的缅怀推动了肯尼迪所提出的各种方案，那么1964年大选获胜后，约翰

1　Authur M. Schlesinger, Jr., *A Thousand Days: John F. Kennedy in the White House*, New York: Mariner Books, 2002, p. 99.

2　Robert Dallek, *Lyndon B. Johnson: Portrait of a President*, New York: Oxford University Press, 2004, p. 149.

逊开始了自己的计划，此后直到1967年，他在医保制度、就业培训、贫困救济、营养保障、区域开发、种族平权和环境保护等多个领域发起尝试，联邦政府成立了交通部、平等就业机会委员会、国家人文基金等一系列机构，权力得到极大扩张。这些措施被笼统地冠名为伟大社会，这是约翰逊1964年提出的口号。简单地说，伟大社会政策倡议包括一个中心、两项任务、三个对象、四大领域。一个中心即城市。约翰逊在密歇根大学毕业典礼的演讲中说："我们的社会永远不可能变得伟大，除非城市变得伟大。今天，城市而非城市边界之外，是想象力和创新力的前沿。新的试验已经开始了。你们这一代人的任务是让城市成为我们后代的家，成为我们后代过上美好生活的家。"[1] 伟大社会有两项基本任务，即消灭贫困和实现种族平等。三个主要对象指的是少数族裔、贫困人群、阿巴拉契亚山区。四个基本领域涵盖了医疗健康、教育、贫困、环境/消费者权益。

与新政不同的是，伟大社会出台的20世纪60年代不是经济萧条，而是经济繁荣的时代，约翰逊继续了肯尼迪的赤字财政和减税政策，进一步刺激了经济增长。随着经济状况的改善，预算赤字如预料那样明显下降。失业率降低了，通货膨胀也得到控制。医疗计划为老年人和贫困人口提供了基础保障，联邦的大笔投入刺激了教育事业的发展，教师的薪水也增加了。然而，进一步实现伟大社会的梦想被证明是不切实际的，像消除贫困这样的一些计划曾被寄予厚望，但政府口头上的空洞许诺不仅没能解决问题，而且导致人们产生了幻想破灭的感觉。种种计划都需要大笔资金，但有限的收入不可能满足各项计划的要求。对伟大社会的批评声音水涨船高，反对力量更加强大：保守派反对国家在社会经济事务中的作用日益增大，认为贫困是贫困者

---

[1] L. B. Johnson, "Remarks at the University of Michigan," https://www.presidency.ucsb.edu/documents/remarks-the-university-michigan，2024年8月17日查询。

自身能力不足所致；中产阶级认为国家资源过多地投入城市和低收入者，忽略了自己；激进的改革者则认为，伟大社会只是新政的翻版，济贫和反歧视都需要更加积极的措施，只有对财富进行重新分配才能改变美国人的生活。越战给了伟大社会最后一击，战争不仅吃尽了国库，引发了全国性的反战运动，再加上各种社会正义运动和反文化运动，美国陷入空前的混乱。

二、阳光带的崛起

阳光带泛指美国本土北纬37度以南的地带，这里气候温和、光照充足。但这一区域并不是整齐划一的经济区，也不是所有地区都呈高速发展势头，如中南部的阿肯色、路易斯安那、田纳西、密西西比、亚拉巴马等州一直发展平平。相反，发展最快的三个区域却不在此范围之内，它们是东南沿海的切萨皮克湾地区、西部内陆的科罗拉多和犹他州、西海岸加州北部至华盛顿州。所以阳光带不是一个自然地理概念，而是一个经济地理概念，指的是美国的东南部和西南部，东南部包括特拉华、马里兰、弗吉尼亚、南卡罗来纳、北卡罗来纳、佐治亚、佛罗里达等州，西南部包括华盛顿、俄勒冈、加利福尼亚、内华达、亚利桑那、犹他、科罗拉多、新墨西哥、俄克拉何马、得克萨斯等州。两相比较，西南部的发展势头更加迅猛。20世纪70年代人口增长最快的10个州，只有佛罗里达一个州在东南部，其余均在西南部。

阳光带的崛起是"二战"以来的现象。第二次世界大战美国参战之前，西南部的经济发展基本上依赖于东部经济。除加州有比较发达的矿业外，俄勒冈州经济以林业为主，华盛顿州则以渔业和伐木业为主。西南三州亚利桑那、新墨西哥、得克萨斯的经济，以农牧和矿业为主。西部山区州内华达、科罗拉多、蒙大拿、怀俄明、爱达荷、犹他的经济，以农业、伐木和采矿为三大支柱,工业基础都比较薄弱。罗斯福新政以后,这里的经济面貌也发生了很大的变化。但美国参战前,除加利福尼亚以外,西部许多地区依然人口稀少,不能支撑地方工业的发展,西部绝大多数地区的产业结构,依然以传统的农业和原材料加工业为主。与东部经济相比,西部经济在整体上还是处于劣势。

战争开始后,西部的优势显示出来。毗邻太平洋,战舰下水后可以直接参与太平洋战争;内陆地区干旱少雨,人烟稀少,适合建立军事基地。联邦政府调拨了大量国防资金投放西部,在西部大力发展军事工业。由于军事工业需要高科技的支撑,大批与军事有关的尖端科技实验室在西部落成,其中最有影响的是加州的劳伦斯实验室和新墨西哥州的洛斯阿拉莫斯实验室。这些实验室构成了高科技机构网络,为西部带来了大批现代科研人员,与军事工业形成了共生关系,推动西部产业升级,引领了美国经济发展的新方向。"冷战"期间,联邦政府有计划地在西部、南部布局大型国防和航空航天研究,一批相关工业企业也迁往西部和南部,再加上"二战"期间政府所设立的军事工业有相当一部分转为民用工业,阳光带成为美国高技术产业和科研机构密集的地区,除了联邦实验室,高校、企业的研究机构也集中分布在这里。朝鲜战争打响之后军需猛增,阳光带经济增长的脚步就快于美国其他地区。1959年,加州承担了全国25%的军用品合同;到1962年,太平洋沿岸地区共承担了五角大楼近一半的合同。可以说,战争不仅让西部结束了依附于东部的经济地位,而且促使西部、南部地区产业结构发生了根本性的转变,制造业得到长足的发展,实现了西部经济地位的根本性转变。

阳光带人口也在战争期间有了显著增加。在经济危机冲击下,许多失业者和流浪汉搭上火车,到西部寻找工作机会。南部和中西部的农业人口也希望西部能够改变自己的命运。在约翰·斯坦贝克(John Steinbeck, Jr.)的纪实小说《愤怒的葡萄》(*The Grapes of Wrath*)中,约德一家以及很多像他们一样的破产农民,因为干旱、经济危机、土地被银行收回而一贫如洗,为了谋生只得到加州寻求出路。路上,他们遭遇沙尘暴,约德的祖父去世只能草草埋葬,长子和女儿与他们分道扬镳。但约德别无选择,只能在向西部去的路上寻找着工作、土地、尊严和未来。这是一曲山乡人的悲歌,但也是一个孕育着希望的故事。当造船厂、飞机制造厂和其他工厂在西部落户以后,许多工人举家涌向这里,这种迁移在战后仍在继续。从战场上回来的人随处找个地方定居下来,西海岸温润的气候和优美的风景吸引着他们。美国人口的老龄化是阳光带人口增加的又一个重要因素。从20世纪60—70年代,美国65岁以上人口数量达到2500万,这些退休人员离职后,多半迁往气候宜人、风光秀丽的阳光带城市安度晚年。从"二战"到1975年,有3000万美国人移居到密西西比河以西的地区。随着政府职能的扩张,联邦政府在西部地区设置了多个分支机构和区域行政中心,它们集中在西部的区域性中心城市,丹佛的联邦工作人员从1951年的1.4万人增加到1961年的2.3万人,新墨西哥州的阿尔伯克基由于驻扎了众多联邦机构而被称作小华盛顿。1960—1970年,全国大城市人口增加额的62%来自西部和南部,70年代这一比例上升至96%,二十年间人口增加了约4000万。[1]

阳光带的发展集中体现在城市的发展上。在解释加州城市发展的基础上,美国历史学家罗杰·洛钦提出了"大都市-军事复合体"(Metropolitan-Military Complex)理论。一般认为,西海岸城市的崛起,是军工复合体的结果。所谓军工复合体,是指一国军队与军事工业因政治经济利益过于紧密而成的共生关系。研究者认为,军事工业游说美国政府,通过国防合同获取暴利,西部城市在这一过程中因军事工业的发展而获利。[2]但洛钦认为,西

---

[1] Carl Abbott, *Urban America in the Modern Age: 1920 to the Present*, New York: Wiley-Blackwell, 2006, p. 100.

[2] Gerald D. Nash, "The West and the Military-Industrial Complex," *Montana: The Magazine of Western History*, Vol. 40, No. 1 (Winter, 1990), pp. 72−75.

海岸城市与军事工业早在20世纪初就建立了较为密切关系，"二战"前加州城市官员、商业领袖、劳工组织就与军事工业开展互动，军事工业成为影响城市政治与经济的重要力量。军工与政治的关系，不是在全国层面上，或者至少不完全是在国家层面上，重点在地方层面；西海岸城市的崛起，不是军工复合体影响下的城市经济发展，而是城市有意塑造出了大都市－军事复合体。[1] 在《堡垒加利福尼亚》(*Fortress California, 1910-1961: From Warfare to Welfare*)一书中，洛钦从1910年美国海军在圣迭戈扩张基地对城市的影响开始，继而分析了"二战"前海军和造船业在旧金山湾区和南加州的发展。城市将军工产业作为经济发展的首选，城市精英逐步建立起与军事工业的良好关系。凭借军工基础，1945年后加州的航空、制导和核能等部门有了快速发展，在此过程中，城市与军事工业的联系也得到强化，在军事工业之外，加州理工等科研院所和民用企业也加入复合体。不过本书关于城市的发展几乎只是体现在城市人口的增长上，作者关注的主要是军人、城市政商精英和科学家，这使他未能论及大都市－军事复合体对城市社会的影响。在军事工业的影响下，阳光带城市普遍以高技术制造业为主导性产业结构。

与芝加哥学派所描绘的工业城市发展模式不同，西部城市是由一系列分散的、由低矮的独户住房和商业店铺组成的片区，这里没有显著的、往往由摩天大楼构成的中央商务区，而是摊大饼一样向四周蔓延开去，通过一张密集的高速公路网连接而成。洛杉矶是西部城市的典型。1781年西属上加利福尼亚总督在洛杉矶地区建立定居点，先后属于西班牙和墨西哥，1850年建立城市并加入美国。1880—1910年，洛杉矶市不断合并周围城镇扩大地域范围。该时期的人口外迁的工具以有轨电车为主，新的居住社区沿电车站聚

---

[1] Roger W. Lotchin, "The Political Culture of the Metropolitan-Military Complex," *Social Science History*, Vol. 16, No. 2 (Summer, 1992), pp. 275-299.

集,这使得洛杉矶的人口分布密度角度、范围较大。美国学者斯潘赛·克伦普(Spencer Crump)认为,"在20世纪的第一个十年,毫无疑问是有轨电车将人口分散到了城市边缘,并将洛杉矶定型为一个横向发展的城市而不是一个以摩天大楼和贫民窟为特点的城市"[1]。汽车进一步推动了洛杉矶城市空间的横向蔓延,在20世纪20年代取代有轨电车和通勤火车成为最重要的交通工具。汽车的运行更加灵活,不受轨道限制,以汽车为主要通勤工具的人可以不在轨道交通站附近居住,因此原本交通线之间的空地也逐渐得到开发,郊区不再是以中心城市为中心呈放射状分布,而是连成片状。汽车速度快,没有通勤时刻制约,更多的人迁往更远的地区,洛杉矶进一步向外围蔓延。1924年距中心商业区8.6—10.3英里的环带内,有13.4%的农业用地被转化为城市用地,而十年后这一比例上升到了27.8%。这些土地上遍布独户住房。[2]随着高速公路的铺设,"二战"以后,除了人口,商业和制造业也向郊区移动,继而服务业也开始扩散。到了20世纪60年代末,洛杉矶无论从经济、交通还是政府职能等方面看都不再是区域内的绝对中心:工业随着四通八达的高速公路和铁路线分散分布;零售业追随居民向郊区、远郊区扩散;远离城市的机场成为城市对外交通的主要方式;越来越多的郊区建制成为城市,不再依靠洛杉矶市的公共服务和管理。一个美国记者如此描述洛杉矶,"它是'无顶、无底、无形、无际……随机的、迷乱的、没有渊源、未加计划的',它的郊区是'不定形'的"[3]。60年代洛杉矶大都市区向高科技产业方向发展,经济实力不断增强。

---

1 Martin Wachs, "Autos, Transit, and the Sprawl of Los Angeles: The 1920s," *Journal of the American Planning Association*, Vol. 50, No. 3 (1984), p. 298.

2 Jackson, *Crabgrass Frontier*, pp. 175–176.

3 卡尔·艾博特:《大都市边疆——当代美国西部城市》,王旭等译,北京:商务印书馆1998年,第135页。

三、战后郊区化和郊区史

洛杉矶的发展并非西部城市的独有现象,在美国其他地区,大城市周边和远郊也相继形成了为数众多的郊区城镇。"二战"后人口向西迁移的同时,另一种人口迁移也在进行着,那就是上百万白人从中心城市向郊区迁移。对于郊区,我们很难给出一个明确的定义,因为郊区本身处于持续的变化之中,很难找到固定不变的标准;而且郊区是一个相对的概念,不具备独立性。需要明确的是:从行政属性的角度看,郊区可能也是建制的城市,拥有自己的城市政府;郊区与中心城市是一对共存的概念,郊区可能也有自己的郊区,相对中心城市,郊区的功能相对单一、人口规模相对较少,郊区与中心城市的关系是一个动态演变的过程,但一定存在密切的经济关系与人员往来。郊区与中心城市的关系,不是一个城市内部市中心与边缘地区的关系,而是两个城市,或者城市与城市行政区划之外定居点之间的关系。

郊区化的趋势早在"二战"结束之前就开始了。肯尼斯·杰克逊认为,郊区化作为一种进程,就是城市的边缘地带稳定有序的发展,其发展速度超过了中心城市;郊区化作为一种生活方式,就是郊区人口每天要通勤到中心城市就业。他认为世界的郊区化发轫于1815年前后纽约的郊区布鲁克林。小萨姆·沃纳认为郊区化始于内战之后,随着美国各大城市有轨马车和有轨电车的铺设而展开。[1]

战后美国郊区化的先锋,是纽约的房地产开发商威廉·莱维特(William Levitt)。莱维特生于1907年,被称为美国郊区之父。1942年,莱维特接到联邦政府订单,为诺福克造船厂工人建造2350套住房,随后加入海军并获得中

---

[1] Sam Bass Warner, Jr., *Streetcar Suburbs: The Process of Growth in Boston, 1870—1900*, Cambridge, MA: Harvard University Press, 1978, pp. vi-xvi.

尉军衔。在此期间，他了解到军工企业中的批量生产工艺，并将其用于房地产开发，这成为莱维特成功的关键，也改变了战后美国房地产行业。20世纪三四十年代，经济大萧条和战争制约了新房开工量，战后军人复员回国以及婴儿潮的到来，共同导致住房市场的紧张。建造住房既是现实需求，在"冷战"时代也多了一重象征意义——在郊区建造独户住房，装配有最新设施，是在履行爱国主义使命，是在宣扬美国制度和生活方式的优越。1947年5月，莱维特公司购买了长岛4000英亩土地，宣布将建造2000套住房，将这里命名为莱维敦。这个工程成为由单一制造商独立开发的最大项目，也是全国最大的住房开发项目。当年莱维特公司就完成了预定计划，开创了一年内建造住房的全国最高纪录。到1948年7月，莱维特公司把建筑过程分解成从原料到成型的27个程序，实行装配线流水作业，尽可能地在各地的加工厂生产住房的大部分构件，每天能够生产将近30套住房所需的部件，最终运到莱维敦组装。公司开始建造更大、更现代化的牧场主住房（Rancher）。住房长32英尺，宽25英尺，有五种不同的样式，在外部的颜色、屋檐线、窗户的位置等方面均有区别；售价为7990美元，首付只要90美元，之后每个月付56美元即可，而当时房租的平均价格是每月60美元。牧场主住房也是建在混凝土地面上，中间还加铺了呈放射状的加热管道，顶楼可以扩展，为日后发展留了余地。厨房配有通用电器公司的烤炉和冰箱，拥有不锈钢的洗菜盆和橱柜，搭配最新式的洗碗机和油炉。购买的程序则实行一条龙服务，一个买房人可在3分钟内选择一套房子并签订合同。1951年，莱维特公司在费城附近建设第二个莱维敦，价格从0.9万到1.69万美元不等，购房者需要签订限定性契约，每一个房主都要保证不在住房周围建篱笆，不改变他们住房的颜色，周末不在外挂衣物，平时挂衣物则要用雨伞状的晾衣架。街道大部设计为弯道，以此防止超速驾驶。这个莱维敦有3所学校，5座游泳池，1个社区中心。1955年莱维特公司在新泽西州伯灵顿县建设第三个莱维敦，共有1.2万套住房，价格在1.1万到1.45万美元之间，首付仅100美元。

20世纪50年代，美国的家庭住房数量翻了一番，几乎所有的新房都建在中心城市之外，郊区如雨后春笋一般在全国各地出现。郊区生活不但在物质上是舒适的，而且符合道德要求。历史学家伊莱恩·梅写道："除了先锋派知识分子以及少量在政治上非常积极的女权主义者之外，很少有美国人能够明确地描述出郊区生活的可行性替代方案。那些抱怨郊区生活没有满足自己梦想的人，往往靠着赚更多的钱和购买更多商品来减轻痛苦。郊区生活理想很少受到质疑，至少没有被公开质疑过。"[1]

郊区化的推进，与汽车的普及密不可分。1908年亨利·福特发明T型车后，汽车很快成为美国家庭的标配。1927年，美国拥有全世界汽车的85%，每五个美国人或每两个家庭即拥有一辆汽车。战后美国的汽车增长速度更快，到1978年美国拥有汽车1.4亿辆，平均每1.5人拥有一辆汽车。汽车不但让通勤更加便捷，而且间接推动了高速公路的建设。随着汽车拥有量的增加，改善道路状况成为居民的迫切要求，因此在全国范围内掀起了好路运动。国家用于建设公路的费用从1918年的7000万美元增加到1930年的7.5亿美元。[2] 1956年，艾森豪威尔政府以国防需求的名义出台《州际高速公路法》，联邦政府投入260亿美元建立了长达4万英里的高速公路，将美国各地紧密地联系起来。这笔经费来自对汽车、汽油和轮胎的特别税，这些税收构成了一个专门的信托基金。这些高速公路要么从城市外围经过，要么穿越城市中心但不设置出入口，极大地方便了美国人驾驶汽车往来郊区和城市。汽车文化成为美国文化的一部分，汽车旅馆、汽车电影院和麦当劳这样的不下车餐馆在公路两旁越来越多，郊区也是汽车文化的产物。

---

[1] Elaine T. May, *Homeward Bound: American Families in the Cold War Era*, New York: Basic Books, 1988, p. 174.

[2] 杰拉尔德·冈德森：《美国经济史新编》，杨宇光等译，北京：商务印书馆1994年，第635页。

联邦政府也是郊区化的重要推手。虽然联邦政府从来没有将郊区化作为一项国家发展战略，也没有专门颁布过任何全国性的政策，但一系列的住房和税收政策对战后郊区化进程起到了关键作用。购房者在纳税时可以享受专项扣除，缴纳个人所得税时，按照扣除房贷月供和房产税后的收入计算纳税额。这种税收优惠政策就是政府补贴，而且数额非常可观，远远超过政府在公共住房项目上投入的经费，但由于补贴形式是税收减免而不是直接财政支出，因而经常被忽视。这一政策可以说是美国独有的。其他的税收政策也有向郊区倾斜的趋势，比如郊区税收征收率普遍低于中心城市，因此刺激了地产商大面积开发郊区住宅，也吸引了人们到郊区买房。联邦住房管理局的贷款和抵押政策，以及联邦政府对退伍军人的抚恤也间接加快了郊区发展。符合条件的老兵可以获得一笔低利息、高杠杆的抵押贷款用于购房，首期款只需支付5%甚至零首付。目前，美国郊区几乎一半的住房是20世纪五六十年代由联邦住房管理局和退伍军人管理局提供财政支持的。

郊区化并非新现象，郊区也不是晚近才出现的新空间形态，但美国史学界对郊区的研究，开始并不早。20世纪20年代，社会科学界首先注意到郊区，这似乎是与美国城市社会学的兴起同步的。一方面，研究者将郊区视作解决城市问题的方法，主张通过在大城市周边建设有规划的郊区，疏解大城市的人口和产业。哈兰·道格拉斯（H. Paul Douglass）的《郊区趋势》（*The Suburban Trend*）采用芝加哥学派的人类生态学理论，结合经验研究方法对郊区做了简单分类，探讨了如何规划郊区使之可以缓解城市社会问题。另一方面，郊区的生活到底是什么样的，是郊区研究始终关注的问题。早期研究者将郊区描绘为一个高度同质化的社区，住在这里的是有着体面工作和较高收入的白人中产阶级和富裕人群。

20世纪50年代郊区的快速发展，吸引了社会各界的关注。郊区里上演着的是与城市街道上完全不同的生活，这种生活是优还是劣？这是那个时代的观察者所需要做出回答的问题。支持者认为，在田园风光般的郊区里，生活宁静安逸，男性和女性遵循着自然分工，与城市相比更具道德美感；反对者认为，在高度一致化的郊区里，生活空虚无聊，居民像是一个模子里刻出来的。在现实中，郊区对于美国人无疑充满巨大的吸引力，但社会科学研究却以批评为主。社会学家戴维·罗斯曼（David Reisman）所描绘的美国社会的新性格正是郊区的写照。在《孤独的人群》（*The Lonely Crowd*）中，罗斯曼区分了美国中产阶级的三种社会性格的演变，即传统导向到自我导向再到他者导向。所谓他者导向（other direction），指的是美国人越来越以他人的行为作为评判自己的标准，他们追寻身边人的生活方式，丧失了自我判断的能力，这使得美国社会弥漫着一股从众心理。[1] 他者导向之下，郊区的生活出奇地一致，但也一致地无聊。约翰·基茨（John Keats）的《飘窗有痕》（*The Crack in the Picture Window*）借虚构的约翰和玛丽·德伦夫妇的故事，展示了超市取代路边市场、电视成为家庭生活的中心和不认识的邻居所构成的郊区生活，认为郊区让美国人陷入漫长的债务、丑陋的住房和无聊的日常生活中。

总体看来，20世纪50年代的郊区研究以批判郊区生活方式为主，但这类研究略显单薄，与其说是对郊区的研究，不如说是对中产阶级的研究。结果形成了一个逻辑上的错误：典型的郊区居民是罗斯曼的孤独人群，并不意味着孤独人群都居住在郊区里。无论郊区是温情脉脉的天伦之乐，还是丧失自我的盲目遵从，关于郊区生活的研究都肯定了郊区的高度同质性——这里的居民是白人中上阶层，以居住为主，共享着高度美国化的社会文化，与城市是黑白分明的另一个世界。但这种同质化的郊区，最多是一个历史的瞬间，

---

[1] David Reisman, *The Lonely Crowd: A Study of the Changing American Character*, New Heaven, CT: Yale University Press, 2020, pp. 16-28.

或者只是某个区域的特定现象。有学者认为，郊区同质化的形象实际上来自三个独特的郊区，即纽约郊区莱维敦、芝加哥郊区帕克福里斯特和洛杉矶郊区莱克伍德，它们都是超级大都市的郊区，居民大多从这三个城市搬迁而来。[1] 服务业在这三个城市中均占有相当大的比重，因此就业者中有相当部分的白领中产阶级，这样一来，郊区也就以中产阶级为主。即便是第二个和第三个莱维敦，也不是完全同质化的社区，那里有白领工人，有学生，最多的是退伍老兵。

20世纪60年代以后，社会科学家对郊区的研究，逐渐发现其多元性。社会学家赫伯特·甘斯搬入新泽西州的莱维敦生活，在此基础上开展了参与式的田野调查，反驳了此前对学术界对郊区的批驳，承认郊区生活存在问题，但却得到了郊区居民的认可。不过，甘斯只采访了45户居民，相比莱维敦庞大的居民数量，这样的标本数量显然太少了。他的研究展示了郊区的多元性，甘斯认为莱维敦没有多数派，相反按照收入、阶级、族裔、受教育程度等可以分成不同的少数派。仅仅宗教一项，甘斯发现，几乎主要教派的宗教场所都出现在这里。这种多元性之下，莱维敦形成了不同类别的社团，这是莱维敦培育共同体意识的重要路径。所以郊区的一致性，并不是郊区作为整体的一致性，而是其内部各个社团形成了一致性。[2] 本内特·伯杰（Bennett M. Berger）1968年的《工人阶级郊区》（*Working-Class Suburb*）关注了一家福特大型工厂周边形成的以汽车工人为主的郊区，得出了与甘斯类似的结果。甘斯认为，郊区只是一个地方，这里的居民是中产阶级，他们与住在城市里的中产阶级分享同样的价值观和生活方式。伯杰同样认为郊区只是一个

---

1 Ronald Gross, "Working-Class Suburb, by Bennet M. Berger," *Commentary*, https://www.commentary.org/articles/ronald-gross/working-class-suburb-by-bennet-m-berger/，2024年8月17日查询。

2 Herbert J. Gans, *The Levittowners: Ways of Life and Politics in a New Suburban Community*, New York: Columbia University Press, 1982.

地方，工人并没有因为拥有了自己的住房而改变身份意识，他们仍然觉得自己是与白领中产阶级不同的人群，只有少数人觉得在这里，工人阶级就是中产阶级。[1]

历史研究往往滞后于社会科学研究。在史学界，小萨姆·沃纳贡献了第一部郊区研究专著，1962年的《有轨电车的郊区》(Streetcar Suburbs)。流行文化和社会科学研究倾向于将当代郊区视作"二战"以来的新产物，小沃纳则将目光投向了历史，寻找汽车普及之前的郊区，探讨了在有轨电车影响下，波士顿郊区在19世纪最后三十年里的发展。小沃纳相信，有轨电车只是中产积极逃离城市的工具，促使他们离开的原因并非纯粹的技术进步，而是：其一，爱尔兰移民的增多，以及他们集中在城市的制造业部门；其二，以奥姆斯特德为代表的规划界对于自然环境的重视。19世纪中期以前，尽管中产阶级已经不满于在城市生活，但缺少便利的交通条件使他们无法居住在城市之外，直到有轨电车的开通。小沃纳注意到，郊区化是一个城市化地域蔓延和阶级—族裔隔离同步的进程，收入和交通是决定波士顿及其周边地区形态变迁的核心要素。三十年间，中产阶级沿着有轨电车轨道向郊区蔓延，收入越高，居住地与波士顿的距离越远。小沃纳的郊区同样是一个以中产阶级白人为主的世界，那里与城市的差异，集中体现在社会与经济层面，小沃纳并没有区分二者在政治领域上的区别。

乔恩·蒂福德（Jon Teaford）研究了郊区的政治，在《城市与郊区》(City and Suburb)中，蒂福德关注的是随着郊区大量出现的地方政府的碎片化，探讨了造成这一碎片化的主要原因，分析了为何这一问题长期得不到解决。作者揭示了19世纪末郊区面对城市兼并浪潮时的复杂态度，郊区居民

---

[1] Bennett M. Berger, *Working-Class Suburb: A Study of Auto Workers in Suburbia*, Berkeley, CA: University of California Press, 1968, p. 84.

既想得到城市的公共服务，又担心城市政府借机控制郊区。20世纪70年代以后，史学界对于郊区的研究增多了，研究者从交通技术、人口构成、规划等角度关注郊区，针对具体郊区的个案研究也层出不穷。

在专题和个案研究的基础上，关于美国郊区发展的整体研究也问世了。肯尼斯·杰克逊1985年出版的《马唐草边疆》描绘了从18世纪末到20世纪80年代美国郊区的发展历程，认为郊区化的动力在于财富分配的相对均衡、技术的采纳、廉价的土地、开发商和规划界的引导、对自然的美化与中产阶级的家庭观，以及联邦政府的政策工具。杰克逊的郊区化是一个与城市化几乎同步的进程，所以杰克逊在接受采访时回答说，郊区化既是城市化，又不是城市化。罗伯特·菲什曼的《布尔乔亚的乌托邦》将郊区的起点放在英国，认为美国最早的郊区出现在费城，是英国文化的落地生根；郊区在美国的支持者如安德鲁·唐宁、凯瑟琳·比切尔等，都是英国文化的拥趸。中产阶级是美国郊区的主要居民，这也受到了英国文化的影响，菲什曼特别介绍了巴黎，在那里工人住在郊区，而中产阶级住在城里。菲什曼认为，美国的郊区化已经结束了，结束于20世纪80年代的洛杉矶。此后，郊区转型为技术城（Technoburb），人口来自整个大都市区，居住不再是其唯一的功能[1]；作者相信，贫困的劳工阶层无法负担技术城的生活，他们只能生活在城市里，因此城市短时间内不会消失。

研究者以城市的视角来观察郊区，笔下的郊区是以城市对立面的形象出现的，无论是影响郊区的因素，还是郊区的社会生活，都以城市为参照物——杰克逊对联邦政策的分析，发现同一项政策造成了中心城市公共住房的衰败和郊区的兴盛；蒂福德关于地方政府碎片化的分析，将城市与郊区塑造为敌进我退的关系。在这种二元对立的关系中，郊区的出现意味着城市面

---

1 Robert Fishman, *Bourgeois Utopias: The Rise and Fall of Suburbia*, New York: Basic Books, 1982, p. 15.

临着种种挑战，而郊区出现后成为城市最大的挑战者。

然而郊区自身也在发生变化。随着人口向郊区迁移，商业、制造业和服务业也持续迁往郊区，郊区不再是居住社区，而成为具备多种功能的次中心。越来越多的郊区居民在郊区就业，甚至有城市居民到郊区就业。同时，郊区的地域范围越来越大，建筑密度下降，人口、服务和就业沿着高速公路以摊大饼的方式向四周扩散，这一现象被称作蔓延。大都市区内部，除了郊区与中心城市的联系，郊区与郊区之间的联系也得到了加强。一方面，郊区与中心城市之间不再是泾渭分明的，郊区自身的面貌也变得越发模糊不清；另一方面，郊区人口占了美国人口的大部分，那些影响美国政治经济文化的重要因素在郊区而非城市中潜滋暗长，郊区似乎孕育着变革的力量。研究者在理解那些影响美国社会变迁的因素时，开始关注郊区扮演的角色。丽莎·麦吉尔（Lisa McGirr）的《郊区卫士》（*Suburban Warriors: The Origins of the New American Right*）讨论了20世纪90年代以来席卷全美的新保守主义运动，认为这场运动的起点是加州的郊区。

与美国史学在20世纪80年代以后的变化一样，郊区史研究也开始关注郊区内部的族裔、性别和阶级，逐渐打破了郊区同质性的神话，例如有不少研究者发现，白人中产阶级郊区从来不是美国郊区的特性，1850年以来始终有工人阶级郊区的存在，甚至一度超过中产阶级郊区；对几个大都市区的个案研究发现，工业离开城市，而非中产阶级离开城市，是许多郊区发展的最重要因素。

四、丰裕社会里的城市贫困

在《丰裕社会》中，在繁荣之余，加尔布雷斯也发现了美国社会的贫困。他将美国的贫困分为两类,一类是个体贫困(Case Poverty),即贫困与贫困者自身的素质有关,另一类是岛屿贫困(Insular Poverty),即一定地域范围内普遍贫困。20世纪60年代,美国社会进一步发现了繁荣背后的贫困。迈克尔·哈林顿(Michael Harrington)1962年出版《另一个美国》(*The Other America*),揭示了有大约5000万美国人生活在贫困之中,大多住在偏远乡村地区和被中产阶级忽视的城市贫民窟里。

大萧条期间,贫困被归咎于经济权力的失衡和经济体制的缺陷,新政通过创造就业岗位的方式救济贫困。但经过了丰裕年代,美国社会对贫困的理解有了变化。1959年,人类学家奥斯卡·刘易斯(Oscar Lewis)在对墨西哥城大型贫民窟卡萨格兰德调查的基础上,提出了贫困文化的概念。贫困不完全是物质生活的匮乏,贫困是一种生活方式,是一种可以世代传承的生活方式,从而成为持续可达数代之久的状态。贫困不止一副面孔,除了物质生活的困苦和社会地位的低下,也包括在持久的不稳定生活中,人们养成的对自由的坚持、对当下的迷恋和对未来的豁达。贫困文化并没有在墨西哥引起回响,相反倒是得到了美国政学两界的热议。20世纪60年代中期两项产生全国性影响的社会调查也得出了类似的观点。一项是1965年在总统未成年人犯罪委员会资助下肯尼斯·克拉克在哈莱姆的调查,另一项是李·瑞因沃特在卫生、教育与福利部资助下在圣路易斯普鲁伊特-艾戈公共住房社区的调查。他们将贫困文化理解为一种文化机制(Cultural Mechanism)或者说制度化的病理(Institutionalized Pathology),表现为犯罪、吸毒、高离婚率等,可以通过外部干预来阻断和改变。他们主张联邦政府采取行动,让生活在贫困地区的人们获得正常的社会流动与经济机会。[1]

这种对贫困的解释投射到政策领域,就是伟大社会中的贫困救济措施。

---

[1] Kenneth B. Clark, *Dark Ghetto: Dilemmas of Social Power*, New York: Harper and Row, 1965, p. 4.

约翰逊政府没有直接为贫困者创造就业机会，而是寄希望于就业培训，通过技能教育帮助穷人重建信心和希望，也要求贫困人口本身在设计和执行地方政策方面扮演一个重要的领导角色。不过约翰逊政府的济贫政策最成功、影响最大的恰恰是不受重视的直接援助，也就是被称作食品券的食物援助。食品券计划开始于1939年，分为1美元的橙色券和0.5美元的蓝色券两种，每购买一张橙色券可以获赠一张蓝色券，但蓝色券只能购买指定的食品，当时主要是一些大量过剩的农产品，面向贫困家庭，1943年终止。肯尼迪在1961年再度启动，但只是在部分地区的试点工作，直到1964年变成正式计划。约翰逊政府的食品券计划与收入挂钩，只有在联邦贫困指导线之下的家庭，才有资格申请获得食品券；如果有工作能力的人，必须参加就业培训计划并达到一定标准，才有资格获得食品券。食品券按月发放，一般不超过12个月，只能在特定的食品商店中使用，不得换成现金，也不得用来购买酒精类饮料。到1970年，美国有超过380万个家庭加入了食品券计划。

20世纪60年代后期，美国社会对于贫困的理解开始变化。1965年，社会学家、劳工部助理部长丹尼尔·莫伊尼汉受命为劳工部撰写一份关于非洲裔青年就业情况的报告，他虽然也用贫困文化来解释贫困非洲裔的困境，但对贫困文化的理解已不同于肯尼斯·克拉克和瑞因沃特。莫伊尼汉认为非洲裔困境是因为大多数非洲裔生活在由母亲主导的单亲家庭，这样的家庭因缺少父亲而难以摆脱贫困，单凭母亲让子女很难顺利走入社会，久而久之形成了特定的生活方式和价值观。自由主义的结果，是"城市隔都区中的黑人家庭正在崩溃，现有证据强烈地证明了这一点"，建议采取"与民权法案不同的新的政策工具"。他开出的药方不是政府干预，而是完善非洲裔家庭，因为这样的变化能够确保非洲裔父亲扮演他们应该承担的责任。[1] 贫困文化被

---

[1] Daniel P. Moynihan, *The Negro Family: The Case for National Action*, Office of Policy Planning and Research, United States, Department of Labor, March 1965, p. 48.

视作一种价值观和生活方式,因而难以通过外部干预来改变,美国社会逐渐接受了这样的观点,"增加贫困者的收入并不能改变他们的生活方式和价值观,只不过是将大量资金投入了一个自我毁灭的无底洞中"[1]。哈佛大学的爱德华·班菲尔德更是认为,中心城市的贫困本质上是一种道德危机,他们只顾眼前利益,不重视教育、培训等长效机制,放弃了诚实、善良、尊重法律等价值观,这使他们难以走出贫困;而城市政策虽然能够短时间内改善贫困居民的生活,但只能提高他们的心理预期和依赖性,使他们更加重视获得眼前的利益。他相信政府干预是无效的,"这种想法是天真的,也就是相信在未来的一二十年间打破种族歧视、解决贫困和贫民窟问题以及增加就业能够减少骚乱"[2]。所以在美国社会看来,贫困从一个社会经济问题变成了道德问题,贫困者之所以贫困,不是社会不公,而是他们自身的生活习惯和道德水平所致,所以贫困者——而不是社会——应该为自己的贫困负责。

实际上,美国城市中的贫困群体是快速变化的经济结构中所形成的处于社会边缘位置的亚文化群体。贫困不是一种孤立现象,伴随贫困而来的还有一系列社会和经济问题:购买力下降、福利依赖增大、高比例的家庭破裂、暴力犯罪增加、房屋破败、婴儿死亡率增高、教育质量下降。这些后果并非孤立地出现,而是彼此相互作用,不断加强;它们是贫困的后果,也是贫困的原因。从社会经济的角度,或者从道德的角度,都不能准确解释这一亚文化群体的特征和本质,更不能回答,美国城市中的贫困群体,自始至终都是现在这样的吗?对于这一亚文化群体,瑞典社会学家冈萨·米尔达(Gunnar

---

[1] Carol B. Stack, *All Our Kin: Strategies for Survival in a Black Community*, New York: Harper and Row, 1974, p. 23.

[2] Edward Banfield, "Rioting Mainly for Fun and Profit," in James Q. Wilson, ed., *The Metropolitan Enigma; Inquiries into the Nature and Dimensions of America's "Urban Crisis,"* Cambridge, MA: Harvard University Press, 1965, pp. 312-341.

Myrdal)称之为底层阶级。芝加哥大学社会学家威廉·威尔逊进一步将底层阶级定义为"缺乏培训和技术的个人,他们既经历了长期的失业又不是劳动力大军中的成员,他们是卷入街头犯罪和其他越轨行为的个人,是那些长期经历贫困和福利依赖的家庭……几乎完全聚居于城市黑人社区中的生活条件最差的部分,这里是由生活在美国主流社会之外的异质的家庭和个人组成的"[1]。威尔逊生于1935年,是美国学术界中为数不多的顶尖非洲裔学者,他回忆道,"我们的生活也很穷,但从来没有陷入穷困之中"。他的家庭不富裕,但家庭成员和邻居并没有违法犯罪之徒或是瘾君子。更重要的是,他并没有经历隔离,虽然生活中也时时感受到种族主义,"我们很少与白人打交道,当我们不得不与他们打交道时,常常会感到恐惧"[2]。他的经历说明,20世纪60年代美国城市中贫困群体所面临的困境并不从来都是这样。

从20世纪60年代中期以后,约翰逊的济贫政策逐渐动摇,向贫困宣战一步步转变为向犯罪宣战,对于城市贫困居民的福利救济下降,而对于违法犯罪活动的打击力度却在不断加强。尼克松进入白宫后,延聘班菲尔德主持制定白宫的新城市政策。

美国的总体形势在战后15年里是稳定的,经济不景气周期性出现,但在繁荣中不太明显。成百上千万的中产阶级搬到郊区,享受丰裕的物质生活。但城市却是另一番命运。美国记者西奥多·怀特写道:"如果说1890年人口普查意味着边疆的消失,那么1960年人口普查就意味着大城市的消失……此时,属于城市的辉煌时刻已经过去了。"[3]

---

1 William Julius Wilson, *The Truly Disadvantaged: The Inner City, the Underclass, and Public Policy*, Chicago: The University of Chicago Press, 1987, p. 8.
2 David Remnick, "Dr. Wilson's Neighborhood," *The New Yorker*, April 29 & May 6, 1996, p. 96.
3 Theodore H. White, *The Making of the President 1960: A Narrative History of American Politics in Action*, New York: Atheneum Publishers, 1961, p. 217.

拓展阅读书目

Carl Abbott, *Urban America in the Modern Age: 1920 to the Present*, Second Edition, New York: Wiley-Blackwell, 2006.

James T. Patterson, *Grand Expectations: The United States, 1945-1974*, New York: Oxford University Press, 1997.

Kenneth T. Jackson, *Crabgrass Frontier: The Suburbanization of the United States*, New York: Oxford University Press, 1985.

Loïc Wacquant, *The Invention of the "Underclass": A Study in the Politics of Knowledge*, London: Polity, 2022.

Michelle Nickerson and Darren Dochuk, eds., *Sunbelt Rising: The Politics of Space, Place, and Region*, Philadelphia: University of Pennsylvania Press, 2014.

韩宇:《美国高技术城市研究》,北京:清华大学出版社2009年。

孙群郎:《美国城市郊区化研究》,北京:商务印书馆2005年。

第九讲　城市再开发的尝试

1959年7月，一个美国展览会在莫斯科开幕，美国副总统尼克松和苏共中央总书记赫鲁晓夫出现在展览现场。意外的是，他们在这里围绕共产主义与资本主义孰优孰劣展开了激烈辩论。这场辩论事先没有准备，第一次辩论发生在一个郊区住房的展台前，第二次在未来厨房前。尼克松宣称，郊区体现了美国人可以享受到的自由——对产品、色彩、款式和价格的选择自由。在20世纪50年代的丰裕社会中，郊区是经济富裕和消费选择的代名词，快速郊区化也是美国城市史上的独特现象，西部和南部崛起了大量的新型城镇。我们今天回看20世纪的历史会发现，50年代是美国城市最后的辉煌时代。从此之后，城市成了不受美国社会欢迎的词汇，人们想尽一切办法逃离城市、搬到郊区，一个国家正在变成黑人与白人、城市与郊区两个社会。

一、城市更新

1949—1974年间的城市更新是联邦政府、地方政府和资本三方合作扭转城市衰败、推动城市复兴的尝试，其基本路径是清理中心城市的衰败社区并在原址进行再开发。城市更新规模庞大，涉及数百个城市，美国学术界对此十分关注，在其尚未结束时就出现了第一轮研究热潮。早期研究者大多为城市更新的参与者，从多个视角对其起因、现状与趋势加以审视，批评其未能使城市走出困境。特别是马丁·安德森（Martin Anderson），他将城市更新概括为"联邦推土机"（Federal Bulldozer）并使这一形象深入人心。城市更新并未在当时就取得成效，相反带来了"黑人搬家"（Negro Removal）等一系列社会和经济问题，因而引起了社会各界的不满和批评。而同一时期激烈的社会运动，特别是少数族裔作为重要政治力量登上美国舞台，促成美国史学在20世纪70年代出现了新的动向，史学研究领域大大扩展，种族、文化成为理解历史的不可或缺的因素。对于城市更新的研究也受到影响，新一代历史学家将其与种族、性别、族裔等因素相结合，并置于战后政府与社会的互动中加以理解，通过城市更新观察城市中的种族隔离、住房市场的二元分化、地方政治结构与治理机制的转变等。在各种观点的交锋中，对城市更新复杂性的认识不断深化，不过学术界基本的否定态度并未发生改变；尤为重要的是，两轮研究热潮塑造了理解城市更新的思维模式和话语体系，即私人资本与地方政府形成了事实上的共谋关系，致使城市更新沦为资本获利的手段，而城市衰败并未得到纾解，弱势群体的需求也未能满足。随着群议式规划（Advocacy Planning）等新理念的兴起以及对街头文化和社区生活的重新认识，政府主导、自上而下的城市更新在理论层面也难以自持。近年来，美国城市复兴促使学术界重新反思战后城市政策，城市更新作为其中重要一环再度受到关注；史学自身的发展推动了跨学科交叉研究，城市更新逐渐超越城市史和规划史的界限。在学术潮流与时代变迁的共同推动下，第三轮研究热潮逐渐形成，研究者开始结合跨国史、文化史等新的研究潮流以及冷战史、环境史等新的研究领域，发掘并探讨城市更新的多重面相。但美国学术界的研究存在一定缺陷：从研究的时间跨度看，多集中于城市更新本身存在的时期，未能将其与之前和此后的城市再开发，尤其是20世纪八九十年代的城市复兴联系起来；从研究的视角看，60年代以来的研究倾向于将城市更新作为理解族裔、郊区化、联邦与城市关系等重大议题的切入点，对于城市更新本身的研究反而被忽视。更重要的是，此前形成的思维模式和话语体系仍在很大程度上主导着城市更新研究。20世纪80年代中期以来许多中心城市走向复兴，城市更新的历史遗产在其中扮演了重要角色，因此有必要对这一历史现象进行重新认识。国内学术界对美国城市更新的关注始于21世纪初，但多为泛泛之论，广度、深度都有明显不足。虽然从贫民窟治理、公共住房和房地产开发等多角度开展研究，但许多问题尚未涉及。

促使联邦城市启动城市更新的因素，早在"二战"前就出现了。19世纪末20世纪初，大城市中的贫民窟等问题就已引起进步主义者的关注，但更重要的是东北部和中西部城市经济结构的变化。这里是美国制造业的心脏地带，无论是芝加哥这样的大型综合性制造业城市，还是托莱多等以单一产品生产为主的城市，在20世纪20年代都逐渐出现了企业和人口逃离的现象。在纽约，20世纪三四十年代以后制造业在城市经济中的比重不断下滑，尽管战时经济刺激和战后初期的繁荣一度缓解了制造业的萎缩，但随着美国经济在战后步入去工业化阶段，纽约制造业也难以一枝独秀。据美国学者观察，纽约制造业从20世纪初开始向两个方向发展：其一，工厂从曼哈顿搬往其他四区或纽约大都市区的郊区；其二，越来越多的制造业开始向纽约工业区以外的地区迁移，如大理石切割业就因为地租过高而迁往长岛。到五六十年代，制造业逃离已经成为美国城市的普遍现象。企业和人口外迁至少从两个方面影响了城市：其一，城市政府的财政收入减少，缺少足够的资源解决城市问题；其二，大片空置的建筑乏人问津，政府无力维护，这些建筑逐渐破败，形成衰败社区。[1]

城市长期以来面临的人口和就业外迁是促使美国政府和社会各界支持城市更新的原因，"二战"后住房市场的紧张是促使联邦政府出台政策的最后一根稻草。经济危机冲击了建筑行业和房地产业，在大萧条和战争的15年中，公用设施、住房甚至商业性房地产开发受到极大压抑。战争结束后，临时住所被拆除、退伍军人回国、婚姻高峰期和婴儿潮的到来，居住紧张的情况变得更加糟糕。社会学家约翰·帕伦提到，截止到1946年，大约有600万人是与他们的亲戚居住在一起的，因为他们无法找到可以购买的住房或者可以租住的公寓。除了住房短缺，城市还面临其他问题。在城市的中央商务区，大量汽车使街道拥堵，大萧条前新建的许多高楼大厦仍然处于闲置状态。在北部的大城市里，贫民窟早在19世纪末就已经引起联邦政府、地方政府和改革者的注意。战争结束后，随着北部城市经济结构的调整，贫民窟问题更加显著。

针对贫民窟等城市问题，州政府、地方政府和改革者早在20世纪初就已尝试探索解决之道。进步主义改革者试图通过调查研究和社区改良运动加以解决，教会为贫困移民子女开办免费学校，规划师、生态学家和人口学家等

---

[1] 北部城市的空间结构是工业化的产物，例如芝加哥学派抽象出的同心圆模式。工业区、厂房和仓库分布在城市中央商务区的外围，周边分布着劳工阶层社区，大多拥挤破败。纽约市的苏荷地区在19世纪后期从居住区转变为工业区，分布着小型制造业企业、商铺和住房。20世纪40年代末，这里分布着大约650家中小型企业，雇用近1.3万名工人，其中42%在纺织和服装行业就业。19世纪流水线尚未出现在美国制造业部门，而曼哈顿高昂的地价使企业尤其是中小型企业只能在有限的空间内进行分工和布局，统楼房因此成为许多企业的选择。这类住房大多为4—6层，由砖瓦和铸铁建造，结实牢固，面积大并且隔断少，第一层常用作办事大厅或商店，楼上的几层天花板较高，可以用作仓库或厂房。去工业化深刻影响了苏荷地区，企业数量从1962年的651家迅速下降到1963年的459家，就业人数也从12671人下降到8394人。大批统楼房或就此闲置，或沦为仓库，年久失修、无人问津。这种工厂闭的现象在北部大城市中随处可见。在纽约州扬克斯，将近百年历史的亚历山大·史密斯在70年代搬到南部密西西比州了，奥的斯电梯公司也搬去了印第安纳。

专业人士主张从规划入手才能彻底根除城市问题。同时，城市规划者们依然不断呼吁建设公共住房的重要意义。凯瑟琳·鲍尔（Catherine Baur）等人呼吁大众应当意识到，如果不能为低收入者，尤其是被从贫民窟迁走的低收入者提供住房，城市再开发将是毫无意义的；而且作为一种手段，他们宣称倘若不能为低收入者提供住房，那么无异于制造新的贫民窟。纽约市政府则通过立法的方式应对城市问题，从1879年《纽约住房法》（New York Housing Act of 1879）到1916年《区划条例》（Zoning Act of 1916）再到1926年《限利住房公司法》（Limited Dividend Housing Companies Law），纽约市解决贫民窟等社会问题的方法正在从规范住房设施向系统性规划转变，并先后在1929年和1941年出台区域总体规划。在这一时期，贫民窟成为越来越多美国城市的顽疾，不仅是纽约这样的大城市，许多中小城市也面临严峻挑战。除纽约外，1941—1948年间有25个州立法机构通过了城市再开发法案，而且联邦政府也不再作壁上观。从19世纪末开始，联邦政府逐渐意识到城市问题，尤其是贫民窟蔓延的严峻性，继1892年开展针对大城市贫民窟问题的调查后，又于1918年夏开始为国防工业工人建造廉价住房。1937年的《美国住房法》授权美国公共住房管理局向地方政府提供贷款，用于清理贫民窟和建造廉价住房。1936年，全美房地产商联合会指出，"地方政府出资购买贫民窟土地并负责拆除，然后将其出售或出租给私人开发商来建设住房或商业设施。如果地方政府主持建设住宅区或商业区，或是负责运营，则是一个不利的选择"，并坦率地说明，"如果城市政府需要资金用于拆除和清理贫民窟，我们建议联邦政府为其提供贷款或资助"。[1]那些没有加入联合会的房地产商也在不断影响联邦政府，希望能够出台政策方便私人开发商获得贫民窟土地。1940

---

[1] Kevin Fox Gotham, "A City without Slums: Urban Renewal, Public Housing, and Downtown Revitalization in Kansas City, Missouri," *The American Journal of Economics and Sociology*, Vol. 60, No.1 (Jan., 2001), pp. 285−316.

年，城市土地研究所呼吁联邦政府用长期稳定的低息贷款为城市购买和清理贫民窟土地提供资助，然后根据城市的整体规划出售给私人开发商进行再开发，认为联邦政府至少应提供400亿美元的拨款。国会在1945年的《战后住房》(Postwar Housing) 报告中也做出了与开发商类似的建议，"联邦政府应当为城市政府提供新的帮助，使其摆脱不健康的住房条件并促成衰败地区的再开发"[1]。

在城市改革者、地方政府和资本影响下，1949年，由共和党议员威廉·塔夫脱（William Taft）与民主党议员罗伯特·瓦格纳（Robert F. Wagner）和艾伦·艾伦德（Allen J. Ellender）提交的住房法案在国会批准后由杜鲁门总统签署生效，即1949年《住房法》(Housing Act of 1949)。该法是各方意见的妥协和融合，主要内容分为城市衰败地带的清理、再开发和公共住房建设。根据该法，联邦政府成立了城市更新管理局总负其责，并拨款15亿美元用于城市更新；城市成立专门机构城市更新管理局（Urban Renewal Administration）负责清除城市的贫民窟和衰败地区，必要时可以使用土地征用权（Eminent Domain）[2]。该法同时规定了城市更新的具体程序，即城市以市场价格购买贫民窟土地并将其拆除和清理，然后将清理后的土地以空地价格出售给私人开发商，其中的差价由联邦政府负担三分之二，城市政府以现金或建造配套设施的方式负担余下的三分之一。法案规定在六年内新建81万套公共住房。从1949年7月至1967年7月，全美共有49个州颁布有关法律，批准其下属城市的更新和开发，华盛顿特区以及海外领地维尔京群岛、波多黎各

---

1 U.S. Department of Housing and Urban Development, *Housing in the Seventies: A Report of the National Housing Policy Review*, 1974, p. 10, http://www.huduser.org/portal/publications/affhsg/hsg_seventies_1974.html，2024年8月17日查询。
2 土地征用权是一种法律认定，即公益事业是凌驾于私人土地所有者的权利之上的。土地征用权允许政府没收私有财产，并取得该土地的所有权用于公共事业，如果土地所有者获得了相当补偿的话。一旦使用了土地征用权，土地所有者就被要求将他们的财产出售给政府。

等也相继制定了法律。城市更新的启动,需要地方管理机构向区域城市更新机构提出申请,最终经城市更新总署认可后才能得到联邦政府的资助。这一过程具体如下:

第一,地方政府选定的更新社区需要满足"住房占据绝对多数"(Predominantly Residential)的条件,即超过50%的建筑属于住房或更新完成后的建筑中超过50%属于住房;

第二,更新计划需要与地方政府的总体规划方案保持一致;

第三,地方政府需提交详细的更新方案,包括建设计划、财务分析、居民再安置方案、公开听证会的记录和工程与环境分析等;

第四,就更新方案举行公开听证会;

第五,更新以公开招标的方式举行。

看起来,在这个过程中联邦政府足以制约地方政府和私人资本,但这些规定大多只停留在纸面上,在实际执行中并未得到严格贯彻。虽然法律要求以公开招标的方式确定负责更新的开发商,但为了加快进程,地方政府往往事先确定开发商,所谓公开招标大多流于形式;由于1949年《住房法》并没有制定被开发社区参与决策的机制,因此社区居民的利益其实难以保障,只是依靠听证会显然无法真正发挥保护作用,甚至很多更新社区的居民对于项目何时启动和具体内容都不清楚。而且再安置方案往往沦为"面子工程",表面上有严格的规定和完善的计划,也有配套的专门工作人员和场所,但美国地方政府干预房地产市场的能力毕竟十分有限,公共住房也因为这样或那样的原因无法动工或建成量远远不能满足需求,以至于再安置成为城市更新最为受人诟病之处。

城市更新并非美国历史上从未有过的全新的城市政策,而是一系列城市再开发尝试的延伸。匹兹堡是较早启动城市更新的城市之一,"匹兹堡复兴"(Pittsburgh Renaissance)的故事可谓耳熟能详。得益于工业化和专业生产,匹兹堡在19世纪后期强势崛起,众多钢铁企业集中在以匹兹堡市为中心的阿勒格尼县,使这座城市拥有了美国"钢铁之都"的称号。经济繁荣之下,中央商务区高楼林立,1902—1932年的三十年间,9座摩天大楼相继落成,容纳了许多企业总部;电影院、购物中心等娱乐设施也纷纷出现。但匹兹堡从20世纪20年代开始就呈现出盛极而衰的态势,与中西部许多工业城市一样步入衰败萧条的困境。曾经使匹兹堡雄踞一方的单一产业结构很快成为其经济萧条的渊薮,高度专业化和资本集中导致城市经济缺乏弹性,无法适应市场变化;重工业云集严重破坏了城市环境,空气和水污染十分严峻;洪水泛滥和交通拥堵也不时困扰着这座城市,甚至1936年3月17日的洪水造成的经济损失高达9400万美元,近7万人无家可归。早在20世纪初,匹兹堡已意识到城市治理的重要性,缓解烟尘污染拉开了城市改造的序幕。1911年成立了烟尘管理局,旨在向企业推广环保技术和经验,但效果有限。另一项重要工作是改善基础设施。城市政府致力于拓宽中央商务区的街道,并修建了一条新的公路连接中央商务区和郊区奥克兰的公路。20年代出版了6卷的《匹兹堡规划》(*Pittsburgh Plan*),涵盖了关于各类市政工程的报告,包括公园、游乐场和公路,其中部分内容在1923年被城市规划委员会接纳,并发行了2000万美元的债券用于改造。不过这笔经费并不足以全面改造城市,只能选择哪些项目应当优先实现。[1]虽然匹兹堡市政府重视规划,但规划并不能保证实施,即便实施也未必立竿见影。匹兹堡真正走向复兴始于"二战"后。尽管战争刺激下的匹兹堡经济曾短暂复苏,但钢铁企业已停止在这里投资建厂。战后,匹兹堡人口继续减少,财政收入缩水,城市吸引力不再。1945年当选市长的戴维·劳伦斯(David Lawrence)虽然来自民主党,但与以共和

---

[1] John F. Bauman and Edward K. Muller, *Before Renaissance: Planning in Pittsburgh, 1889–1943*, Pittsburgh: University of Pittsburgh Press, 2006, pp. 107–136, 165.

党大企业家如理查德·梅隆（Richard K. Mellon）等人为主的阿勒格尼社区发展会议（Allegheny Conference on Community Development）往来密切，相互之间配合默契，试图保留原有工业，防止其逃离匹兹堡，并通过改善环境吸引新的企业落户。尽管该市最大的冶炼企业琼斯－洛林钢铁厂污染严重，但市政府还是通过颁发特别许可证使其留在匹兹堡，当然前提是要最大限度地控制污染排放。城市更新启动后，匹兹堡更加积极地推动城市再开发，向联邦政府申请资助。原本就已开展的三项重要工程——改造中央商务区、治理污染和建造廉价住房——仍然是其中心任务。在费城，商界在1948年发起了"大费城运动"（Greater Philadelphia Movement），目标是改善营商环境，提高政府工作效能，更好地为经济发展服务。该运动得到了城市官员的大力支持，两届费城市长小约瑟夫·克拉克（Joseph Clark, Jr.）和理查德森·迪尔沃思（Richardson Dilworth）与其过从甚密。"大费城运动"首先瞄准了城市宪章，致力于修改宪章对于费城市政府组织架构、功能和权责等方面的规定。该运动的另一项重要任务是推动费城的城市再开发，首个目标是拆除历史悠久的码头街市场（Dock Street Market）。该市场在19世纪初逐步发展起来，"二战"前后已经破败不堪，更无法适应汽车的需要。城市更新启动后，费城市政府申请联邦经费用于改造市场。城市将码头街市场的改造列为最初的更新项目之一，1959年将其拆除，建造了全新的食品配送中心。

在城市更新中，联邦政府和地方政府的诉求并不一致。对于联邦政府来说，其首要目的是通过城市更新创造更多的住房，满足不同收入阶层美国人的居住需求。1949年《住房法》是国会首次在一项全国性城市政策中宣称"将尽快以多种方式为全体美国家庭提供舒适、优雅的居住环境"[1]。该

---

[1] Sylvia C. Martinez, "The Housing Act of 1949: It Place in the Realization of the American Dream of Homeownership," *Housing Policy Debate*, Vol, 11, No. 2 (2000), pp. 467−487.

法也是杜鲁门"公平施政"的种种提案中唯一得到国会的批准的方案——在民主党控制的国会中,杜鲁门关于建立全国性医保体系、成立常设的公平就业委员会、增加联邦教育拨款和废除保守的《塔夫脱-哈特利法》(Taft-Hartley Act)等措施都失败了,唯独《住房法》得以通过,因此被研究者视作"公平施政"的顶峰。[1] 为了保证充足的住房建设,该法特别规定清理和重建贫民窟必须以住房建设为主,再开发必须保证住房占据绝对多数,而被选择用来清理的贫民窟也必须是住房占据绝对多数;同时将再开发中的商业开发限制在总投资的10%以下。该法采纳了整体规划、整体开发的思路,要求城市政府预先准备整体规划方案,将贫民窟及其周边地区全面清理再造。共和党艾森豪威尔政府尽管对公共住房多有不满,但总体看来虽然主张减少联邦对城市的干预,但并未改变城市更新的模式,住房依然是其重点。肯尼迪在其短暂任期内对城市政策投入大量精力,不仅致力于推动成立主管城市事务的内阁级部门,而且率先尝试住房市场中的种族平等。对于城市更新,肯尼迪政府未做重大调整,只是增加了低收入家庭项目中的老年人租房补贴,并在1961年《住房法》(Housing Act of 1961)中将拨款从20亿美元增加到40亿美元。随着强势的林登·约翰逊成为总统,联邦城市政策大幅度扩容,住房仍然是约翰逊政府城市政策的核心。1964年1月27日,也就是发表首个国情咨文19天后,约翰逊向国会提交关于住房问题的特别报告。该报告共分为七部分,除结论部分外,分别涉及住房、社区开发、就业培训、公共交通等六大方面,其中第二部分就是城市更新。城市政府对于城市更新基本持欢迎态度,对于联邦政府的干预,大多数城市在20世纪70年代前也并不反对。1949年《住房法》甫一通过,纽约、底特律等大城市便向联邦政府提交

---

1 Richard O. Davies, *Housing Reform during the Truman Administration*, Columbia: University of Missouri Press, 1966, p. 112.

城市更新计划和申请。这些城市大多面临严峻的城市问题，已经与州政府多次协商贫民窟清理和重建，早已做好准备向联邦政府要求援助。在纽约，市政府早在1943年就利用州政府拨款在下东区贫民窟建设了斯泰弗森特城住房项目；在圣路易斯，市政府、规划专家与市民组织合作，共同制定了再开发方案并提交联邦政府。在新奥尔良，市长德莱塞普斯·莫里森（DeLesseps S. Morrison）提出了拆除中央商务区的衰败社区并在原址建造大型交通枢纽和会展综合体，此举得到了新奥尔良大企业的鼎力支持。1950年2月，联邦政府已经开始支付用于清理贫民窟的费用，10个城市得到了总额1600万美元的资助[1]；3月初又向4个城市提供了经费，其中费城得到了最大份额，630万美元。[2] 但大多数城市的方案只包括1949年《住房法》的第一款，即贫民窟清理和再开发，而不包括第三款，即建设公共住房。实际上在整个城市更新期间，大多数城市政府有意无意地忽略了城市更新所要求的"以住房为主"，对于公共住房更是置若罔闻，以种种借口有意推脱。随着1954年《住房法》下调公共住房建设数量，城市政府更加积极地规避住房要求。从50年代末开始，许多城市将城市更新管理局负责公共住房的部门整合入当地住房管理局，使前者不再负责公共住房。一方面，机构调整使得城市更新管理局可以集中精力应对贫民窟的拆除和再开发，而关于公共住房的要求则由住房管理局解决，结果是很多城市的公共住房建设严重滞后于更新项目，住房管理局不但难以分享联邦资金，而且不得不在城市边缘地区而非项目附近选址开工。另一方面，机构调整使得公民表达抗议的渠道受到更多限制，受到城市更新影响的居民不得不在两个机构之间疲于奔命，其反对意见和利益诉求很快便被淹没在官僚机构的日常冗务之中。

---

1 "City Gets Slum Funds," *New York Times*, February 11, 1950.

2 "U.S. Allots 4 Slum Funds," *New York Times*, March 4, 1950.

总体看来，联邦政府更加注重住房问题，希望通过城市更新为更多人提供体面的、能够负担得起的住房，这是战后联邦政府社会服务职能强化的体现；地方政府更加重视经济发展，因为房产税是地方政府最大的财政来源，经济发展才能够提升土地价格。虽然住房法中明确规定了用于商业开发的比例，但在执行中，地方政府往往用各种办法绕开限制。虽然在更新中也建造了住房，但大多是高层公寓，更多的土地被用来建造酒店、金融中心和购物城。美国学者彼得·萨林斯指出："城市更新特别成功的地方是开发商实现了自己的目标。"[1] 1969年，民间动乱咨询总统委员会在调查报告中称："在城市更新、公路建设、清除公共住房、住房建设和其他计划的实施中，因政府行为而拆除的贫困人口住房数量远远大于各级政府为他们建造的住房数量。"受影响的主要是城市中的非洲裔。1963年，非洲裔作家詹姆斯·鲍德温（James Baldwin）在接受采访时称，在旧金山西区，大约5000个家庭因为城市更新失去了住处，其中绝大多数是有色人种。对于这一现象，鲍德温称之为"黑人搬家"。

1949年《住房法》有许多模糊之处，有很多法律漏洞可以让地方政府利用。该法规定了城市更新的程序，即地方的城市更新机构选择待开发的贫民窟，由政府出资购买，安置居民，拆除和清理，之后再公开出售土地，根据市场原则交易，最后由联邦政府根据市政府买入和卖出之间的差价提供补贴。但实际上，这一程序很大程度上停留在文字上。例如在纽约市，更新机构采用了相反的做法，首先将等待清理和开发的地产出售给开发商，然后才开始清理。这种方式保证了清理之后的地块可以尽快地得以开发和重建，尽管根据《住房法》的规定，开发商只需投入不多的资金就可买下土地，但土地的提前易手却使城市政府在地产被清理期间就可以征收地产税；由于该

---

[1] Peter Salins, *Housing America's Poor*, Chapel Hill: University of North Carolina Press, 1987, p. 97.

法在城市政府承担搬迁居民再安置的工作上监管不严，提前出售贫民窟地产也可以将这一负担转移到开发商头上。在1959年时任国会众议员约翰·林赛（John Lindsay）要求禁止前，这种做法尽管是合法的，但不合规矩。同时，纽约市政府官员有意弱化各个开发商在购买衰败社区地产时的竞争。衰败社区的土地在被清理之前出售，这种交易往往是在幕后完成的，通过私下往来安排开发商。许多城市采取的办法，是提前15天在媒体上发布销售广告，有些广告甚至登在《华尔街日报》《纽约时报》等全国性报纸上；而纽约却只是将广告刊登在本地影响力很小的《城市记录》（The City Record）上，其设计也尽可能地不引起注意。这些漏洞使得地方政府有更大的空间影响城市更新的走向。

面对城市政府的"跑偏"，联邦政府并非全无作为。在亚特兰大，城市更新总是回避以非洲裔为主的衰败社区，对此联邦政府也曾出手干预。1963年，联邦政府决定不再受理亚特兰大的新申请，除非市政府建造1000套住房。[1]但总体看来，这种情况比较少见，而且收效也不明显。可以说，在城市更新中，联邦政府与地方政府既存在目标和重点的不一致，同时面对这种不一致，联邦政府难以发挥强力作用。这种现象在很大程度上来源于二者不同的功能和角色。联邦制本质上是一种权力分配法则，这种制度下的高层政府和低层政府按照一定规则分享权力，分别为其辖域内的人口提供不同且相互独立的社会和经济服务，即瓦茨所言："一种由组成单元和总体政府构成的混合政治实体，公民通过宪法分别授予它们各自的权力，各自向公民行使权力。"[2]因此在美国，联邦政府与地方政府分别具备不同的职责，甚至在某些方

---

[1] Irene V. Holliman, "From Crackertown to Model City? Urban Renewal and Community Building in Atlanta, 1963-1966," *Journal of Urban History*, Vol. 35, No. 3 (Mar., 2009), p. 373.

[2] R. L. Watts, "Federalism, Federal Political Systems, and Federations," *Annual Review of Political Science*, Vol. 1 (Jun., 1998), p. 120.

面有所抵触。总体看来,"地方政府更加重视效率,以保护其经济基础;而联邦政府的国内政策则更关注发展与再分配之间的平衡"[1]。这并不意味着联邦政府不重视经济发展——实际上,联邦政府高度关注国民经济,税收、货币、能源等与国民经济密切相关的领域是其政策的焦点——但联邦政府在关注经济发展的同时往往也要兼顾平等,教育、医疗、社会保障,当然还有住房,都是联邦政府兼顾公平的政策。实际上,州政府和地方政府始终是城市更新运行机制中最重要的环节之一。在联邦制的约束之下,从法律的角度说,联邦政府与城市政府的关系并没有清晰的法律定位,因而受制于政治文化、领导者个人风格、具体事件以及舆论的影响;从执行的角度看,联邦政府并没有直接指挥和控制城市政府的权力,联邦政府对经济社会事务的干预、对地方事务的参与几乎只能通过资金援助来引导,因而既没有强制力,也缺少惩戒机制。也许正因为如此,约翰·莫伦科夫才将联邦政府称为"银行家政府"(Banker Government),即只能以资金援助的方式间接干预地方事务,通过这种方式推动地方政府实现联邦政府的诉求。[2] 不只是联邦制政治结构使得联邦政府干预地方的权力受到极大限制,还包括地方自治及其悠久传统赋予地方政府抵制联邦权力的强大力量。地方自治是美国政治的突出特色,美国的地方自治可以追溯到殖民地时代新英格兰地区的村镇自治,居民通过村镇大会制定政策、选举官员,是自我管理的直接民主。严格说来,地方自治并非城市与联邦的关系而是城市与州的关系,并且19世纪联邦对城市的干预微乎其微;但随着城市在19世纪后期逐渐削弱了州政府对自己的影响,在"硬"的政治结构和"软"的政治文化等方面,城市政府愈发强调自我管理。即便在大萧条期间,美国市政同盟领导人默里·西曾古德依然认为

---

[1] Paul E. Peterson, *City Limits*, Chicago: The University of Chicago Press, 1981, p. 68.
[2] John H. Mollenkopf, *The Contested City*, Princeton, NJ: Princeton University Press, 1983, p. 139.

新政的救济政策是"对地方自治的巨大冲击",是高效节俭政府的绊脚石,建议"城市制订自救方案,依靠自己的力量走出危机"。[1] "二战"以后,尽管城市需要联邦政府的救济和帮助,但地方自治并未消失,城市也并非心甘情愿地接受联邦政府控制。

城市更新不是固定不变的单一模式,首先,历届政府都对城市更新做出过调整。艾森豪威尔政府在1954年和1959年两次调整《住房法》,将联邦拨款城市更新拨款中可用于商业开发的比例逐步增加到20%,同时减少了公共住房的数量。1954年《住房法》通过后最为明显的结果,就是城市更新真正受到地方政府和私人资本的重视,从全国范围看,更新进程大大加快、更新项目此起彼伏。首先是地方政府的积极性被调动起来,美国地方政府官员最大的两个组织——美国市长大会和美国市政联合会(American Municipal Association)——在1954年后都主张城市更新。私人资本也更加积极地参与城市更新。美国学者苏姗妮·法卡斯观察道:"共和党人为更新中央商务区的理念所吸引,市长们无论出自哪个党派,都看到了商界对城市更新的支持,明白可以通过城市更新扩大房产税的基础。"[2] 许多经济学家和商人相信,中央商务区仍然是城市的核心,也许不再是唯一的核心。在他们看来,一些经济活动只能在中央商务区进行,一些活动虽然能离开这里,但其指挥和决策中心依然只能留在中央商务区。肯尼迪执政虽然时间不长,但增加了城市更新拨款。更大的改变发生在约翰逊执政时期。1964年发起了社区行动项目,鼓励贫困居民最大限度地参与政策制定过程,使得社会救助项目真正体现贫困者的需求,以这样的方式来解决贫困问题。《1966年示范城市与大都市区发

---

1 Murray Seasongood, "The Local Government Muddle," *The Annals of the American Academy of Political and Social Science,* Vol. 181 (Sep., 1935), pp. 161-162.

2 Suzanne Farkas, *Urban Lobbying: Mayors in the Federal Arena,* New York: New York University Press, 1972, p. 64.

展法》启动了示范城市计划。示范城市计划深受美国政治领域中公民参与理念与实践的影响。计划的目标包括四个方面：第一，通过更新基础设施和开展社会发展项目推动整个贫民窟社区的更新；第二，大量增加中低价格的住房；第三，在减少社会和教育不同、推进居民健康、降低失业率等方面取得明显进步；第四，推动建设一个各地区均衡发展的大都市区。在参与者方面，示范城市计划不再仅仅是联邦政府、城市政府和开发商，而是包括了州政府和社区。州政府发挥协调和联系的作用，并具体执行卫生、福利等政策；社区的作用则集中在政治领域，即通过选举市长、城市经理和市议员影响决策的制定与执行。此外，该计划也意识到待改造社区居民的重要性，要求各地具体执行机构调查居民的生活状况，并确保居民有充足的机会参与计划的执行，每个城市都在努力维持民众参与和官员决策之间的平衡。

其次，不同城市根据自己的市情采取了不完全相同的更新方案。大部分城市更新是以商业开发为中心的，正如历史学家丽莎贝斯·科恩所言，百货商店业主和政府官员在绝大多数城市的更新项目中发挥了重要作用，他们将百货商店当成了一种重建的再开发手段，相信市中心的高档商店能够吸引郊区的中产阶级到城市中消费，甚至搬回城市。[1] 知名建筑师维克多·格鲁恩（Victor Gruen）撰文呼吁城市为零售业做好规划。在纽黑文和波士顿，政府官员与商界合作，将市中心的大片贫民窟清理后建成了新的购物中心；在巴尔的摩，地产开发商詹姆斯·罗斯通过发起假日市场，保留了历史风貌建筑，但将其改造为零售店和高端精品店，取得了很大成功，假日市场的开发模式也在波士顿等城市投入使用。[2] 但也有许多城市选择了商业开发之外的

---

1 Lizabeth Cohen, "From Town Center to Shopping Center: The Reconfiguration of Community Market Places in Postwar America," *The American Historical Review*, Vol. 101, No. 4 (Oct., 1996), pp. 1050−1081.
2 Nicholas D. Bloom, *Merchant of Illusion: James Rouse, America's Salesman of the Businessman's Utopia*, Columbus: The Ohio State University Press, 2004, pp. 150−171.

其他道路。在明尼阿波利斯－圣保罗，城市更新启动后，当地政府官员和开发商最初希望借助联邦资助将门户区破败的建筑、老旧肮脏的工业仓库清理一新，然后建立现代化的大型购物中心和写字楼，周围留出大片空地用作停车场。但没过多久，一种全新的更新方案得到了明尼阿波利斯市政府和部分企业与规划界的认可。在城市官员和商界看来，明尼阿波利斯不但是明尼苏达州，也应当是整个中西部的"脸面"，因此城市不但需要整洁、现代化的景观，也离不开高端文化机构和设施。1959年，英国著名导演泰隆·格里斯（Tyrone Guthrie）在《纽约时报》发布广告，表示要在美国的一座城市建造一座专业剧院，这给了当地政商精英一个发起新更新方案的机会。他们积极行动起来，邀请格里斯和他的助手来到明尼阿波利斯实地考察，并且积极地向本地市民宣传建造专业剧院的好处。最终他们的努力没有白费，格里斯决定将剧院建在这里。实际上除了格里斯剧院，明尼阿波利斯城市更新也致力于建设其他文化设施，在20世纪50年代后期，该市有11个更新项目与剧院、图书馆等文化机构有关。在纽约，城市更新并没有走商业开发的道路，而是更加全面综合。在17项最终得以开展的项目中，有13项位于曼哈顿，其中只有一项属于商业开发，即1956年完工的纽约会议中心（New York Coliseum）；其他开发项目集中在三个方向，即中产阶级住房、高等教育机构和大型文化设施，这对于纽约经济复苏和结构转型无疑具有积极意义。中产阶级住房能够吸引有消费能力的中产阶级留在城市，从而为纽约创造更多的商业和就业；知识在战后美国经济中发挥着越来越重要的作用，而知识生产离不开高等教育机构；大型文化设施是城市的名片，也是纽约作为全球城市不可或缺的组成部分，文化创意不仅仅是一种产业，更是吸引人口和财富的磁石。

除了上述大规模城市改造，1954年《住房法》通过后，现有建筑和社区的维修和保护（Rehabilitation and Conservation）也成为城市更新的重要途径，并且能够获得联邦政府的资助。该法所规定的维护既包括物质条件的修缮和改进，例如破败建筑的改造，以及绿化、平整道路、建造运动场等公共空间的社区"微更新"，也包括严格执法（Code Enforcement），即对于一些违反与住房和社区有关的法律的行为，以往也许默认纵容，但现在要严格实施，从后来的执行情况看，主要是关于社区族裔构成的规定。

城市更新模式的变化主线有两个。一方面，对于住房开发的要求在逐步放松——1959年《住房法》规定，联邦城市更新经费中的20%可用于非住房开发，1961年提高为30%，1965年进一步提高到35%；该法还特别做出规定，"如果在城市更新项目范围内或邻近地区开展学院或大学的更新，地方更新机构可以获得非现金资助"，1961年《住房法》又规定医院的更新也可享受同样的资助。另一方面，联邦政府用于城市更新的资金也持续增加——1957年《住房法》在原来9亿美元基础上再追加3.5亿美元拨款，1959年《住房法》又新增拨款6.5亿美元，1961年《住房法》规定联邦政府用于更新的拨款最高可达到40亿美元。同时1961年《住房法》增加了政府对城市动迁居民异地重新安置的费用支出，1965年《住房法》规定联邦可以贷款给低收入者用于购买和建造住房。除了上述两个方面，一系列住房法案也不断强化公民参与的程度。在1954年《住房法》要求更新项目得到社区居民认可之后，1959年《住房法》进一步提出了"社区更新方案"（Community Renewal Plans）的概念，即在对整个城市进行分析的基础上，评估不同社区走向衰败的可能性，针对那些最可能衰败的社区提供专项经费，帮助社区提前采取干预措施。

联邦政府、州政府和地方政府、私人资本以及被改造的社区，共同构成了城市更新决策和执行机制的四个基本参与者。联邦政府通过项目审批和资金援助的方式规整城市更新的基本方向，但联邦制的政治框架和地方自治的悠久传统以及市场经济的原生作用大大制约了联邦政府实现目标的能力；州政府和地方政府虽然不是最主要的"金主"，但却在城市更新中发挥着极大的影响力，不但通过制定地方性法规左右辖区范围内的更新项目，而且经常通过暗箱操作或者钻法律漏洞之类的"小动作"回避联邦政府的某些要求，从而实现自己的目标；私人资本是更新项目的直接参与者，它们以获利为第一目标，看中的是城市中心区房地产开发巨大的潜在利润，并且由于与地方政府刺激经济发展的目标相一致，往往与后者结成同盟；被改造的社区虽然名义上是受益者，但实际上往往沦为更新的受害者，由于地方政府在再安置和补偿方面常常准备不足，社区居民难以在房地产市场中找到更好的住房，也难以在公共住房中安身立命，其结果往往是搬往下一个贫民窟。在这样一个由联邦政府、州政府和地方政府、私人资本以及被改造社区所构成的关系网中，一方面，四方在城市更新项目中的话语权和影响力随着《住房法》的不断调整和更新模式的演替而发生变化，整体看来，被改造社区的发言权在持续增大，但其影响力始终有限；另一方面，在具体的更新项目中，四方的博弈决定了项目的走向，或者说决定了谁是最大的受益者，整体看来，州政府和地方政府以及私人资本的诉求往往得到满足，而社区的利益更多地被忽视。

1973年1月，白宫宣布暂停多项住房与城市发展部的资助项目，并将示范城市计划的截止日期定在了当年6月30日。随后，尼克松政府宣布该计划并入新联邦主义，其经费纳入税收分享计划。同年，尼克松宣布城市更新正式停止。1974年，国会通过的《住房与社区发展法》正式生效，将城市更新运动、示范城市计划以及住房与城市发展作为社区发展公司提供的配套计划整合在一起，用统一的整体补助金（Block Grants）代替各个项目的拨款。根据联邦住房管理局在20世纪70年代的统计，1949—1974年，共有1258个地方政府启动了3284个城市更新项目，联邦政府的更新拨款高达131亿美元。

二、民权运动在城市

《杀死一只知更鸟》(*To Kill a Mockingbird*)是哈珀·李(Harper Lee)在1960年出版的小说,讲述了一个叫汤姆·罗宾逊的年轻人,因为是非洲裔被误判为强奸犯的故事。正直的辩护律师阿里克斯·芬奇尽管出具了罗宾逊无罪的证据,但却不能被陪审团采纳。这样的欲加之罪,让罗宾逊死于乱枪之下。小说取材于作者10岁时故乡——亚拉巴马州门罗维尔——的一桩旧事,并融合了她对美国社会的观察。哈珀·李着墨于南部诸州的阶级、种族、性别,描绘了一个关于偏见、陋俗、勇气与同理心的故事。有评论家指出,《杀死一只知更鸟》是20世纪美国最为广泛阅读的关于种族的小说。虽然故事原型发生在1936年的南部,但战后美国种族问题并没有显著缓解,而且随着非洲裔的到来,北部城市也成为种族矛盾的频发之地。

战争期间北部城市工业企业的需求,南部农业机械化的推广,促使南部非洲裔继续向北部和西部去,继"一战"的第一次大迁徙之后出现了第二次大迁徙,1940—1970年,超过500万非洲裔踏上了迁徙之路;留在南部的非洲裔,许多也从乡村迁入了城市。到1970年,非洲裔已成为高度城市化的族裔,超过80%居住在城市里,40%居住在东北部和中西部,7%在西部,53%在南部。北部大城市非洲裔人口有了明显增加,纽约、芝加哥、洛杉矶、费城、底特律、巴尔的摩和华盛顿等12个最大城市的非洲裔占南部以外非洲裔总数的75%以上。[1]

非洲裔来到城市后,大多数进入此前已经形成的聚居区中,这当然是因为聚族而居更方便,但更重要的是城市中的种族隔离日趋严苛。除了种族

---

[1] National Advisory Commission on Civil Disorders, *Report of the National Advisory Commission on Civil Disorders*, p. 243.

限制性契约和红线政策，针对非洲裔的暴力活动有增无减。在很多城市，当非洲裔搬入白人社区后，经常有邻居组织示威，打破窗户甚至在草坪上燃烧十字架，以此迫使非洲裔搬离。大多数非洲裔收入低，只能在最破败的社区落脚，公共住房成为他们主要的选择。城市更新将城市中的许多衰败地区清理一空，原本住在这里的居民大多是非洲裔，他们只得另寻住处，搬到另一处贫民窟。1954年《住房法》通过后，公共住房成了解决贫民窟居民住房选择的主要方式，非洲裔进一步集中在公共住房社区中。所以在空间上，非洲裔居民的集聚程度越来越高，这些以非洲裔为主的聚居区被称作隔都。隔都一词原本特指中世纪晚期到早期现代威尼斯的犹太人聚居区，后来泛指城市中的少数族裔聚居区。社会学家道格拉斯·马西和安德鲁·格鲁斯在1980年对50个大都市区的隔都进行了研究，证明了贫困与隔离是一种相互增强的机制。在一个高度隔离的情况下，非洲裔贫困的全面增长会引起非洲裔居住区贫困集中程度的明显增长。当贫困率从10%增长到40%时，居民区的贫困集中程度也同样从10%升为41%。没有工作的年轻的非洲裔男性从40%升为53%，单身母亲从28%上升为41%。[1] 隔离造成的危害体现在方方面面，不全是贫困这样的经济问题。城市政府财政收入低，公立学校设施破败，缺少良好的师资力量，非洲裔青少年在这样的学校里只能接受质量不高的教育，教育不足甚至缺失成为他们今后社会流动的障碍，使他们在社会中处于极为不利的地位。隔离的影响一代代向下延续，在隔都里长大的青年丧失了摆脱贫困的途径，这种恶性循环使他们中很多人丧失了对未来的信心和奋斗的动力，于是在日常生活中表现出一种反社会行为来发泄自己的失望和对社会的不满，而这些行为非但无助于他们摆脱贫困，反而进一步加强白人社会对他

---

[1] Douglas Massey, Andrew Cross, and Mitchell L. Eggers, "Segregation, the Concentration of Poverty, and the Life Chances of Individuals," *Social Science Research*, Vol. 20, No. 4 (Dec., 1991), pp. 397–420.

们的歧视与隔离，导致隔都现象继续存在并不断加强。

不同族裔之间矛盾不断激化，很快演化成城市街头的种族骚乱。20世纪60年代，美国各地共有150座城市发生过暴乱。1964年7月在哈莱姆爆发的骚乱，起因是一名非洲裔男孩被白人警察杀害，骚乱持续六天之久，导致144人受伤和4人死亡。次年在洛杉矶瓦茨爆发了更大规模的骚乱。骚乱的起因是21岁的非洲裔麦奎特·弗莱因为超速驾驶被白人警察拦住，随着围观的人越来越多，人们开始流传白人警察在殴打一名非洲裔孕妇，很快愤怒的人们开始向警察投掷石块，然后骚乱就开始了。洛杉矶市政府在一个46.5英里的区域内实行了宵禁令，最终被破坏的房屋共计价值4000万美元。没过多久，纽瓦克、底特律、芝加哥等大城市相继爆发大规模种族骚乱。1968年，约翰逊任命了民间动乱咨询总统委员会，由前密歇根州州长奥托·克纳（Otto Kerner）担任主席，次年委员会发布调查报告，认为"我们的国家正在变为两个社会，一个属于黑人，一个属于白人，两者分离但不平等"。[1]

种族骚乱又进一步强化了白人对非洲裔的污名化。隔都区在白人眼中满是"失业者、没有男人的家庭和徒有其名的学校，学生毕业后就混迹街头帮派、吸食毒品和依靠福利过活，他们敌视社会尤其是白人社会"[2]。就像哈佛大学经济学家约翰·凯恩和约瑟夫·佩尔斯基发现的那样："白人和白人社会都相信，隔都区将会持续扩张，贫困和社会解体随之持续，这样的态度是中心城市衰败的重要原因。"而非洲裔的日益激进反过来又印证和强化了这样的认识。20世纪60年代中期以后城市非洲裔团体的言论更加激烈、行动更具战斗性，当报纸、电视上出现与城市相关的负面报道时，几乎都伴随着他

---

[1] National Advisory Commission on Civil Disorders, *Report of the National Advisory Commission on Civil Disorders*, p. 1.

[2] National Advisory Commission on Civil Disorders, *Report of the National Advisory Commission on Civil Disorders*, p. 204.

们的身影。马尔科姆·X、斯托克利·卡迈克尔等激进分子的威胁回荡在美国人耳边——1968年卡迈克尔在华盛顿特区的集会上公然说道,"昨晚白人杀害马丁·路德·金博士之时,就是向我们下达战书之日……他们要在街头偿还这笔血债,而不是在法庭上,也不需要学术探讨"[1]。这样的言论只会加剧白人社会的反感和恐慌,非洲裔团体被主流媒体冠以游击队、暴力团之类的称号。美国社会开始相信,城市的衰败是非洲裔聚集的结果,社会学家内森·格莱泽总结:"美国城市中几乎所有的问题都具有种族的维度,而且在所有问题中,种族维度几乎都是最为关键的环节。"[2]

非洲裔对自身境遇的不满和对未来的绝望,使他们的言论和行为越发激进;激进的言论和行为又强化了白人对非洲裔的负面印象,种族关系继而陷入恶性循环。这就可以理解,为什么今天美国经常出现白人警察殴打非洲裔的现象,在白人眼里,非洲裔天然就是罪犯和危险分子;在非洲裔眼里,白人警察是他们最常接触到的白人,总是找机会殴打自己。社会学家爱丽丝·戈夫曼(Alice Goffman)的《在逃:一个美国城市中的逃亡生活》(*On the Run: Fugitive Life in an American Life*),在费城第六街的一个非洲裔社区生活了六年,记录了身边发生的暴力案件、警察出警和抓捕嫌犯的活动,与社区中走上犯罪道路的年轻人做朋友,甚至她的舍友麦克就不时在街头兜售可卡因。本书记录了这里的居民不但要应付令他们头疼的柴米油盐,还要巧妙地周旋在不时前来盘查的警察之间。作者发现,"警察和社区为这里的年轻人建立起工作、友谊和家庭生活的机制,但这样的机制却像陷阱一般将他们包围在监禁的可能之中"。她告诉读者,同一个社会里有人读大学、有人进监狱,不完全是个人选择的结果;对于很多人,真正可怕的是无路可选。

---

[1] "More Violence and Race War?," *U.S. News and World Report*, April 15, 1968.
[2] Nathan Glazer, "Slums Dwellings Do Not Make a Slum," in Nathan Glazer, ed., *Cities in Trouble*, Chicago: Quadrangle Books, 1970, p. 24.

城市更新的主流是将中心城市的衰败社区里的居民迁走后再重新开发，以这样的方式实现城市的"更新"，因此必然导致贫民窟原有居民的搬迁。就像斯泰弗森特城项目在拆迁时所发生的那样，原住户收入较低，无力承担回迁的费用，也很难找到合适的住所，而公共住房数量有限，并且对申请者有严格的规定。因此，他们的出路几乎只有迁往另一个贫民窟。城市非洲裔聚居的隔都区往往也是城市更新的对象，因此民权运动往往与针对城市更新的抗议融合在一起，如何妥善改造城市、如何让贫困非洲裔拥有合适的居所，也就成了民权运动的重要诉求。其实，1949年《住房法》通过后，有识之士更加担心城市更新会恶化弱势群体，尤其是非洲裔的居住环境。1956年，纽约州反种族歧视委员会发布调查报告，认为全州有大约40万人因城市更新而流离失所，其中半数为非洲裔和波多黎各人；1961年，一项研究称城市更新运动的许多项目导致其周边地区生成了新的贫民窟。[1] 1965年3月31日，联邦住房管理局局长罗伯特·韦弗（Robert Weaver）在马萨诸塞州坎布里奇市接受记者采访时说，城市更新运动带来了严重的负面效果，在清理贫民窟和再安置过程中的偏见使得贫穷的白人、黑人和其他有色人种流离失所。[2] 非洲裔作家詹姆斯·鲍德温在旧金山生活期间，亲眼见证了城市更新破坏了非洲裔社区。在1963年接受波士顿一家电视台采访时，他抨击旧金山菲尔莫尔地区的城市更新"拆掉了他的家，因为旧金山与许多北部的大城市一样都参与了城市更新，这意味着黑人被赶走，意味着黑人搬家"。[3] 简单地说，城市更新拆除了中心城市中的衰败社区，原本居住在这里的少数族裔只得另寻住

---

1 Martha Biondi, *To Stand and Fight: The Struggle for Civil Rights in Postwar New York City*, Cambridge, MA: Harvard University Press, 2006, pp. 224-226.

2 "Weaver Asserts Disdain for the Poor Hinders Urban Renewal," *New York Times*, April 4, 1965.

3 "Urban Renewal as 'Negro Removal': Before Plumley, There was Laurel-Clayton," http://www.janejacob sinthewoo.org/blog/2016/7/7/urban-renewal-as-negro-removal-before-plumley-there-was-laurel-clayton，2019年12月2日查询。

处。由于缺少配套的公共住房，以及再安置工作不到位，被迫搬迁的少数族裔只能到其他衰败社区居住，如同搬家一样；东北部和中西部中心城市中的少数族裔以非洲裔为主，因此鲍德温将城市更新称作黑人搬家。大规模开展城市更新的城市几乎都面对着越来越激烈的社区抗议。种族骚乱在20世纪60年代此起彼伏，许多大城市爆发了严重的暴力冲突，1967年的夏天因为骚乱频发之故被称作"漫长的夏天"。种族骚乱频繁的社区，在地理上与城市更新高度重合。社会各界从对城市更新的不满，逐渐发展为对城市更新的反思，再到新的理念慢慢浮出水面并应用于实践。1966年，纽约市长约翰·林赛警告道："纵观整个美国，城市生活的种种疾病正促使大城市发生彻底的、全面的变革。"[1]

三、城市再开发的新理念与新实践

在针对城市更新的反抗运动中，新的理念慢慢浮现。相对城市更新拆除—重建的逻辑，新理念更加重视社区的意义，认为那些地方政府官员和商界眼中的衰败社区，在社区居民看来其实是充满温情的有机的小社会。简·雅各布斯（Jane Jacobs）于1961年出版的《美国大城市的死与生》（*The Death and Life of Great American Cities*）就是其中之一。雅各布斯没有接受过正规的大学教育，也许正因为此她才没有受到学院理论的影响，本书批评了20世纪50年代的城市规划政策，认为城市更新运动是60年代城市危机频发的根源。在她看来，城市是复杂的有机体，在高大的建筑和宽阔的公路之外

---

[1] John V. Lindsay, *Journey into Politics: Some Informal Observations*, New York: Dodd, Mead and Company, 1967, p. 135.

第九讲 城市再开发的尝试

也应当有低矮的旧房和杂乱的街道，应当充满惊奇。她细致地描绘了城市的理想状态——好的城市能够促进市民在街道层面的社会交往，能够容纳步行者，能够给予市民在街头交谈的机会；住宅应当是低矮的，并且要有弯道和门廊；人行道和公园里要安装长椅；街道不要太长，而且要在社区间穿行。雅各布斯笔下的城市是多样的，无论是交通还是社会生活，都存在多种方式。要维护这种多样性，必须满足四项条件——多种交通方式的混合使用；小型街区，以保持步行交通；保留老建筑；保持一定的人口密度。

在此基础上，要求在城市更新中重视社区自身诉求的呼声此起彼伏。在美国，社区参与地方治理有着悠久的历史传统。托克维尔在考察美国时就指出："新英格兰的居民依恋他们的村镇，因为村镇是强大的和独立的；他们关心自己的村镇，因为他们参加村镇的管理；他们热爱自己的村镇，因为他们不能不珍惜自己的命运。"[1] 而在城市更新中，更新社区却是被忽视的一方，他们自己生活的社区究竟是不是衰败社区，社区居民自己反而没有发言权。虽然1954年《住房法》关于可行性方案的规定中要求征得社区组织的同意，但在执行中并没有严格实施，而且许多社区未能有效的组织起来；再加上整个城市更新中，执行机构大多由非民选官员主持，因此社区的影响力不可能通过可行性方案这一规定发挥出来，在很多城市中，社区领袖只是被吸收进蓝带委员会之类的机构中。住房问题专家查尔斯·艾布拉姆斯指出，所谓"市民的反叛"（Revolt of the Urbs）有五重含义：市民反对城市价值的消失、步行者反对汽车、华盛顿广场社区反对公路计划、家庭反对没有灵魂的多层公寓、邻里反对破坏者以及人的多样性反对大拆大建式的不合时宜的标准化（Substandard Standardization）。他认为，反对华盛顿广场公路计划是城市更新运动以来大拆大建模式的里程碑，预示着纽约市民发现了城市的另

---

[1] 托克维尔：《论美国的民主》（上册），第76页。

一种价值。"城市本可以更加宜居，但政府却为了新出现的郊区而牺牲了城市……城市变成了贫穷居民不得不留居的地方，而联邦政府的资助一味地投入贫民窟的拆除和清理，却忽视了恢复和再发现，"艾布拉姆斯写道，"然而，'城市的反叛者'发现了它们的意义，意识到其社区根基和新的社会交往，发现了当地的学校、公园和运动场的意义……并抗议那些试图拆除自己美好住房的做法。"[1] 规划学界则构思新的规划方式，力求再开发从启动阶段就能反映社区的民意，将美国政治中的"公民参与"（Citizen Participation）纳入城市规划之中。所谓公民参与，指的是公民参与社区决策过程，以及在此过程中所做的努力。公民参与的形式有很多，从体现民主的投票，到政府管理人员利用公开听证会以及辩论、公投、合作论坛和电子媒体等形式扩大公民的参与度，都可以算得上某种形式的公民参与。在此基础上，美国规划学界借鉴公民参与的概念和实践，针对城市更新模式进行了反思。鉴于城市更新的参与方主要是联邦政府、州政府和地方政府以及开发商，社区居民的诉求往往被忽视，导致新开发社区无法满足居民需求。规划学界就此呼吁在项目规划和实施的过程中考虑公民参与，即让被改造社区的居民合适的渠道表达自己的诉求，使得城市更新能够更加符合居民的需要。规划师保罗·达维多夫（Paul Davidoff）提出的群议式规划就是如此。他的文章《规划中的主张和多元主义》发表在1965年的《美国规划师协会杂志》上，达维多夫在文中首次提出了群议式规划，并借此将其概念广泛传播给其他职业规划师。他指出，"恰当的规划行动不可能来自价值中立的立场，因为规划方案要满足特定的目标……在政府扩大规划和福利领域的干预的时代，城市政治必须保持以下两者的平衡——日益增长的中心性的官僚管理和地方的特殊的利益诉

---

1 Charles Abrams: "The Case for the City: Washington Square and the Revolt of the Urbs," in Edwin Francler, ed., *The Village Voice Reader*, New York: Doubleday, 1961.

求"。[1]达维多夫试图回答在20世纪50年代末60年代初期城市规划中出现的关键问题，即"谁能代表穷人、被剥夺权利的人和少数民族？"他将"谁是客户？""谁是利益相关者或委托人？"等问题纳入专业范畴。

不但美国社会意识到社区在城市更新中应当发挥更大的作用、发出自己的声音，而且将社区组织起来也成为许多城市改革者和社区领袖正在从事的事业，尤具代表性的是争议极大的索尔·阿林斯基（Saul D. Alinsky）和他的阿林斯基主义（Alinskyism）。这个术语的具体形成时间现今并不明确，学界通常认为可能诞生于20世纪60年代中期的民权运动之中，在当时，借由查尔斯·塞伯曼（Charles E. Silberman）出版的畅销书《黑人与白人的危机》(Crisis in Black and White)，人们注意到阿林斯基在芝加哥的非洲裔社区伍德朗（Woodlawn）开展了颇具成效的社区组织工作，这使他的声誉节节攀升，最终成为美国家喻户晓的风云人物。索尔·阿林斯基被誉为奠定现代社区组织化（Community Organizing）模式的社会活动家，他最大的贡献在于开创了一种基于邻里（neighborhood）的社会行动模式，该模式旨在帮助城市居民建构持久性的、制度化的行动方式并凝聚成地方性领导力，使原本分裂衰落的社区能够重新融合，并做出统一的表达，由此获得战胜外部压迫的集体性力量。阿林斯基认为，要创造一个真正的社区组织，其基础便是要细腻地把握社区的传统；社区居民在表达个体需求的过程中并非始终保持独立性，往往还需要借助与本地区相关的机构平台，例如宗教团体、劳工组织、商业组织、公益机构以及同乡会等等，将社区凝聚起来离不开这些平台。

在中心城市的持续衰败、遍布各大城市的抗议浪潮之中，联邦城市政策也进入了变化期。在1960年总统大选中，民主党总统候选人约翰·肯尼迪以

---

[1] Paul Davidoff, "Advocacy and Pluralism in Planning," *Journal of the American Institute of Planner*, Vol. 31 (Nov., 1965), pp. 278−279.

新边疆政策为竞选纲领，承诺在共和党控制白宫八年后重启民主党的国内政策。肯尼迪之所以能够压倒性地战胜艾森豪威尔政府副总统、共和党候选人理查德·尼克松，依靠的主要是城市的选票。肯尼迪生于城市、长于城市，其支持者也以城市居民为主，因此被称作美国首位来自城市的总统。尽管肯尼迪政府出台了重要的住房和公共工程政策，但大城市的市长以及国会中来自城市的议员却对肯尼迪政府失望连连。

《住房法》的挑战仍然是肯尼迪政府城市政策的核心。肯尼迪在首个国情咨文中便提出了综合性住房法案的建议，最终国会在1961年通过了新的《住房法》，内容主要包括：

（1）为城市更新增加25亿美元拨款；

（2）为中低收入家庭租房和购买合作式住房提供租金补贴和长期低息贷款；

（3）新建10万套公共住房，提供面向低收入老年人的专项住房援助；

（4）联邦住房管理局为居民改善住房条件提供长期、低息贷款；

（5）为联邦全国抵押贷款协会提供更多经费，旨在为更多购买住房的美国人提供抵押贷款担保；

（6）为地方提供专项经费，用于购买开放土地和建设公共交通之用；

（7）为城市规划、建设社区服务设施和开展住房调查提供专项经费。

但实际上，该《住房法》并没有得到有效实施，国会有意拖延拨款，致使很多项目无法及时开工。在肯尼迪执政的三年间，也就是1961—1963年，全美只新建了7.2万套低收入住房，远低于国会的授权，与艾森豪威尔执政时期相差无几。

从肯尼迪政府开始，联邦政府政策逐渐多元化，城市更新虽然仍是主体，但联邦政府开始关注社会问题，不但从空间，也尝试从人的角度扭转中心城市衰败的趋势，即关注城市社会问题背后的人的因素。肯尼迪政府最成功的城市政策是其区域再开发动议,该政策并没有被肯尼迪政府明确视作一项针对大城市的政策,但却赢得了许多大城市市长的认可。该动议包括四项法案,即《地区再开发法》(Area Redevelopment Act)、《加快公共工程法》(Public Works Acceleration Act)、《人力资源开发训练法》(Manpower Development Act)和《社区服务设施法》(Community Facilities Act),以解决失业问题为主要目标。肯尼迪政府另一个关注社会问题的政策议程是打击城市犯罪。随着城市贫困人口的生活状况和青少年得到了越来越多的关注,肯尼迪政府开始探索联邦政府在城市地区提供社会服务的可能性。肯尼迪政府还提出了"社区行动"(Community Action)的概念来解决城市问题。尽管这一概念意存暧昧,但其理念在于鼓励贫民居民参与到在其社区中开展的联邦项目。

作为遇刺总统约翰·肯尼迪的继任者,林登·约翰逊既面临着继承肯尼迪政治遗产的重任,又需要借助这个时机加入自己的新理念和新政策。肯尼迪政府已经推出了一系列解决贫困等社会问题的政策,约翰逊继任后立即加以推进。约翰逊政府的城市政策主要包括三个方面:

首先,约翰逊政府不再只重视大拆大建式的城市更新,而是更加重视城市的人口与社会结构。1964年《公平机会法》(The Equal Opportunity Act of 1964)以法律的形式明确了"向贫困开战"(War on Poverty)的各项工作,使城市弱势群体得以参与城市政策的制定;1964年、1965年和1968年通过的三项《住房法》要求联邦政府建设更多的公共住房和可负担住房,为城市更新运动投入更多资金,并成立了内阁级的住房与城市发展部(Department of Housing and Urban Development);1966年的《示范城市与大都市区发展法》(Demonstration Cities and Metropolitan Development Act of 1966)则试图把联邦政府关于城市社会生活的各个项目整合起来。这类项目往往十分复杂,所需资金也超出了联邦政府的财政能力,因此几乎无法顺利执行。尽管如此,约翰逊政府的城市政策仍然影响深远，它毕竟使更多的贫困居民和少数族裔居民参与到城市政治的进程中来。

其次，约翰逊政府重视让贫困居民和社区发出自己的声音，体现在社会救助法案上，就是1964年8月24日签署生效的《公平机会法》。该法试图给予个人职业培训等促进就业的帮助，并发起了社区行动项目（Community Action Programs）来鼓励社区居民"最大限度地参与"（Maximum Feasible Participation）政策制定过程，使得社会救助项目真正体现贫困者的需求，以这样的方式来解决贫困问题。该法提供的项目包括提供就业培训和传授工作经验就业服务队（Job Corps）、社区行动、关注儿童教育的赢在起跑线（Head Start），以及服务美国志愿计划（Volunteers in Service to America）。该法第一年的预算为9.62亿美元，其中5亿美元是对已有项目的补充资助。在此之前，联邦项目中只有罗斯福新政期间的田纳西河流域管理局践行过"公民参与"的理念，要求在项目中获益的社区派出代表参加管理局的咨询委员会。

最后，《住房法》是约翰逊城市政策的重心。约翰逊政府在1964年、1965年和1968年分别通过了《住房法》，对于公共住房建设、可负担住房和住房市场的种族歧视做了规定，并开创了租金补贴项目（Rent Supplement Program）。1964年《住房法》是一项过渡性法案，授权现有项目延长一年，为城市更新运动追加7.25亿美元拨款，并增加3.75万套公共住房。1965年《住房法》要求联邦政府为城市和城市住房提供更多资金，但却仍然以商业开发为主导，而没有推出支持社区的新联邦政策。但该法提出了一项新的租金补贴项目，意在帮助无法申请公共住房的中等收入家庭在房地产市场上租房，这是该法的一项重要内容；但在房地产业和银行业的影响下，租金补贴变成了那些可以申请公共住房的低收入家庭的福利。约翰逊政府也没有将投入商业开发的联邦资金转移到住房建设上来，在反对者的操纵下，用于商业开发的资金最高可达联邦资助总额的55%。不过，该法向城市投放了大量联邦资金，包括为城市更新运动增加290万美元拨款，并许诺在未来四年中建造24万套公共住房。1968年《住房法》是约翰逊政府的最后一项城市政策，该法要求在十年内新建住房2600万套，并提高了1965年《住房法》所规定的房租补贴，以帮助中低收入者购买住房。该法创建了两个新项目即第235款及236款（Section 235 and Section 236），为住房开发商提供联邦补贴——前者通过授权住房与城市发展部为开发商从银行获得贷款提供担保，使其降低借贷者的利息支付，以此来援助低收入家庭购房；后者给予那些建设多单元、复合式住房的私营开发商同样的利息降幅，但开发商要降低租金。房地产业、银行业和贫困居民的住房需求，这三个方面的妥协是约翰逊政府住房法案的基本特征，这也是里程碑式的1949年《住房法》以来历次住房政策的共性。自由主义者批评住房政策没有为城市更新运动所造成的搬迁居民提供足够的再安置住房，而他们主要是贫困者和少数族裔；而保守主义者则认为，这样的住房政策只是给了与政府关系好的利益集团以权力寻租的机会。

伟大社会项目中的城市政策，其执行受到多个条件的制约，包括越战的负担和种族问题的爆发。东南亚的战争耗尽了财政资源，并打破了民主党的传统阵营。同时，非洲裔的不公正遭遇是约翰逊执政时期所面临的最大社会不公，而在贫困地区和城市中开展的社会项目也被视作针对非洲裔社区的专项扶助。此时，多种族的民权运动逐步转变为单一的"黑人权力"运动，而这一转变却削弱了社会的支持。从肯尼迪到约翰逊，联邦政府对城市事务的干预越来越广泛，力度也越来越大，不但继承了自1949年《住房法》以来的"砖头"改造，也致力于通过就业培训、教育等方式开展"人头"改造，最终设立了内阁级的住房与城市发展部。这一时期的联邦城市政策，其结果可谓好坏参半。三项《住房法》增加了城市更新的资金和公共住房建设数量，并启动了租金补贴；示范城市计划提高了城市改造与开发的效率，帮助贫困居民发出自己的声音。但不利的是，这些政策都引起了巨大的争议。不过，示范城市计划不但在当时将城市改造与开发的规模降低到社区的层面，更重要的是奠定了社区参与自身开发的路径，这一点对于城市更新的走向产生了深远影响，可谓改变了城市更新的决策和执行机制。

在约翰逊之后，没有任何美国总统试图以如此彻底和直接的方式来改善美国城市。20世纪七八十年代，美国白人继续从这个国家的各个城市搬出。城市更新已经名誉扫地，不再有政府官员寻求以大拆大建的方式改造城市，当代城市变革已经成为零碎的工作。大多数美国人相信，城市是难以改善的。大多数美国人相信，穷人和非洲裔的问题应该归咎于他们自身，政府的干预和所谓福利反而让他们持续处于贫困之中。

拓展阅读书目

Arnold Hirsch, *Making the Second Ghetto: Race and Housing in Chicago, 1940-1960*, Chicago: The University of Chicago Press, 1983.

Christopher Klemek, *The Transatlantic Collapse of Urban Renewal: Postwar Urbanism from New York to Berlin*, Chicago: The University of Chicago Press, 2011.

Herbert J. Gans, *The Urban Villagers: Group and Class in the Life of Italian-American*, New York: The Free Press, 1962.

Jon C. Teaford, *The Rough Road to Renaissance: Urban Revitalization in America, 1940-1985*, Baltimore: The Johns Hopkins University Press, 1990.

Martin Anderson, *The Federal Bulldozer: A Critical Analysis of Urban Renewal, 1949-1962*, Cambridge, MA: The MIT Press, 1965.

Thomas J. Sugrue, *The Origins of the Urban Crisis: Race and Inequality in Postwar Detroit*, Princeton: Princeton University Press, 1996.

Andrew R. Highsmith, *Demolition Means Progress: Flint, Michigan, and the Fate of the American Metropolis*, Chicago: The University of Chicago Press, 2015.

简·雅各布斯:《美国大城市的死与生》，金衡山译，南京：译林出版社2005年。

李艳玲:《美国城市更新运动与内城改造》，上海：上海大学出版社2004年。

第十讲　亦幻亦真的城市复兴

在美国的影视作品中，《老友记》无疑是中国年轻一代较为熟悉的一部系列电视剧。故事从瑞秋逃婚来到咖啡馆遇到罗斯开始，以他们终成眷属而结束。在六个人追寻爱情的路上，他们的故事串联起了一幅马赛克般的城市图景，与刻板乏味的郊区生活全然不同。这里有爱情和激情，有萍水相逢的温情，也有生离死别的悲情，塑造了一幅乐观、热闹、温馨的都市风情画。《老友记》故事令人着迷的地方是一种年轻人生活方式——三五好友常在身边，心爱的女生住在对面。这种生活在郊区找不到，只有在熙熙攘攘的城市里才有。繁荣城市里的爱情故事令人向往，爱情故事好像也只有在有活力的城市里才能成为可能。流行文化将城市复兴解读为一种美学风格的生成，将过去的城市污名化，与当下的城市对立起来，年轻白领的城市生活被赋予了一种独特的文化内涵，那是勇闯衰败社区的孤勇，是拥抱文化多样性的坦率，是一个19世纪边疆故事的现代翻版。20世纪80年代以后美国城市出现了复苏迹象，再度成为许多人梦想实现和幻灭的舞台，复兴的城市里塑造了一种引人入胜的生活方式吗？年轻的白领丽人留在城市里，是因为这种生活方式吗？城市复兴是一种值得肯定的空间文化生产吗？

一、新国家议程的形成

尼克松上台时，美国经济已经不稳定，越南战争导致了通货膨胀，1967年阿拉伯国家石油禁运进一步冲击了经济。能源价格上升影响了方方面面，消费者减少开支，美国经济进入衰退期。面对经济挑战和社会对于自由主义政策的不满，尼克松提出了新联邦主义作为政策基调。新联邦主义是一种主张权力下放的政治哲学，旨在扭转新政以来联邦权力持续扩张的趋势，尼克松提出了税收分享计划，联邦经费不再按照门类，而是打包一揽子下拨，城市更新、示范城市计划等各类拨款不再单独列出，全部纳入一揽子拨款中。1972年国会通过法案，在五年内拨付302亿美元，其中三分之一给州政府，三分之二给地方政府。由于没有划分具体门类，州政府和地方政府可以自行支配经费，联邦政府几乎没有做出任何约束。税收分享计划并没有随着尼克松下台而结束，到1986年，该计划共拨付了850亿美元。在丹尼尔·莫伊尼汉的主持下，尼克松政府启动了家庭援助计划（Family Assistance Plan），保证一个贫困四口之家每年的收入至少有1600美元和860美元的食品券，所有接受福利的人必须参加工作培训。家庭援助计划是一个彻底改变福利制度的方案，工作和贫困而非贫困是得到福利救济的前提。但这个计划遭到抨击，自由派认为给得太少，保守派认为计划要做的太多，最终计划未能得到参议院批准。面对城市乱象，尼克松强调法律与秩序，更多地动用司法力量来平息混乱。尼克松因水门事件下台后，杰拉尔德·福特（Gerald Ford）继任总统。他面临的是大萧条以来最严重的经济衰退，但他的经济计划收效甚微。福特只担任了不足四年总统就离开了白宫，继任的卡特来自南部，善于处理复杂的行政事务。卡特重视城市问题，上任伊始就成立了专门委员会研究制定城市政策，但这个小组把大部分时间用在调查研究上。最终卡特的城市政策以城市发展行动资助计划（Urban Development Action Grant Program）为中心，以政府与企业合作的方式为城市衰变社区注入资金。从尼克松到卡特的措施并没有改变大多数中心城市财政日渐窘迫的情况，联邦政府对于城市的困境漠然处之，福特总统面对纽约市的援助请求予以简洁明快的拒绝。

20世纪80年代后，共和党重新确立了在国内政治中的支配地位，启动了保守派的新国家议程。保守主义哲学有巨大的吸引力，宣扬工作中的勤奋努力和主动性能使人受益，致力于精简政府机构、降低税率、减少行政对经济生活的干预、发挥企业的能动性。为了振兴经济，共和党总统里根推动了美国历史上最大规模的减税，解除了政府在很多领域的管制，尤其是在消费、环保和工作安全等方面。里根经济学被称作供应经济学，以减税，尤其是为富人减税来间接地刺激投资。里根的城市政策就是缩减之前的城市政策，他指责政府过度干涉了美国人的生活，现在是减少不必要的项目来消除浪费、欺诈和滥用的时候了。1981—1992年，联邦政府在住房补贴方面的开支下降了82%，社区服务方面下降了40%，其他方面的资助也大幅下调。在一次白宫宴会上，里根甚至没有认出住房与城市发展部部长。

在国家政治转向保守的同时，州政府对于城市的影响越发重要起来，不但联邦经费的使用权更多地向州政府集中，而且州政府也更加积极地出台政策激励城市经济发展。州政府的激励政策严格来说始于1936年的密西西比州，在20世纪七八十年代激励措施的数量显著增加。一项研究表明，1970—1979年间大多数州的立法机构制定了新的激励措施。1981—1988年间，更多的州为公司收入税提供减免，或是对现有企业扩大生产提供金融支持，为建造厂房设施提供贷款，甚至为工业发展提供免费用地。值得注意的是，激励措施成为80年代新经济发展政策的主要工具。在此期间，州政府的目标不再是引进外地企业，而是重在培育、保留和扩张当地企业，尤其是高技术企业，小企业受到高度重视，这被称为继产业招募政策之后的第二波经济发展政策，因其重在激励本地企业成长也被称作企业型政策（Entrepreneurial

Policy）。此后激励措施基本上处于持续上升的态势，美国长期从事激励措施研究的权威学者蒂莫西·巴蒂克（Timothy J. Bartik）发现："90年代是激励措施增长最快速的时期，自2001年以来，大多数州的激励措施都有了一定的增长，但是增长的幅度较小。"[1]在宾夕法尼亚州，1982年州政府出台了本·富兰克林伙伴关系计划（Ben Franklin Partnership），在全州建立四个先进技术中心（Advance Technology Center）以推动大学与企业合作，匹兹堡抓住这一时机，在琼斯-洛林钢铁厂原址兴建了匹兹堡技术中心，并鼓励匹兹堡大学和卡内基梅隆大学将新技术商业化。俄亥俄州政府在1983年推出了统称为托马斯·爱迪生计划（Thomas Edison Program）的一揽子经济发展政策，该计划启动之初包含三个项目——托马斯·爱迪生种子发展基金（Thomas Edison Seed Development Fund）、托马斯·爱迪生技术孵化园区（Thomas Edison Technology Incubators）和托马斯·爱迪生技术中心（Thomas Edison Technology Centers），次年启动了托马斯·爱迪生技术转化中心（Thomas Edison Technology Transfer Centers），而种子发展基金在1992年终止。托马斯·爱迪生计划有五项主要目标：（1）助力俄亥俄州的制造业和高技术企业增强并巩固其全球竞争力；（2）促进高技术企业的形成；（3）通过协调企业、大学和政府，帮助俄亥俄州企业获得世界级技术；（4）与州内的教育和培训机构合作提高劳动力的技能水平；（5）引领俄亥俄州内各类高技术产业发展政策。总体看来，20世纪80年代州政府的经济政策有如下特点：其一，政府、企业和大学间的合作是州经济政策的执行机制，州政府并非"乾纲独断"，而是重视地方政府的参与，更要发挥企业和大学的主动权；其二，振

---

[1] Timothy J. Bartik, "A New Panel Database on Business Incentives for Economic Development Offered by State and Local Governments in the United States," Report Prepared for the Pew Charitable Trusts, Kalamazoo, MI: W. E. Upjohn Institute for Employment Research, 2017, p. 69, https://research.upjohn.org/cgi/viewcontent.cgi?article=1228&context=reports，2024年8月17日查询。

兴制造业是州政府经济政策的主要目标，不仅致力于促进制造业领域的高技术研发，更重要的是用高技术赋能传统产业；其三，促进高技术研发及其转化应用是州政府经济政策的核心要素，即依靠大学等科研机构为企业打开"技术窗口"；其四，初创和小微企业是州政府经济政策的重点对象。

20世纪80年代美国经济结构加快重组，制造业进一步离开北部的老工业城市。蓝领岗位收入较高，是非洲裔中产阶级主要的就业渠道，去工业化对他们伤害尤其大。到80年代中期为止，全国1.13亿职工中有四分之三在服务行业就业，他们是快餐店服务员、文秘、程序员、医生、教师等。服务业虽然种类繁多、岗位数量庞大，但是与制造业不同的是，服务业岗位之间存在巨大的收入差别。律师、医生等技术含量高的职业收入高、社会地位高，普通服务员、门卫等收入很低。

二、城市治理机制的转变

里根的保守主义政治议程得到了国际社会的回应，撒切尔夫人的私有化和削减社会福利，拉美国家的华盛顿共识，苏东地区的休克疗法，都遵循着相同的逻辑。学术界将这样的政治经济理念称作新自由主义。所谓新自由主义，指的是19世纪自由放任资本主义政治经济学在经历了凯恩斯福利社会之后的重构与复苏，大卫·哈维认为，新自由主义首先是一种政治经济实践的理论，认为基于私有财产权、自我调节的自由市场和自由贸易所构成的制度框架，能够释放个体的自由和技能，保障每个个体享受自由和自由权，从而最大限度地促进人的幸福，国家的角色是维护这样的制度框架。[1] 新自由主

---

1 大卫·哈维：《新自由主义简史》，王钦译，上海：上海译文出版社2010年，第1页。

义出现在发达资本主义国家向后工业经济转型的时期，推动了金融、房地产等高资产行业的发展，也造就了更为贪婪的资本主义；它不纯粹是一种经济理念，而是一种统御型的意识形态，是从经济手段入手、对整个社会进行管控的理念及其实践，是从市场理性的角度来评判一切事物的价值，从城市规划到大学排名。新自由主义之新，一是发生在凯恩斯福利经济学之后，既是对凯恩斯之前传统自由主义的传承，又融入了新理念；二是发生在全球化时代，资本跨境流动更加便捷；三是主要推动了金融资本主义的发展。

新自由主义有三个基本特征，即市场化、企业化和私有化。市场化体现在尊重市场规律，发挥资本和市场机制的作用；企业化体现在政府收缩干预的力度和范围，政府与企业建立伙伴关系成为政府治理的基本路径；私有化体现在政府资产出售专卖、公益性的社会服务职能转变为营利性的企业服务、强调个人对自己负责而非政府福利兜底、以就业培训替代财政性济贫补贴。这样，鼓励竞争、增长至上和放松管制就成为新自由主义的基本原则。[1]

资本流动的目的地往往是城市或者城市区域，因此新自由主义主要体现在城市里，所以英国学者鲍勃·杰索普指出，虽然新自由主义在不同的层面上出现，但"真正的新自由主义"主要反映在城市治理的政策之中。[2]

城市的变化与国家层面的变化相似。20世纪60年代城市的困境在70年代进一步恶化，许多大城市甚至走到了市政破产的边缘。纽约被称作"在最支持新政自由主义的州中，最支持新政自由主义的城市"，在高等教育、医疗等社会福利领域投入巨资。[3] 但其财政状况却越发不容乐观。"二战"后大量

---

1 Simon Springer, Kean Birch, and Julie MacLeavy, eds., *The Handbook of Neoliberalism*, London: Routledge, 2016, p. 2.
2 Bob Jessop, "Liberalism, Neoliberalism, and Urban Governance: A State-Theoretical Perspective," *Antipode*, Vol. 34, No. 3 (Dec., 2002), pp. 452-472.
3 Bernard R. Gifford, "New York City and Cosmopolitan Liberalism," *Political Science Quarterly*, Vol. 93, No. 4 (Winter, 1978-1979), p. 562.

来自美国南部和拉丁美洲的移民涌入纽约市，由于教育和技能水平有限而只能在重体力、低收入的行业中就业。去工业化减少了他们的就业机会，使得他们中的大多数要靠政府救济才能艰难度日，这加重了城市财政负担。多年来，纽约市只得依靠借债度日。随着债务越积越多，甚至连利息都要靠举借新债来支付。在亚伯拉罕·比姆（Abraham Beame）当选市长的1974年，银行已经拒绝为纽约市政府提供新的贷款。1975年财政危机爆发，比姆已经准备好宣布纽约市破产的文稿，幸而教师工会在城市债务违约前夕同意购买政府债券，才使得纽约市免于破产。为了走出危机，纽约市向联邦政府请求救援，但却被福特总统明确拒绝。州政府决定介入，接管了纽约市财政大权并采取了严厉措施——大幅削减社会福利开支，不但裁撤了30%的公共部门职位、政府雇员只剩4万人且工资被冻结，而且城市公交、市立大学也不再免费，甚至公立医院、消防、警务等最基本的市政服务也降至极低水平。[1] 1978年，爱德华·科赫在就任市长的演讲中说："长期以来，纽约是无家可归者的救生艇、饥饿者的粮仓、求学者的图书馆，是全世界最开放的城市。这是纽约的伟大之处，在很大程度上是其所面临窘境的原因……那些针对确有其需者的项目最终都以满足贪婪者而告终，公民做不到的事情不能都交给政府做。"[2] 美国学者保罗·彼得森将美国地方政府开支分为三大类，发展（Developmental），即促进城市经济的开支，如完善基础设施；分配（Allocative），即面向城市整体的基础性服务开支，如教育、消防和医疗；以及再分配（Redistributive），即特定的福利性开支，如面向穷人的救济。在纽约市，1975年前位居首位的是再分配，居于末位的是发展；这一顺序在

---

1 Donna E. Shalala and Carol Bellamy, "A State Saves a City: The New York Case," *Duke Law Journal*, Vol. 1976, No. 6 (Jan., 1977), pp. 1119−1132.

2 "Text of Address Delivered by Koch at His Inauguration as Mayor of New York City," *New York Times*, January 2, 1978.

1978—1982年间发生逆转——发展位居首位、再分配敬陪末座，总开支增长33%，发展增长72%，再分配只增长了21%，而这一时期的年均通货膨胀率为7.5%。

类似的变化出现在许多大城市中，包括阳光带的大城市，美国城市的治理机制普遍转向了新自由主义。从横向来看，这一机制是将传统城市治理机制的国家与社会的互动，转换为国家（权力）、企业（资本）与社会（公众）三方的互动。新自由主义重视市场机制，因此企业必然成为城市治理中最具权力的角色，城市治理的主体也就变成了企业与政府的联盟。政府后退被大卫·哈维称作从管理主义向企业主义的转变。从纵向来看，这一机制是一种自下而上的策略，将国家对社区治理的权力部分转移到以社区为单元的共同体手上，并借着社区动员来凝聚地方共识，推动与社区居民积极参与地方公共事务和发展，以填补国家与市场在治理上的失灵。资本是流动的，在全球化时代，资本是全球流动的。实现经济增长需要投资，城市之间吸引资本的竞争逐渐呈现白热化，经济增长成为地方政府的首要目标，塑造良好的营商环境为资本积累扫清障碍，是城市治理的主要路径。

在这样的逻辑下，资本持续扩张，进行无休止的资本积累并不断寻求利益的增长。但是，新自由主义将市场变成了一个神话，并赋予它远远超出其能力范围的角色。纽约市长鲁道夫·朱利安尼说，"毫无疑问，本届政府最重视的是经济发展"[1]。其继任者迈克尔·布隆伯格欢迎富人来到纽约，"他们是缴纳大笔税款的人，他们是把钱花在商店和餐馆里的人，他们是撬动经济腾飞的人……倘若全世界的亿万富翁都能来到纽约，那真是上帝的礼物"[2]。新型治理机制虽然改善了城市的物质环境、吸引了富裕人口和中产阶级、推

1　David W. Dunlap, "Taking City Planning in a New Direction," *New York Times*, April 24, 1994.

2　Michael Howard Saul, "Mayor Bloomberg Wants Every Billionaire on Earth to Live in New York City," *The Wall Street Journal*, September 20, 2013.

动了产业结构升级改造，从而有效刺激了经济发展，但也带来了城市空间破碎、社区有机性解体、阶层分化和弱势群体生活困难等问题。资本无休止地扩张，其结果不是城市的复兴，而是城市的不均衡发展，既是产业结构和财富分配的不均衡，又是空间的不均衡。资本积累体现在城市里，就是重塑了城市空间，一方面生产了繁荣的空间，另一方面有些空间被忽视。地方政府作为企业的联盟，公共政策也体现出相同的逻辑和结果。因此城市空间呈现碎片化和两极化的趋势，复兴社区和衰败社区交织在一起，中产阶级和富裕人群居住在环境优美、交通便捷的高端社区里，穷人被排斥在中产阶级的生活空间之外，只能蜗居在城市边缘，彼此之间如同两个世界一般互相隔绝。政府不再积极解决社会问题，而是将其交到以社区组织为主的非营利性组织手中。这些措施表面上重视公民参与，但实际上是用看起来民主的方法来解决保障性住房短缺、种族矛盾、阶层冲突等政府无法解决也不愿面对的问题，将贫困这一资本主义的结构性产物转嫁到社区内部和个人自身，政府只是在有限范围内，投入有限资源去引导和规范社会组织与个人的行为。无论新自由主义如何自称进步，新自由主义化城市却无法掩盖社会分裂、资源分配不均与空间不均衡的发展状态，不但没有解决原来的社会问题，反而使社会问题不断加深，"几乎一夜之间，承载美国社会希望的城市复兴变成了一种新型的城市危机"[1]。一个纽约市政府的调查委员会在1988年时指出，"今天，贫困居民居住在隔离的社区里，难以找到工作……在这座城市，贫困原本被视作融入社会过程中的一个短期阶段，如今却已成为难以跳出的藩篱，贫困者一生都无法脱离底层阶级的窠臼，远离社会的其他部分"[2]。

---

1 Richard Florida, *The New Urban Crisis: How Our Cities Are Increasingly Inequality, Deeping Segregation, and Failing the Middle Class—And What We Can Do about It*, New York: Basic Books, 2017, p. 35.

2 Commission on the Year 2000, *New York Ascendant: The Commission on the Year 2000*, New York: Harper Collins, 1988, pp. 51, 53.

城市政府也在想方设法营销自己的城市，在改善城市形象、塑造城市活力的同时创造更多就业机会，假日市场（Festival Marketplaces）就是其中之一。这种由美国地产商詹姆斯·罗斯（James Rouse）首创的商业开发模式在20世纪50年代波士顿废弃的河滨地带首先开始，以娱乐表演、休闲购物、街头小剧场等活动为主题。这种中心城市开发模式取得了很大成功，很快风靡全美并向其他国家扩散，成为许多大城市的共同选择，纽约的南街港区（South Street Seaports）、巴尔的摩的海港广场（Harbor Place）和西雅图派克市场（Pike Place Market）都是成功案例，此外伦敦和悉尼也效仿假日市场模式开发了部分地区。假日市场以商业开发为主，通过修旧如旧复原历史风貌建筑，营造独特的消费氛围。这种开发模式鼓励精品店而非连锁店，打造独具特色的精品购物街，创造了许多低端服务业工作岗位如门童、保安、服务员等。在波士顿，詹姆斯·罗斯与市政府共同选中了城市滨水地区的法尼尔厅，这是一栋18世纪的老建筑，一度被用作市场和仓库。1973年，罗斯着手市场的修复工作，将后来搭建的临时建筑全部清除，地下层被改建成为许多特色专卖店，原来外墙的帆布篷被改作玻璃长廊，营业面积扩大了，形成了室内外融合的商业氛围。市场的外部环境也得到了修葺：增加了户外步行与停留设施，对雕塑、座椅、灯具等室外家具也做了精心安排。1976年8月，法尼尔市场正式开业。开业首日天气湿热，店主们很早前来布置店铺，部分店铺甚至是前一日才入驻法尼尔市场的。上午11:45市场大门正式开启时，这座复兴式的希腊建筑门前已经聚集了大量人群。午餐时间，大量人群又突然从附近的金融区汹涌而来，人流量在一天中不断增加。据当地警署的估计，日均人流量超过10万人。[1]《波士顿环球报》头版头条刊登一篇报道："这场面

---

[1] Bernard J. Frieden and Lynne B. Sagalyn, *Downtown, Inc.: How America Rebuilds Cities*, Cambridge, MA: The MIT Press, 1997, p. 208.

无法想象，不敢相信下城区会出现这样的景象。"[1] 同时，《纽约时报》对法尼尔市场的场景展开了详细的描述："来者被这些独具特色的小推车吸引，市场内部一楼的集市上陈列着当地特色小吃、新鲜蔬果肉、手工家居用品，市场外面还有杂技、魔术和木偶变装表演。"[2] 1980年，罗斯负责开发的海港广场正式开张营业。这一项目同样遵循假日市场的开发原则，以优良的购物氛围吸引居民和游客。开张第一年，海港广场就吸引了1800万人次前往购物和休闲，这一数字甚至超过了著名的迪士尼乐园。该广场在首年便获利4200万美元，为当地提供了2300个就业机会，对城市税收的贡献超过110万美元。一直到20世纪80年代，假日市场都是城市复兴的重要组成部分。全美各大中心城市都试图吸引开发商，通过公私合作的方式，"复制"这一复兴城市的新方式。到90年代，仅罗斯公司就经营着14个这样的中心，最大的一个是波特兰市中心的先锋广场（Pioneer Place），该广场横跨3个街区，营业面积高达30万平方英尺。但假日市场式的开发却造成了高度的不平等。威斯康星大学城市史专家马克·莱文（Marc V. Levine）认为，经过假日市场式的，城市实际上上演了一幕"双城记"，即复兴的市中心被极度贫困的区域包围。贫困、社区衰败和失业等城市面临的严重挑战并未得到解决。莱文尤其注意到，假日市场式的复兴计划和周边社区的经济发展相互独立，不相协调，像假日市场这样的大型项目几乎对该地区的商业发展没有任何溢出效应。[3] 克里斯托弗·劳认为，假日市场是一种剪刀加糨糊式的更新，抹杀了地方景观的个性。[4]

1　*Boston Globe*, August 27, 1976.
2　Gurney Breckenfeld, "Jim Rouse Shows How to Give Downtown Retailing New Life," *Fortune*, Vol. 97, No. 86 (April 10, 1978), pp. 84–91.
3　Marc Levine, "The Politics of Partnership: Urban Redevelopment since 1945," in Gregory D. Squires, ed., *Unequal Partnerships: The Political Economy of Urban Redevelopment in Postwar America*, New York: New York University Press, 1989, p. 16.
4　Christopher M. Law, "Urban Tourism and Its Contribution to Economic Regeneration," *Urban Studies*, Vol. 29, No. 1 (May, 1992), pp. 599–618.

恶化，凶杀和卖淫等犯罪活动不断增加。工商业活动的增加和环境恶化直接导致中高收入居民搬离此处。20世纪初，苏荷地区从纽约市的高端住宅和商业区变为工业区，遍布各类工厂。随着苏荷地区的萧条，这里的建筑逐渐空置，租金很低甚至已被人抛弃，因而得到并不富裕的艺术家的青睐，他们在20世纪中期开始大量定居苏荷地区。根据纽约市区划条例，苏荷地区是工业区，因此，艺术家是以非法身份在此居住的。为了保住自己的生存环境，为了在苏荷地区继续生活下去，他们从一开始便卷入与城市更新的斗争中，通过自己的努力证明苏荷地区的复兴可以依靠艺术活动，而不必拆除重建。在经过艺术家的装修后，这些统楼房重新焕发了鼎盛时期的光彩，并借由报纸和宣传手册广为人知。一些中高收入者正是在了解了苏荷地区的变化后选择迁入的，他们的到来彻底改变了苏荷地区衰败的命运。随着越来越多的富人搬入苏荷地区，更多的统楼房被修葺一新，那些并非艺术家的普通居民为追求美感，往往雇用专业的装修公司来为其设计施工。在这一过程中，苏荷地区的街头面貌也随之改善。在2007年出版的一本介绍纽约市的旅游指南中，苏荷地区已不再是那个衰败的萧条街区，而被列为"最佳购物场所"，是"富人区、游客青睐的景点，在这里可以找到顶尖的艺术家"。[1]

新马克思主义学者尼尔·史密斯将20世纪60年代至今的绅士化划分为三个阶段：

第一个阶段是从20世纪50年代中期至70年代中期，史密斯称之为零星绅士化，规模小，只出现在少数街区，是中产阶级自发的偶然的行为。格拉斯的研究就是这一时段。美国学者沙伦·祖金（Sharon Zukin）对纽约市苏荷地区绅士化的研究也是这一时期，认为艺术家、大学毕业生、同性恋首先来到衰败的苏荷地区，凭借艺术品位对社区进行了改造，创造了全新的文化品

---

[1] Brian Silverman, *New York City for Dummies*, Hoboken: Wiley Publishing, Inc., 2007, pp. 11, 21.

位,这些先行者被称作绅士化者。继而吸引了中产阶级入住。这样的变化也引起了资本的关注,地产商开始投资苏荷地区,将老旧住房改造一新,配备了新的生活设施。在此过程中,房租房价上涨,艺术家、大学生甚至下层中产阶级因为无力承担而被迫迁离,取而代之的是高收入群体。祖金将这种转变称为生产的艺术模式(Artistic Mode of Production)。

第二阶段是从20世纪70年代中期至1989年,绅士化成为地方政府城市治理的策略,这是因为地方政府普遍采纳了新自由主义治理机制,绅士化成为吸引投资的手段。在纽约市,科赫就任市长后,通过税收激励推动社区再开发,他公开宣称,税收减免等激励型政策正是要为纽约市中产阶级提供合适的住房,纽约城市规划委员会1984年的调查报告也承认税收激励是绅士化的重要推手。[1] 在布鲁克林,非洲裔聚居的克林顿希尔(Clinton Hill)在80年代经改造后,独卧住房售价不低于2万美元,同样的住房此前月租金只有350美元;1987年售价已涨至7.2万美元。1982年,开发商改造了这里的12栋褐石屋,独卧住房售价高达9万美元。如此之高的房价显然超过了中低收入者的负担能力。到80年代,"曼哈顿大量工厂消失或者转作他用,大片原本由贫困者居住的租屋变成了豪华公寓……中央商务区面目一新:曾经的厂房已成为晚期资本主义的金线"[2]。1989—1993年,美国陷入又一轮经济萧条,房价和租金双双下降,媒体一度以为绅士化已经终结。

但事实是绅士化的第三阶段紧接着萧条而来,随着地方政府去管制进程的推进,绅士化地域范围扩大,甚至一些已经绅士化的地区再度经历绅士化,富有居民为更富有的居民所替代;同时资本向全球扩张,在全球南部的

---

[1] Lee A. Daniels, "Gentrification of 2 Neighborhoods Found Beneficial," *New York Times*, March 23, 1984.

[2] Susan Fainstein and Norman Fainstein, "New York City: The Manhattan Business District, 1945–1988," in Squires, ed., *Unequal Partnerships*, p. 59.

城市中推动绅士化。

近年来，学术界越发意识到绅士化与新自由主义的紧密关系，英国地理学家洛丽塔·里斯将20世纪90年代以来的绅士化称为超级绅士化，指的是纽约、伦敦等全球大都市中，已经绅士化地区的再度绅士化，服务于在全球化浪潮中积累了巨额财富的超级富翁，同时伴随着60年代以来社会福利项目的大规模解体。[1] 史密斯则将经历了大规模绅士化的城市称作复仇者的城市（the revanchist city），尤其是90年代以来的纽约，时间上与他的第三阶级基本重合。复仇者一词来源于法语词"Revanche"，原本指的是19世纪后期巴黎公社失败重新掌权的中产阶级和富裕人群中的右翼，他们抨击巴黎公社，对劳工、激进派和社会主义者开展反击报复。史密斯用这个词指代90年代后的大都市，认为掌控治理权力的是那些对少数族裔、劳工和女性权利不满的中上阶层白人男性，他们的权势在1989—1993年间的萧条中受到冲击，但随着经济复苏卷土重来，绅士化在更大程度上开展，少数族裔、劳工、女权主义者、移民、同性恋者、社会主义者和穷人成了复仇的对象，成了为90年代以来纽约市经济发展买单的人。虽然因为经济结构和技术变革，当代社会的阶级界限已经变得模糊不清，但是史密斯的解释仍然将绅士化理解为资本与雇用工人之间的阶级冲突过程，结果就是资本通过借助公共政策有计划地促使绅士化提前和快速发生，通过掠夺雇用工人完成了高积累，而后者则失去了住所和谋生的权利。

除了上述硬的一面，绅士化还有软的一面，那就是往往与空间文化生产相伴而行，这种空间文化生产首先是空间的污名化，也就是将老旧社区污名化，赋予这些社区肮脏、充满犯罪行为的恶名，继而将这些丑恶现象与当地

---

[1] Loretta Lees, "Super-gentrification: The Case of Brooklyn Heights, New York City," *Urban Studies*, Vol. 40, No. 12 (Nov., 2003), pp. 2487–2509.

居民联系起来，将他们塑造成为丑恶现象的责任人。其次是空间美学生产，也就是将中产阶级的文化偏好与绅士化社区联系起来，宣扬这类社区符合中产阶级的审美情趣。最后是一种新城市边疆神话的建构，把老旧社区比拟为蛮荒的西部边疆，把回到城市的中产阶级比拟为拓荒者的筚路蓝缕。边疆神话的建构，让城市具备了一种独特的吸引力，尤其是那些外观破烂、住满了流浪汉或者流传着诡异传说的街区，更是赋予中产阶级绅士化者一种都市探险家的史诗般的气质。复兴城市往往呈现出一种引人入胜的生活方式，空间文化生产发挥了重要作用。更重要的是，文化生产用一种审美的话语，掩盖了绅士化过程中的剥夺，将对贫困者的排斥转换为正当性的常态。

对于绅士化的动因，尼尔·史密斯认为资本的周期性运动是绅士化的决定因素，他用地租级差（Rent Gap）理论来解释这种运动。地租级差指的是地产当前的实际地租与未来的潜在地租之间的差额。实际地租是当下土地利用方式下房东获得的地租，潜在地租指的是最有利可图的土地利用方式下能够获得的地租。资本流动的目的，就是要收割两者之间的最大差额。老旧社区一定是实际地租低的地区，这是因为，这些社区存在的时间较长，主要作用是居住，愿意住在这里的人大多收入不高，看中的就是这里的低房租，一旦经济状况改善就会搬到其他社区。房东收益低，没有改善条件的意愿，导致社区环境和设施进一步恶化，陷入恶性循环。地租级差高的老旧街区吸引投资，随着改造的进行，实际地租与潜在地租之间的差额缩小，资本离开，寻求利润率更高的地区。

地租级差理论是从供给侧解释绅士化，回答了为什么创造绅士化空间。这样一来又出现了一个新的问题，就是从需求侧来看，谁需要绅士化空间？也就是有钱人为什么回到了城市里？丹尼斯·盖尔认为，城市去工业化和服务业的崛起使得白领工人的队伍快速壮大，他们喜欢住在靠近中央商务区的街区，能够付出更高的房租，将原居民排斥出去，资本也随之而来。[1] 戴维·利的出发点与盖尔一样，都指向了当代城市中人口结构的变化，但他更强调白领中产阶级对城市生活的偏爱，认为他们对街区的改造吸引了投资，启动了绅士化。[2] 理查德·佛罗里达将人数不断增加、接受过高等教育以及待遇优厚的就业者称作创意阶层，涵盖了从科技业到娱乐业、从新闻业到金融业、从高端制造业到艺术业的各行各业，共同点是重视创造力、发扬个性与差异，以及重视自身价值。[3] 佛罗里达将他们视作城市新经济的塑造者和新生活方式的引领者，是他们吸引了资本和绅士化。

从城市再开发的角度看，绅士化是城市更新、示范城市计划之后的新模式，沙伦·祖金认为："绅士化不仅成为市中心开发模式的一个转变——从公共机构到私人部门，从大规模到小规模的项目，从推倒重建到维护修缮——而且还成为投资来源方面的一个转变。"[4] 绅士化创造出了复兴的城市空间，为中产阶级和富裕人群提供了全新的城市生活方式，当我们把目光聚焦在绅士化社区的时候，看到的的确是城市复兴的景象和令人向往的生活方式。《纽约时报》1974年1月刊文指出："年轻的职业人士回到城市，并不仅仅出于经济考虑，婴儿潮一代对父辈生活方式和价值观的反感也是重要原因。郊区单调乏味，那里只剩下老人，他们的儿孙要么去了佛蒙特乡村，要么回到了他们一度逃离的城市……在纽约市的很多地方，上西区、东区、切尔西等等，

---

[1] Dennis Gale, *Neighborhood Revitalization and the Postindustrial City: A Multinational Perspective*, Lanham: Lexington Books, 1984.

[2] David Ley, "Liberal Ideology and the Postindustrial City," *Annals of the Association of American Geographers*, Vol. 70, No. 2 (Jun., 1980), pp. 238–258.

[3] Richard Florida, "Cities and the Creative Class," *City and Community*, Vol. 2, No.1 (Mar., 2003), pp. 3–19.

[4] Sharon Zukin, "Gentrification, Cuisine, and the Critical Infrastructure: Power and Centrality Downtown," in Nancy Kleniewski, ed., *Cities and Society*, Malden, MA: Blackwell Publishing Ltd., 2005, pp. 184–185.

随着年轻职业人士的增加，平均年龄逐渐下降……他们乐于居住在肮脏、不安全社区的小房子里，享受一种全新的雅致生活。"[1]但对于低收入者来说，绅士化却意味着排斥和隔离，在绅士化街区邻近往往形成新的衰败社区，或者原来的衰败社区扩大了地域范围。类似的变化在纽约市下东区表现得非常明显。这里靠近曼哈顿中央商务区，充满历史感的老建筑、移民杂处形成的多元文化景观和带有反潮流亚文化特征的酒吧吸引了年轻的白领中产阶级。在下东区的东村（East Village），到1980年，开发商已将超过3700套房产改造成高端住房；1984年，市政府决定将这里的207套市有住房出售给开发商。但下东区的其他地区却没有走上东村的道路。房价上涨之下，东村原有居民不得不搬离，一街之隔的罗伊塞达（Loisaida）因为靠近原来的生活和就业环境而成为许多搬迁者的落脚地。这里是波多黎各移民聚居区，他们主要在劳动密集型部门就业，在去工业化的剧烈冲击下大量失业。20世纪60年代以后，罗伊塞达有成百上千栋房产被房东弃置，成为市有住房。然而80年代这里却丝毫没有改善，《纽约时报》注意到，"下东区东部正日益分裂为两个不同的世界，一个是贫困和不安定的罗伊塞达，另一个是富裕和充满艺术气息的阿法贝特城"。下东区南部的华埠则发生着另外的变化，成为低端制造业区。从60年代开始尤其是《哈特-塞勒法》（Hart-Celler Act）通过后，纽约华人移民大幅增加，他们或在当地的小型血汗工厂中打工，或是开设杂货铺，华埠的范围则逐渐向北向西扩张。80年代下东区的住房条件较此前明显改善并呈现复兴面貌，但改善和复兴主要集中在东村。

城市土地研究所的调查显示，1975—1979年，美国88个人口在15万以上的中心城市，经历某种程度的绅士化的城市，其比例由65%上升至86%。此后美国虽遭遇经济危机而绅士化现象有短暂停滞，但危机过后很快又重新开

---

[1] Blake Fleetwood, "The New Elite and an Urban Renaissance," *New York Times*, January 14, 1979.

始。绅士化运动是中产阶级入住中心城市的运动，具备专业技能的中产阶级的到来，进一步促进了中心城市经济结构的转变。他们搬入中心城市居住，大幅降低了通勤时间，能够满足现代企业管理之所需，他们的到来提高了房租，拉动了消费，丰富了城市社会生活，从而促进了城市走向复苏。但绅士化的弊端也非常明显。如同苏荷地区绅士化所揭示的那样，绅士化最初是本地居民的自发行为，试图改变居住环境。但经过改善的社区却吸引了开发商的关注，资本投入空间改造，提升了社区环境质量，吸引中产阶级迁入。但这一过程也导致房价上涨，原有居民反而无力负担，只得搬离绅士化社区，重新寻找新的落脚之处。因此，绅士化往往伴随着明显的过滤机制，贫困居民被过滤，留下的是较高收入的中产阶级。在人口的过滤中，社区的文化多样性也减少了，绅士化社区最初所标榜的多元文化、传统风貌和历史遗存逐渐消失。

五、城市中的无家可归者

无家可归成为一个全国性的现象是在19世纪最后三十年，虽然没有明确的统计数字，但大城市中已经出现了数量可观的无家可归者。在纽约市，无家可归者聚集在鲍威利街，主要依靠当地的教会组织和社区改良会所救助。这时候的无家可归，主要是城市人口快速增加超过了住房市场和公共服务的供应能力所致。无家可归再次成为引人注目的现象是在大萧条期间，全美无家可归者的人数超过200万。这一时期的无家可归者，一部分是贫困人口，另一部分是失业的中产阶级，他们因为无法支付按揭房贷，住房被银行收回。无家可归再次成为全国性现象是在20世纪80年代以后，虽然经济在复苏，但是无家可归者的数量也呈上升态势，1990年的一项评估表明，过去五年里大概有600万—700万人某些时候曾经无家可归。

无家可归的原因有很多，有些人患有精神疾病、艾滋病，或是酗酒、吸毒成瘾，由于人口流动性的增加，家庭关系变得脆弱，很多人得不到家庭的照护。哈佛大学社会学教授马修·戴斯蒙德（Matthew Desmond）在博士论文基础上出版的专著《扫地出门：美国城市的贫穷与暴利》(*Evicted: Poverty and Profit in the American City*)则将视角转向房东，分析房东为什么要把租客赶走，造成无家可归。该书曾斩获2017年度普利策非虚构类图书奖。驱逐即房东将贫困租客赶走，这一现象在美国各地普遍存在，由此导致的无家可归者遍布全美各大城市。该书却以田野调查的方法，从历史、结构和个人等不同层面及其相互交织中构建了一幅美国城市的当代图景。作者选择威斯康星州密尔沃基市作为研究案例，调查了两个衰败社区，对八个家庭进行了跟踪走访，其中既有贫困的非洲裔单亲母亲，也有独居的白人失业者，以社会学视角观察了驱逐的多重面相和复杂机制。戴斯蒙德发现，贫困家庭置身于族裔、阶级和性别构建的罗网中难以脱身，教会、政府、慈善组织、司法援助机构以及租赁和贷款市场等制度化的力量非但没有帮助前者摆脱困境，其本身也成为这张罗网的组成部分。我们不难想象在冠冕堂皇的正义和公平之下，这一个个令人心碎的故事背后隐藏着官场上怎样的烛影斧声，又揭示了人性中哪些幽暗的角落。

但更重要的是制度化的原因。保守主义国家议程的启动和新自由主义城市治理机制，贫富差距拉大，贫困不但是贫困者难以走出的物质和精神状态，而且被污名化。房地产业成为美国经济的重要部门，房价攀升，贫困者更难以从市场中获得住房。无家可归者激增还有一个重要原因，那就是保障性住房体系的变化。

其一，公共住房的私有化。1974年联邦政府启动第8款存量住房计划（Section 8 Existing Housing Program），将现有的公共住房用于出租，原本用于建设公共住房的联邦拨款用于资助房客租住公共住房，后来在市场上租房也可以获得资助，将砖头补贴改为人头补贴。纽约市随之调整此类政策，新建公共住房的数量不断下降，维护已有公共住房成为重点，纽约市住房管理局将大笔经费用在了增加了电梯工、维修工、门卫等服务人员的数量上。但维护毕竟有其限度，《纽约时报》采访发现，纽约公共住房在财政危机后也面临着其他城市曾经的问题，如毒品泛滥、犯罪横行和各种破坏公物的活动。住房管理局官员承认："我们的经费是有限的，不可能把每栋楼都修好。"[1] 可以说1974年联邦政府彻底放弃了直接资助住房建设的政策，各州政府和地方政府随之也逐渐停止。

其二，地方的住房管理机构所拥有的公共住房，也经历了类似变化。在纽约市，市有住房（In Rem Housing）在20世纪70年代后期短期内被用于出租。市有住房是房东为逃避房产税而主动抛弃的住房，在被没收后成为纽约市政府拥有的房产。60年代以后越来越多的破败房产被抛弃，这也就意味着市有住房的数量有增无减。在70年代经济萧条和财政危机之时，低迷的房地产市场难以将其消化，政府也无力修缮。1976年时市有住房为2500套，两年后达到9500套；1986年数据显示市有住房已超过10万套，其中超过半数处于闲置状态。这些废弃的住房不但是城市景观中的伤疤，而且常常沦为毒品买卖、地下交易和暴力犯罪猖獗之地。为此，纽约市政府每年需投入巨额费用加以管理。但市政府没有相应部门、更没有管理经验来处理突然增加的市有住房，大部分闲置，或者被所谓占地者非法占用。将其出租既可以提供更多可负担住房，又可以方便管理，因此部分市有住房被改造后用于出租，租户主要是占地者。但规模庞大的市有住房所费不赀，1982年维护费用高达1.7

---

[1] Luis Ferre-Sadumi, "The Rise and Fall of New York Public Housing: An Oral History," *New York Times*, July 9, 2018.

亿美元，租金却只有2300万美元。1978年开始，纽约市将其交由当地社区组织管理，1980年市政府改为以拍卖的方式处理市有住房，社区组织大多不具备财力竞拍，因此市有住房大量流入开发商手中，经改造后进入房地产市场。1981年有超过500栋市有住房被处理，其中只有不到150栋交由社区组织，其他则通过拍卖出售。开发商通过拍卖得到市有房产后往往将其改造成高端住房出售或出租，因而不断遭到市有住房租客甚至纽约市市有房产管理小组的抗议。但这些抗议很少起作用，越来越多的市有住房以拍卖的方式处理，刺激了房地产市场。尤其是受中产阶级青睐的地区，市有住房的拍卖更加频繁。哈莱姆的住房曾一度有超过60%属于市有住房，80年代初期开始有中产阶级购房者来到这里寻找合适的房产，促使市政府加快将市有住房推向市场，其中不少并未经过社区认可就出售给开发商并被改造成中高收入者住房。

同时，房地产业的繁荣加剧了保障性住房体系的变化。20世纪80年代后美国各界要求增加保障性住房供给的呼声此起彼伏。为了解决这一问题，许多城市政府规定，开发商在建造高端住房和商业设施时若想得到政府的补贴或是享受税收优惠，须建造一定数量的保障性住房作为配套。保障性住房利润低，开发商往往只是以此来骗取补贴和优惠，并不会大量建设，更不愿意认真维护。在纽约市，社区与住房发展协会抱怨："这不是针对中低收入者的住房计划，得到政府补贴的住房是中产阶级住房。问题不是要不要建造中产阶级住房，答案当然是肯定的；问题是谁在前谁在后，问题是城市应该优先为谁建造住房？"[1] 即便这样的优惠，很快也不再需要以建设保障性住房为前提了。在此基础上，纽约市房地产业欣欣向荣，房价攀升、住房空置率下降，大量资本注入房市。在商业性地产的开发热潮之下，许多衰败社区被改造、

---

1 Alan Finder, "10 Years Plan for Housing Attacked," *New York Times*, December 4, 1986.

许多空置土地被开发，许多高端住房进入市场。1980—1985年间，纽约市住房价格年均增长率为16%，房租也水涨船高。房价上涨导致曾经乏人问津的住房也得以出租或出售，住房空置率同步下降，纽约市1981年调查发现，在全市约190万套公寓住房中，只有4.2万套空置。从全国层面看，1980年时，面向低收入者的出租房有650万套，1985年时下降到560万套，但租房客的数量却有890万。

曼纽尔·卡斯特以"二元城市"（Dual City）来描述20世纪80年代以来的美国城市。实际上，这种二元不仅仅是劳动力市场和财富的两极分化，城市社会也日益分裂为两个世界——上面的是一场浮动的盛宴，生活着的主要是白人中产阶级和富裕人群；下面的是一个幽深的地下王国，各色人等为了生存而打拼，甚至游走在法律和道德的边缘。社会学家素德·文卡特斯（Sudhir Venkatesh）带我们游走了纽约市的地下世界。当这座全球城市的耀眼繁华落幕，一个光怪陆离而又隐秘不彰的世界在纽约市的路灯背后隐隐显现——这里没有社会名流的纸醉金迷，有的只是底层居民勉励谋生的无奈；这里虽然也有种族、阶级和地缘的差异，但种种区隔身份与地位的要素却更多地杂糅在一起，编织成细密的网络，任你是华尔街的金融精英，还是来自南亚的杂货店主，都难以逃出这张网，或松或紧地被牵连其中。中国读者对于文卡特斯应该并不陌生，他的《城中城：社会学家的街头发现》（*Gang Leader for a Day*）于2015年被译为中文出版后广受好评。该书是文卡特斯在芝加哥大学攻读社会学博士学位期间调查公共住房社区罗伯特·泰勒之家（Robert Taylor Homes）的成果；随着他前往哥伦比亚大学执教，文卡特斯也开始关注纽约市。如同在芝加哥时的调查，文卡特斯与纽约市的毒贩、非法移民和性工作者亲身接触，在他们的带领下深入纽约市地下世界，在这里，他让我们看到了贫富、族裔与阶级的暧昧与混沌，看到了纠缠于卖淫网络中的富人子女和加勒比移民，也看到了凭借毒品而游刃于上流社会的非洲裔毒贩，以及性工作者和买春客之间真诚的相互关怀。与《城中城》一样，文卡特斯再一次用在地化的研究方法展现了底层社会的图景和地下经济的善恶交织。文卡特斯以亲身经历、图像化的描述和极具穿透力的同理心展示了当代城市社会中的排斥对伦理的巨大挑战。

20世纪70年代以来，在新政自由主义衰微、联邦政府干预弱化的背景下，面对内城经济衰退和老旧社区的衰败，地方政府寻求与资本建立合作关系，振兴城市经济，吸引和留住人口，尤其是代表后工业发展方向和具有较高消费能力的中产阶级。同时，由于人口规模的减少和衰退空间的增加，房地产价格下降，城市政府倾向于和私人企业合作来将复兴衰败社区，既可以吸引和留住中产阶级，又能重新提升土地价格吸引投资、增加税收，最终达到城市复苏的目标。从参与者的角度看，城市治理的核心是处理政府即权力、企业即资本，以及社会即民众三者间的关系，因此上述转变的本质，是地方政府的同盟者从社会变成企业，治理也就变成以市场为主导、政府和市场结成伙伴关系的城市联盟机制。在这样的治理逻辑之下，城市要抑制衰败、实现发展，只得放松市场管制、提供激励机制，引导私人资本为城市创造出具有竞争力的空间结构，并不断维持和更新对企业的吸引力。当代美国城市亦幻亦真的复兴，再次提出了老问题——城市究竟应当为全体市民提供广泛的社会服务、确保其享受种种权利，还是应当通过减税和优惠变成吸引资本、追求经济增长？

拓展阅读书目

Chloe E. Taft, *From Steel to Slots: Casino Capitalism in the Postindustrial City*, Cambridge, MA: Harvard University Press, 2016.

Peter Moskowitz, *How to Kill a City: Gentrification, Inequality, and the Fight for the Neighborhood*, New York: Nation Books, 2018.

Rodger E. Alcaly and David Mermelstein, eds., *The Fiscal Crisis of American Cities: Essays on the Political Economy of Urban American with Special Reference to New York*, New York: Vintage, 1977.

Saskia Sassen, *The Global City: New York, London, Tokyo*, Second Edition, Princeton: Princeton University Press, 2001.

Sharon Zukin, *Naked City: The Death and Life of Authentic Urban Places*, New York: Oxford University Press, 2009.

马修·戴斯蒙德:《扫地出门:美国城市的贫穷与暴利》,胡䜣谆、郑焕升译,桂林:广西师范大学出版社2018年。

结语：美国城市的经济-空间结构转型

20世纪中期以后，发达经济体的中心城市普遍经历了经济结构和空间结构的双重转型：经济结构的去工业化（Deindustrialization），即服务业取代制造业成为城市经济的支柱，以及空间结构的大都市区化，即涵括中心城市与郊区的大都市区（Metropolitan）取代城市成为城市化的主要形式。在这一过程中，中心城市先是在经济、社会等多方面陷入困境，城市危机久治不愈，一度被学术界认为无可挽回。但中心城市在大都市区内的核心地位并未丧失，并且从80年代中期开始，从多方面呈现复兴势头，在经济、社会、文化等多个领域形成新的特征。

作为世界上第一个城市化国家，工业化与城市化的相互推动在英国表现得最为明显。据统计，1801年，英格兰和威尔士的城市人口只占总人口的20%，到1851年时，这一比例上升至54%，1901年时更高达80%。[1] 新兴工业城镇的增长尤其迅速。在北美，19世纪同样见证了工业化与城市化的密切关系。美国工业革命从东北部开始，正是这里成为美国第一个经济核心区和城市化地域。内战前后，美国城市化向西推进，尤其是19世纪中后期中西部的

---

[1] Virginia Schomp, *The City: Life in Victorian England*, New York: Marshall Cavendish, 2011, p. 10.

崛起，突出体现了工业化对城市化的促进作用。中西部90%以上的工业企业集中在城市，工业化水平直接决定了城市化水平。1900年人口普查所确定的185个工业联合体中，18个总部在芝加哥、16个在匹兹堡、6个在克利夫兰。[1] 在此期间，生产的区域性分工最终形成，由此形成了不同的城市体系。制造业向具备相应资源禀赋的城市集中，制造业带在欧美工业国家形成。在美国，五大湖沿岸各州即中西部地区在19世纪中后期崛起成为制造业核心区，钢铁、汽车、矿产等行业成为其经济支柱，这里既有芝加哥这样的综合性工业大都会，也不乏底特律、克利夫兰和布法罗等高度专业化的中小城市，形成了完善的经济体系和城市体系。大西洋沿岸，尤其是东北部地区则成为金融中心，同时其传统工业如纺织、烟草加工和日用五金的专业化程度也日渐提高，两者相互配合，构成区域经济的中心。工业的集聚和发展，是19世纪美国城市化进程最重要的动力，但进入20世纪后，传统工业城市却迎来了新的挑战，即去工业化。

所谓去工业化，一般是指某国或地区制造业在经济中比重下降、制造业就业人数减少的过程。[2] 学术界对于去工业化的成因有多种分析，有代表性的包括雷蒙德·沃农的"产品生命周期理论"（Product Life Circle）和罗伯特·罗森基于马克思关于资本构成理论而做出的解释。前者认为，任何产业在发展过程中都会经历起源、发展、成熟和衰老四个阶段，制造业也不例外[3]；后者认为，制造业部门的技术进步推动资本有机构成增加，剩余价值下

---

1 王旭：《美国城市发展模式：从城市化到大都市区化》，北京：清华大学出版社2006年，第63—64页。
2 在此需要指出的是，在探讨去工业化时着重关注的是"制造业"（Manufacturing）而非"工业"（Industry），这是因为：一方面，学术界关于去工业化的研究集中在制造业；另一方面，"工业"除了"制造业"外一般还包括采矿业和建筑业，但两者在发达经济经济中所占份额相对较小且就业波动历来相对较大。
3 Raymond Vernon, "The Product Cycle Hypothesis in a New International Environment," *Oxford Bulletin of Economics and Statistics*, Vol. 41, No. 4 (Nov., 1979), pp. 255-267.

降，因此资本流向其他部门。[1]简单说来，制造业技术构成和生产组织方式的变化、制造业成长周期、营商环境以及城市化带来的弊端构成了去工业化的基本动因。

第一，20世纪以来新的生产技术和管理方法将企业活动的各个流程整合在一起，因此制造业企业追求横向扩展，即低密度扩大平面面积，只有这样才能满足流水线生产与管理的需要、提高生产效率。面积巨大的厂房需要大片土地，而城市中往往集中了密集的高层建筑，平面空间有限，人口和经济活动只得纵向扩张，既不利于对横向空间要求比较高的新生产模式，也不利于生产原料和商品的储运。城市之外的乡村地区则不存在上述问题，不但有大片空闲土地，而且地价较低，无疑能够使企业大规模降低成本。特别是交通条件在20世纪得到了巨大改善，不但汽车的使用更加普及，高速公路也延伸到各个角落。便捷的公路将港口、机场和货运场站与工厂直接联系起来，大大降低了运输成本，而这些都是城市所不具备的。

第二，工业周期理论是解释去工业化的理论，得到了学术界的认可。这一理论认为，任何工业部门都和生物一样，在发展过程中必定经历起源、发展、成熟和衰老四个阶段。那么由特定工业部门聚集而成的工业区的发展，必然都受到其主导产业起源、发展、成熟、衰老周期性变动的影响而发生波动。由此看来，任何工业区的发展都不可避免地带有周期性特征。经过19世

---

[1] Robert E. Rowthorn, "Productivity and American Leadership," *Review of Income and Wealth*, Vol. 38, No. 4 (Dec., 1992), pp. 475–496. 此外，也有学者从发达经济体技术进步、贸易逆差、劳动力全球分工等角度探讨去工业化的动因。如 John R. Logan and Todd Swanstrom, *Beyond the City Limits: Urban Policy and Economic Restructuring in Comparative Perspective*, Philadelphia: Temple University Press, 1990；Paul Krugman, "Domestic Distortions and the Deindustrialization Hypothesis," NBER Working Paper Series, Working Paper 5473, Cambridge, MA: National Bureau of Economic Research, March 1996, http://math.stanford.edu/~lekheng/krugman/nber/w5473.pdf，2024年8月17日查询；Cheol-Sung Lee, "International Migration, Deindustrialization and Union Decline in 16 Affluent OECD Countries, 1962–1997," *Social Force*, Vol. 84, No. 1 (Sep., 2005), pp. 71–88。

纪的工业发展，老工业城市和制造业带的产业基本都已进入衰老阶段。在美国，东北部制造业进入了高速发展阶段，在其强有力的拉动下，东北部工业区经历了前所未有的繁荣，达到发展的巅峰。随着制造业的迅猛发展，中西部工业区迅速崛起，与东北部共同构成了美国传统工业的核心地带。20世纪20年代，东北部制造业颓势初显。"二战"后，传统工业衰退严重，东北部和中西部随之步入了衰老。

第三，营商环境，尤其是经营成本直接影响了企业的去留。根据美国的财政制度，州政府和地方政府的财政预算相对独立，不纳入联邦预算，可自行制定税收政策，因此美国各地区间的税率存在较大差别。从整体上看，美国东北部和中西部的税率普遍高于西部和南部各州。此外，劳动力价格和工会组织程度是企业家在投资设厂时所考虑的重要因素。在东北部和中西部，由于工业起步早，这里的城市早在19世纪已经汇聚了大规模的产业工人，工人罢工运动此起彼伏，规模和程度远远超过美国其他地区，因此较早形成了工人组织，劳工骑士团、劳联、产联等劳工组织率先出现在这里。劳工组织在地方政治中拥有巨大影响力，对于企业的经营管理也有很大的话语权。在劳工组织的努力下，这一地区的工资水平高于其他地区，无疑增加了企业的劳动力成本。在战后美国区域经济发展的有关著述中，研究者普遍认为东北部和中西部劳动力价格较高，而且工会组织力量较为强大，这些都制约了当地经济的发展，成为本地企业外迁、外地企业不愿落户的重要影响因素。

第四，城市化进程本身带来了许多问题和矛盾，增加了企业的成本，促使企业逃离城市。城市化在推动经济社会高速发展变迁的同时，也带来了严峻的问题和挑战，环境恶化、交通拥堵、生活成本高等都是典型的"城市病"。城市化在本质上是人、物与信息在空间层面的集聚，因此城市化的效益是集聚产生的效益，而城市化引发的问题，在本质上就是集聚效应的负面影响。集聚效应是建立在规模经济和网络外部性上的学说，指的是在一个地区之上,许多相同或不同类型的产业聚集后,会因为空间上的集中而获得好处。集聚效应对企业有明确的正面影响,新古典经济学代表人物阿尔弗雷德·马歇尔通过对小企业的研究发现集聚在一起的企业具有更高的生产效率。[1]但随着集聚程度的提高,其负面影响也逐渐显现出。保罗·克鲁格曼和安东尼·维纳布尔斯经过进一步探究,发现过高的集聚程度会加剧集聚区域内围绕土地、劳动力等生产资料的竞争,进而提高生产成本。[2]即便从纯经济角度看,集聚区域内的小型制造业企业可能由于区域内同行业少数大公司的主导地位而难以获得集聚经济效益。[3]对于城市而言,集聚效应的负面影响蔓延到经济、社会等多个领域。集聚带来的最直接的问题就是土地利用的密度快速增加,不同参与方对土地的竞争加剧,导致地价上涨。土地价格的上涨不仅会提高企业成本,而且会增加公共设施的成本,对于城市居民来说则意味着满足住房等刚性需求的成本上涨。著名城市学家刘易斯·芒福德激烈地批判了人口集聚带来的负面效应,他于1926年在《哈珀斯杂志》上略带夸张地描写了一个中产阶级搬进城市的后果:"由于增加了人口,他的迁入导致城市房地产价格上升,相应地抬高了租金;他使得休闲设施、公园和良好体面的住房更加难以为普通人享用;他让自己的生活负担变重了、房子变小了……城市好像是增加了'人口和财富',但却使得那些让生活变得更加美好而有趣的东西成本更高了。"[4]集聚的另一个结果是城市规模的扩大,为了

1　Alfred Marshall, "'Some Aspects of Competition.' The Address of the President of Section F—Economic Science and Statistics—of the British Association, at the Sixtieth Meeting, Held at Leeds, in September, 1890," *Journal of the Royal Statistical Society*, Vol. 53, No. 4 (Dec., 1890), pp. 612–643.

2　Paul Krugman and Anthony J. Venables, "Globalization and the Inequality of Nations," *The Quarterly Journal of Economics*, Vol. 110, No. 4 (Nov., 1995), pp. 857–880.

3　Joshua Drucker and Edward Feser, "Regional Industrial Structure and Agglomeration Economies: An Analysis of Productivity in Three Manufacturing Industries," *Regional Science and Urban Economics*, Vol. 42, No. 1–2 (Jan., 2012), pp. 1–14.

4　Lewis Mumford, "The Intolerable City: Must It keep on Growing?," *Harper's Magazine*, Vol. 52 (Feb., 1926), pp. 285–286.

容纳更多的产业和人口，城市只得向外扩张，通过兼并周边乡村地区扩大自身规模。城市居民为了降低生活成本，也逐渐向城市外围地区转移，因此不但使用交通工具的人数增加了，而且交通工具的使用时间也延长了。环境问题随之恶化，企业，尤其是制造业企业集中分布在城市里，再加上大量的人口，污染物的种类和数量都大规模上升。社会问题也日益尖锐。城市中各类群体混杂，社会冲突和矛盾频发，社会治安等问题层出不穷。种种问题集合在一起，使得集聚效应的负面效果大于正面影响，这样一来也就出现了种种"城市病"。

去工业化在其他许多国家和地区同样存在，不仅造成经济萧条、失业率升高和贫困人口增加，同时制造业的搬离使原有工业区失去管理，一方面工业污染得不到有效控制，环境风险大大增加；另一方面，贫困人口的增加加大了城市公共服务压力和经济不稳定性，衰败社区的扩大乃至新衰败社区的形成也破坏了城市形象。根据美国学者巴里·布鲁斯通和本内特·哈里森的研究，其影响主要体现在三个方面，即撤资导致就业岗位减少、工厂倒闭破坏社区生活和制造业失业率上升。[1] "钢铁城"匹兹堡的制造业就业在1953年达到峰值后几乎一路下滑，1957—1960年间，就业人数减少十分之一，1981—1988年间更是急剧减少48.1%，远高于同期全美制造业就业的平均下降水平。[2] 撤资现象同样十分明显。从20世纪70年代末开始，银行和金融机构即不再向匹兹堡制造业提供资金，导致多家企业因资不抵债而破产。[3] 甚至本地的制造业巨头也纷纷向其他领域投资。而去工业化对工人社区造成的

---

[1] Barry Bluestone and Bennet Harrison, *The Deindustrialization of America: Plant Closings, Community Abandonment, and the Dismanting of Basic Industry*, New York: Basic Books, 1984, pp. 25–107.

[2] Douglas Koritz, "Restructuring or Destructuring? Deindustrialization in Two Industrial Heartland Cities," *Urban Affairs Quarterly*, Vol. 26, No. 4 (Jun., 1991), p. 502.

[3] Don Goldstein, "Uncertainty, Competition, and Speculative Finance in the Eighties," *Journal of Economic Issues*, Vol. 29, No. 3 (Sep., 1995), pp. 719–746.

创伤同样既深且巨。[1] 尽管欧美各国普遍采取了以清理城市衰败社区并重新开发的方式进行城市再开发,但效果并不显著,甚至某种程度上加剧了社会不公、族群冲突等城市社会问题。[2] 70年代石油危机后,西方国家普遍面临经济下行的压力,正如哈佛大学经济学教授罗伯特·里克(Robert Reich)所言:"目前的问题是,美国经济的结构性调整使全部经济政策无所适从。"[3] 去工业化带来了连锁反应——中心城市企业和人口逃离,经济水平下降,作为主要财政来源的税收也下降了,这使得城市政府的收入显著减少;财政收入的减少使得政府无法提供充足的公共服务,而公共服务的缺失导致城市无法有效维护城市的社会秩序,也难以通过提供补贴等供给侧优惠来吸引企业;这样一来,中心城市的社会经济环境恶化,企业更不会落户,而不能吸引企业也就使得城市收入进一步减少,从而进入恶性循环。

工业化塑造了城市空间结构,这样的城市空间具有一定的共性。简单地说,工业城市在横纵两个方面扩张,同时内部的功能分化越来越明显,即城市不同区位的功能越发集中、越发单一。在水平方向,借助城际铁路、有轨电车以及地铁等轨道交通的发展,许多在城市中心地区的工厂、仓库和批发机构向地价较低的城市边缘地带搬迁,传统制造业,如冶铁锻造、烟草、印染、肉类加工等也大体如此,将办公楼、百货大厦等能够负担较高租金的消费场所留在城市中心。在垂直方向,得益于框架结构和电梯技术的发展,城市中心地带的建筑向高层发展,以高效利用有限的、价格高昂的土地,而恢宏、现代化的摩天大楼本身也成为展示企业实力与形象的绝佳广告。这里往

---

1 Kimberly M. Jones, "Pittsburgh Ex-Steel Workers as Victims of Development: An Ethnographic Account of America's Deindustrialization," PhD dissertation of University of Pittsburgh, 2003.

2 Christopher Klemek, *The Transatlantic Collapse of Urban Renewal: Postwar Urbanism from New York to Berlin*, Chicago: The University of Chicago Press, 2011, pp, 79-173.

3 Karen W. Arenson, "On the Frontier of a New Economics," *New York Times*, October 31, 1982.

往是多种公共交通的终点,方便居住在城市其他地区的居民来这里工作、消费和休闲。劳工居住区在城市边缘的工业地带逐渐形成,这里距离他们工作的工厂较近并且处于城市边缘,因此居住和通勤的成本都比较低。下城附近也出现了零星的居民区。以办公和商业为主的下城,需要大量低端服务业,包括门卫、保洁以及理发、餐饮等日常生活必需的行业,这些行业的从业者主要是刚刚来到美国的移民,为就近工作,他们往往选择在下城附近寻找住处。城市的发展往往伴随着下城地域面积的扩张,即下城不断兼并周边区域,因而下城外围的居住区逐渐被拆除改建,只留下少部分住房。这些住房大多年久失修,租金低廉,往往是4—5层楼的公寓,每层楼有一间水房和厕所再加一扇通风采光的窗户。[1]新移民常常选择这里作为落脚之地,这样的地区很快就沦为衰败社区。然而工业城市往往也意味着肮脏破败,与污染、噪音、犯罪和血汗工厂相联系,被美国作家约翰·杰克逊(John B. Jackson)称作"陌生人的通道"(Strangers' Path),是一个挤满了红灯区、廉价旅店、寄宿住房和酒吧的地方。[2]最为典型的就是芝加哥,城市以同心圆式的模式向外扩张,环线交通将城市分割成不同圈层。从整体上看,这些圈层分别承担着不同的职能,核心部分为城市的中央商务区,向外依次是工业区、劳工聚居区等,富人区分布在中央商务区附近,享受便捷繁荣的城市生活。去工业化改变了这一切,工厂离开了城市、富裕人群搬到了郊区,大量中低收入者聚居在城市里。

新经济对城市空间提出了新的要求。工业时代的城市空间已经不能发挥其功能,随着去工业化的推进,城市经济结构转型,城市空间结构已经不适

---

[1] Sam Bass Warner, Jr. and Andrew H. Whittemore, *American Urban Form: A Representative History*, Cambridge, MA: The MIT Press, 2012, p. 71.

[2] John R. Stilgoe, "Moulding the Industrial Zone Aesthetic: 1880–1929," *American Studies*, Vol. 16, No. 1 (Apr., 1982), p. 19.

应后工业经济的需求,后工业经济需要新的空间结构。一方面,中心城市的空间由于失去了企业而失去了原来的作用,丢弃的厂房、曾经喧嚣一时的商业区,都已乏人问津;曾经住满了工人阶级的居住区,现在的住户大多已是失业家庭,而随着外国移民的涌入,城市社区逐渐成为少数族裔移民的聚居区。另一方面,原本高度集中、单一中心的城市逐渐向外层蔓延,城市化地域渐次越过城市的行政边界,或是与其他城市相连接,或是进入没有城市建制的县域辖区。这些蔓延地区通过交通设施与城市中心相连,城市化地域呈现大面积蔓延的态势。实际上,去工业化和城市化地域的蔓延并不是简单的触发与结果间的关系,二者相互影响——去工业化推动了产业和人口外迁,加快了城市化地域的蔓延;而城市化地域的蔓延也吸引着企业和人口离开城市,为去工业化加足了马力。在这一过程中,郊区由于地价低廉、环境优美,对城市人口,尤其是白人中产阶级和富裕人群有很大吸引力。迁往郊区的居民大多来自城市的中产阶级和富裕人群,他们的离去,引领就业和商业离开,其结果就是城市税收基础萎缩、收入下降,更加难以解决城市问题。

城市内部空间形态的变化也影响了外部空间。从1910年人口普查开始,美国人口普查局不再使用传统的城市作为空间概念,而是代之以大都市区。大都市区指的是人口在10万及以上的城市,及其周围10英里范围内的郊区人口或与中心城市连绵不断、人口密度达150人每平方英里的地区,算作一个大都市区。具体统计以县为单位,标准的大都市区至少拥有一个县;规模较大的大都市区可以横跨几个县。1949年,大都市区正式名称改为标准大都市区概念。1959年,人口普查局对大都市区概念做出修订,一个拥有5万及以上人口的中心城市,以及其周边拥有75%以上非农业劳动力人口的县,可以作为一个大都市区,其正式名称为标准大都市统计区(Standard Metropolitan Statistical Area)。1980年进一步补充:若某区域总人达到或超过10万,并且有5万及以上人口居住在人口普查局所划定的城市化区域,即使没有中心城市,也可划定为大都市区。美国大都市区具体的确定过程基于县级政区进行,具体的操作过程是首先确定中心县,即该县有超过50%的人口聚集于人口数量大于1万的城市区域,或是该县有超过5000人位于人口超过1万的单一城市区域。其次,确定外围县,即与中心县的通勤率至少为25%。2000年,美国管理与预算总署提出了新的概念,核心基础统计区（Core Basic Statistical Area）,其中包括大都市统计区和小都市统计区两类。核心基础统计区是一个拥有至少一个人口在1万及以上的城市区域或核心区,以及与之有较高的经济和社会整合度的周边地区组成的地域实体。社会整合度的衡量标准是通勤联系。大都市统计区和小都市统计区的区分在于核心区人口规模的不同,大都市统计区必须包括人口在5万及以上的城市化区域,小都市统计区必须包括人口在1万—5万的城市化区域。

美国大都市区的发展在时间上又可分为两个时期。第一个时期为1920—1940年,在此阶段,大都市区的规模和数量普遍增长。1940年大都市区人口占全国总人口的比例达47.6%,即接近全国人口总数的一半。而且,大都市在地域分布上也成为全国性现象,包括城市发展迟缓的南部,至此,美国成为一个大都市区化国家。第二个时期为1940—1990年,主要表现为大型大都市区的优先增长。在这段时期,人口在百万以上的大型大都市区人口占美国总人口的比例由25.5%上升到53.4%。至此,美国又成为一个以大型大都市区为主的国家。1950年的人口统计显示,大都市区总人口达8450万,非大都市区人口为6620万,此后大都市区人口持续上升,到2000年时已达到2.26亿。[1]

在内外部经济-空间转型的过程中,中心城市与郊区的关系并非线性的"敌进我退",而是从此消彼长到协同发展的螺旋形进程。从"二战"结束到

---

[1] Frank Hobbs and Nicole Stoops, "Demographic Trends in the 20th Century: Census 2000 Special Reports," Issued November 2002, http://www.census.gov/prod/2002pubs/censr-4.pdf, 2019年9月8日查询。

结语：美国城市的经济-空间结构转型

20世纪80年代，大规模郊区化在发达经济体展开，中产阶级和富裕人口离开城市、前往郊区，带动商业和就业流向郊区，这一阶段，中心城市作为"失血"方，郊区的发展正是建立在其损失之上；80年代以来，发达经济体的中心城市逐步走向复兴，与郊区呈现齐头并进的趋势，甚至如腊斯克所言，只有那些郊区快速发展的大都市区即"韧性城市"，中心城市才呈现强劲复苏势头。[1]

大都市区不是单一中心的城市化地域，而是典型的多中心格局，这一格局本质上是中心城市和郊区的经济结构转型和角色的部分置换，许多单一功能的郊区逐渐发展成为新的次中心，与原有的中心城市构成新的复合型中心结构。一方面，这些次中心与原有的中心城市形成互补关系，中心城市在人口、交通、环境、就业、住房等方面的压力也得以缓解；同时各个次中心也可以发挥相对优势，从而在整体上提高了大都市区经济运行效率。另一方面，郊区的次中心大大减少了对中心城市的依赖，彼此之间的社会经济联系日益增强。郊区之间的通勤密度甚至高于郊区与中心城市之间的通勤密度，郊区与郊区之间的联系在就业方面已相当密切了；从中心城市到郊区的逆向通勤更说明郊区反客为主，成为吸引就业的节点。因此，随着大都市区的崛起，郊区次中心逐渐分解和承担了原本属于中心城市的部分功能，在中心城市中集聚的产业和经济活动分散到郊区次中心，中心城市的经济水平随之下降。而随着产业和经济活动的流散，人口也追随就业机会离开中心城市。从人口的角度看，中心城市成了因为贫困而难以离开的人口的集中地，高度依赖社会福利。这一切都加剧了中心城市的衰落。大都市区化与次中心的出现在世界其他国家和地区同样存在，正如城市规划大师彼得·霍尔所言，曾经

---

[1] David Rusk, *Cities without Suburbs: A Census 2010 Perspective*, Washington, D.C.: Woodrow Wilson Center Press, 2013, pp. 57-63.

属于英国、美国和澳大利亚独有现象的多中心大都市区，如今已成为世界性现象。[1]大都市区化一方面使中心城市与郊区联动发展，在地域空间上形成城乡一体化的发展趋势；另一方面，中心城市与郊区发生功能转型和置换，中心城市不再是制造业中心，在与郊区的互动中寻求新的定位。

"密涅瓦的猫头鹰，只有在黄昏时才会起飞。"[2]密涅瓦是罗马神话中的智慧女神，这句话是说历史事件的意义只有在事件完全结束之后，才能变得清晰可见。但美国城市始终在变化之中，它们从未停滞不前，从步行城市到无边无际地蔓延，只是不断地变换面貌。

---

1 Peter Hall, "World Cities, Mega-Cities and Global Mega-City-Regions," http://www.lboro.ac.uk/gawc/rb/al6.html，2021年5月6日查询。
2 约阿希姆·W. 斯托克编：《海德格尔与布洛赫曼通信集》，李乾坤、李逸超译，南京：南京大学出版社2017年，第23页。